글쓰기를 위한

문장의 실제와 분석

김경훤 저

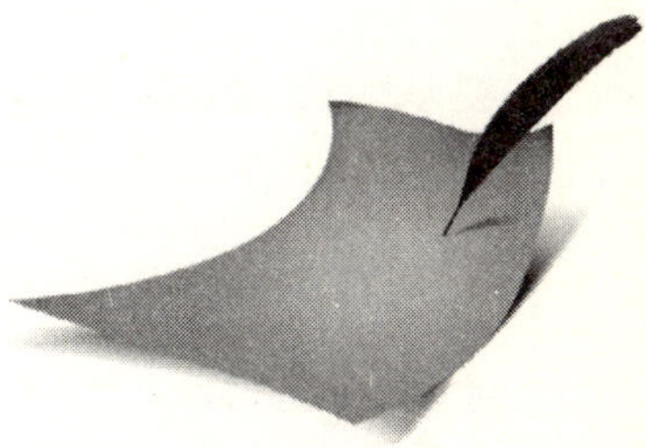

지코사이언스
GCO Science Publishing Co.

필자소개

김 경 훤

성균관대학교 문학박사(국어학 전공)
충북대, 서울산업대, 명지대, 서원대, 상지대 등에서 강의
성균관대학교 학부대학에서 글쓰기 관련 전담 교수로 근무하고 있음

저서 〈음운의 변화와 표기〉 〈현대한국어 문장 실태 분석〉

논문 '단어와 문장의 오류 실태 분석',
'외국인 학습자의 한국어 오류 양상에 관한 고찰',
'논술 교육을 위한 어법적 글쓰기',
'대학 글쓰기 교육의 첨삭 지도 사례' 등 다수

글쓰기를 위한 문장의 실제와 분석

발 행 일 2010년 6월 25일 초판 1쇄
역 자 김경훤
발 행 인 이윤아
발 행 처 **지코사이언스**

출판등록 제313-2006-306호
주 소 서울시 마포구 서교동 449-43 국일빌딩 401호
전 화 대표전화 02-2279-9771
도서주문 02-2279-9771
팩스주문 02-2279-9772

ISBN 978-89-93601-48-0 13700
값 13,000원

머리말

요즘 대학가의 화두는 단연 글쓰기다. 오래 전부터 글쓰기가 강조되어 온 것은 다 아는 사실이나 체계적인 교육 과정이나 새로운 교육 방식으로 글쓰기가 주목 받게 된 것은 최근의 일이다. 비록 그것이 대학입시 제도의 하나인 '논술'로 관심을 받았지만 시작이야 어찌 되었던 글쓰기에 대한 인식의 변화를 가져왔다는 점은 무척 고무적인 현상이다. 인간이 가지고 있는 지식의 습득이나 전달은 대부분 글로 이루어진다. 사회를 살아가는 구성원이라면 누구나 글에 관심을 가져야 하고 더욱이 자신의 생각을 다른 이에게 표현하기 위해서는 글쓰기가 반드시 필요하다. 누군가가 가지고 있는 지식을 받아들이고 그것을 다른 이에게 전달하는데 이는 없어서는 안 될 필수적인 도구인 것이다.

얼마 전 필자는 미국 하버드대학과 매사추세츠공과대학(MIT)을 방문하여 글쓰기 관련 프로그램을 살펴볼 기회가 있었다. 미국 대학에서 글쓰기 교육이 차지하고 있는 위상을 확인할 수 있었고 학생들에게 좋은 교육 여건과 교육 과정을 제공하기 위해 최선을 다하는 모습을 볼 수 있었다. 좋은 시설을 갖춘 글쓰기 센터에서 일대일로 교수와 면담을 하고 있는 학생들의 모습이 무척이나 진지하게 보였고, 우리가 갖지 못한 것에 대한 부러움과 경이로움으로 그 학생들을 바라보았던 것을 필자는 생생히 기억한다. 공과계열이 주류를 이루고 있는 MIT에서 글쓰기 교육을 강조하고 있는 것도 인상적이었고 하버드대학에서 실시하고 있는 글쓰기 심화 교과목과 교양 과정에서 문예적 글쓰기 교과목의 개설 취지도 우리가 예상하고 있는 것 이상이었다.

하버드대학의 글쓰기 센터에서 글쓰기 과목을 총괄하고 있는 '토마스 젠' 교수는 일반 학부 과정에 '문예적 글쓰기' 교과목의 필요성을 다음과 같이 설명한다. "문학을 전공하는 학생이 아닌 비문학도들에게 문학적인 글쓰기를 강조하는 이유는 그들에게 어떤 전공을 택하든 간에 기존에 틀에 안주하지 않고 창조적인 발상과 상상력을 이끌어 낼 수 있게 하기 위해서다. 또한 글쓰기 심화 과정에 전공별 글쓰기 교과목을 개설하고 강의하는 목적은 학문별 글쓰기의 특성을 고려하여 전공에 따른 맞춤형 글쓰기를 교육하는 데 있다." 더욱 놀라운 건 학생들이 자발적으로 '문예적 글쓰기'를 선택했다는 점이다. 전방위적인 문화 감각을 요구하는 21세기에는 어떤 직업을 가지든 창의적인 상상력과 자신만의 세계를 집약적으로 표현하는 능력이 중요하다는 사실을 학생들이 스스로 인지하고 있었음을 보여준다.

그동안 필자는 대학생들의 글쓰기 교육을 담당해 오면서 어떻게 하면 글을 잘 쓸 수 있냐는 질문을 학생들에게 받곤 한다. 글쓰기에 필요한 것들은 여러 가지가 있으나, 가장 중요한 것은 어휘력, 어법, 논리적 사고, 표현법 등이 아닌가 한다. 이 가운데 학생들이 가장 어려워하는 것으로 어법을 들 수 있다. 실제로 학생들에게 글쓰기에 관한 설문을 받아 보면 글쓰기의 문제점으로 지적하는 가장 많은 항목 가운데 하나가 어법이다. 이는 대학생들이 올바른 문장을 쓰는 어법 능력이 부족하다는 사실을 단적으로 보여 주고 있는 것이라 할 수 있다.

말과는 달리 글은 글자들의 조합만으로 의미를 전달한다. 글은 말보다 이해할 수 있는 환경의 폭이 제한적이어서 한번 잘못 쓰이면 의도와 다르게 인식되어 수정하기 어렵다. 글에서 보이는 이러한 환경의 제한은 문장의 정확성을 필요로 하고 그 정확성은 어법에 맞는 표현을 요구한다.

현재 우리의 어법 교육은 쓰기 교육의 초기 단계부터 실시하고 있으나 글에서 실제 쓰일 때 많은 오류나 실수가 나오는 것이 현실이다. 이런 문제점을 극복하기 위해 필자는 몇 년 전부터 '처방적 글쓰기' 교육 방식을 택하고 있다. '처방적 방식'이란 글에서 보이는 어법적 오류를 분석하고 유형화하여 그런 오류를 예방하는 글쓰기 교육 방법의 하나이다. 필자는 '처방적 글쓰기(PMGW, Prescriptive Method for Grammatically correct Writing)' 방식이 글쓰기 교육 현장에서 어법적 측면의 쓰기 능력을 향상할 수 있는 효과적인 방법 가운데 하나라고 생각한다. 문장에서 보이는 오류를 몇 유형으로 나누어 분석하고 이를 토대로 글쓰기에 응용하는 방법이다(2부의 내용). 실제 강의에서는 학생들을 조별로 구성하여 각종 매체(신문, 주간지, 월간지, 서적, 광고물, 방송 자막 등)에서 보이는 오류를 유형별로 찾아 분석하여 제출하게 한다. 이 과제에 대한 학생들의 관심이나 호응이 높아 어법 교육의 측면에서 효용성이 상당히 컸다.

이 책은 크게 2부로 구성하였다. 1부는 글쓰기의 기초 편으로 〈조선일보〉에 연재했던 필자의 글을 모았다. 글쓰기를 시작하는 마음가짐부터 마지막 퇴고에 이르기까지 글쓰기의 기초적인 과정을 설명하였다. 본격적으로 글쓰기를 시작하는 경우나 본인의 글쓰기에 문제점이 있다고 생각하는 경우에는 잘 참조하길 바란다. 2부는 대중 매체에 나타나는 단어와 문장의 오류를 제시하고 이를 분석·수정한 자료로 구성하였다. 실생활의 많은 문장에서 보이는 오류들을 찾아 그것들을 검토하고 분석하는 과정은 글쓰기에서 반드시 필요하다. 여기서 제시된 국어 단어나 문장의 많은 오용 사례들을 예방적 차원의 기초 자료로 활용한다면 실제로 글을 쓸 때 바른 글, 좋은 글을 쓸 수 있을 것이다. 결국 이것이 이 책의 집필 목적 가운데 하나이기도 하다. 이 책이 한국어 교육, 특히 글쓰기 교육에 작은 디딤돌의 역할을 했으면 하는 바람이다.

이 책이 나오기까지 여러 분들의 도움이 컸다. 특히 책의 출간을 위해 애써 주신 지코사이언스의 박성율 대표께 감사의 말씀을 전한다.

차례

1부 글쓰기의 이론과 실제

2부 문장의 실태와 분석

1부

글쓰기의 이론과 실제

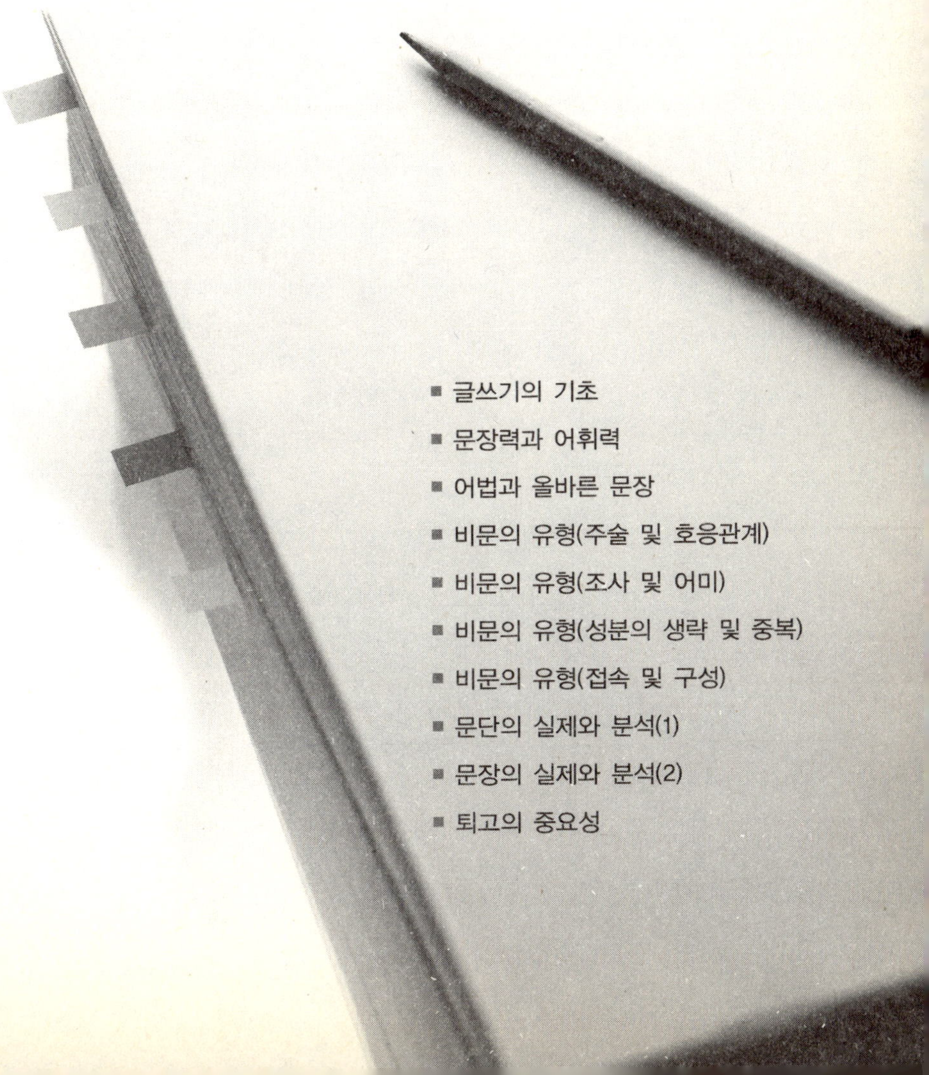

- 글쓰기의 기초
- 문장력과 어휘력
- 어법과 올바른 문장
- 비문의 유형(주술 및 호응관계)
- 비문의 유형(조사 및 어미)
- 비문의 유형(성분의 생략 및 중복)
- 비문의 유형(접속 및 구성)
- 문단의 실제와 분석(1)
- 문장의 실제와 분석(2)
- 퇴고의 중요성

글쓰기의 기초

'글'은 '말'을 문자의 형식으로 바꾸어 놓은 것에 불과하다. 하지만 우리가 평소 사용하는 글과 말의 표현 방식 사이에는 상당한 차이가 있다. 말로는 표현할 수 있으나 글로는 묘사하기 어려운 경우가 있고, 글로 표현하면 자연스러운 문장이 말로 사용되면 어색하게 느껴지는 경우도 있다. 예를 들어 글로 읽을 때는 자연스러운 문장인 "그는 권태가 지겨웠다."는 여간해서 말로는 사용하지 않는다. 반면 생활에서 흔히 등장하는 "먹였니? 개밥 말이야."와 같은 표현은 대화체가 아닌 일반적인 글에서는 찾아보기 어렵다. 이는 말과 글이 언어의 범주에 함께 있지만 그 차이가 크며 그것들을 달리 다루어야 한다는 사실을 분명하게 보여 준다.

그러면 어떻게 하면 글쓰기를 잘 할 수 있나. 혹자는 신언서판(身言書判 : 인물을 선택하는 데 표준으로 삼았던 신수, 말씨, 문필, 판단력)과 삼다(三多)의 중요성을 논하기도 한다. 더욱이 완당 김정희 선생이 글쓰기를 '寫蘭有法不可, 無法亦不可(난초를 그림에 법이 있어도 안 되고 법이 없어도 또한 안 된다)'라고 비유한 데에 이르면 글쓰기가

도에 접근하는 수행자의 길처럼 보이기도 한다. 어떤 이들은 말하는 것처럼 글을 쓰면 된다고 하지만 제대로 된 글은 말처럼 쉽게 쓰이는 것이 아니다.

현재의 글쓰기 교육은 과거와 달리 새로운 내용과 체계 있는 구성으로 운영되고 있다. 그럼에도 글다운 글은 좀처럼 보이지 않는다. "많이 읽고, 많이 생각하고, 많이 쓰라."라는 '삼다'의 논리에 덧붙여 이제는 올바른 문장론을 교육할 때가 됐다. 1930년대 최고의 작가였던 상허(常虛) 이태준(李泰俊) 선생의 글 일부분은 우리에게 올바른 글쓰기 교육의 필요성을 역설적으로 보여 준다.

> "그러니까 글은 아무리 소품이든, 대작이든, 마치 개미면 개미, 호랑이면 호랑이처럼, 머리가 있고 몸이 있고 꼬리가 있는, 일종 생명체이기를 요구하는 것이다. 한 구절, 한 부분이 아니라 전체적인, 생명체적인 글에 있어서는, 전체적이요 생명체적인 것이 되기 위해 말에서보다 더 설계와 더 선택과 더 조직, 발전, 통제 등의 공부와 기술이 필요치 않을 수 없는 것이다. 이 필요되는 공부와 기술을 곧 문장 작법이라 대명(代名)할 수 있을 것이다."
>
> 이태준의 〈문장강화〉 중에서 (창비교양문고 10, 창작과 비평사)

적절하지 못한 단어의 사용, 군더더기 식 표현 등은 그렇다 치더라도 어법의 잘못에 이르러서는 문제가 심각하다(말에서보다, 더 설계와, 필요되는 등). 오래 전에 쓰인 글이라는 점을 고려하더라도 이는 정도가 너무 심하다. 글을 전문적으로 쓰는 이도 이 정도이니 일반인들은 더 말할 나위가 없다. 좋은 글을 쓰기 위해서는 먼저 바른 글이 전제되어야 한다.

그러나 어법에 맞는 바른 문장을 만들어 내는 일은 그리 간단치 않다. 우리는 한국어의 어문 규정과 통사적인 규칙에 따라 글을 쓰려고 노력하나 실상은 그렇지 못하다. 표기법을 지키지 못하고 문맥에 적절치 못한 단어를 사용하며 그 외에도 많은 문법적 오류를 범하고 있다. 요즘 중·고등학교와 대학에서 화두가 되고 있는 '논술'도 글쓰기의 일반론과 크게 다르지 않다. 자신의 생각을 논리적으로 기술하는 것이 '논술'인데 이 역시 글쓰기의 하나라는 점을 알아야 한다. 생각이 논리적으로 잘 전개되었다 하더라도 글로 만들어 내는 과정이 제대로 이루어지지 않았다면 그 생각들은 공중 분해되고 만다. 자신의 생각을 정리하여 글로 표현해 내는 힘, 바로 이것이 글쓰기의 능력이다. 주변의 많은 문장에서 보이는 오류들을 찾아 그것들을 분석하는 작업은 바른 글을 쓰기 위한 좋은 훈련 방법의 하나이다.

문장력과 어휘력

일반적으로 말하는 좋은 글이란 어떤 글일까. 글의 성격과 종류, 읽는 이에 따라 차이가 있을 수 있다. 하지만 글쓴이의 감정과 느낌, 생각이나 사고 등이 효과적으로 나타나 있는 글이라는 데에는 이견이 없을 것이다. 글의 의도를 충분히, 잘 전달하기 위해 글쓴이에게 필요한 것이 글을 제대로 만들어 낼 수 있는 능력이다.

한편의 글을 만들어 내는 힘, 즉 문장력(文章力)을 말할 때 염두에 두어야 할 것들이 있다. 문법 지식, 논리적 구성력, 어휘력, 표현력 등이 그것이다. **문법 지식**은 국어의 어문 규정을 포함한 문법적인 영역을 말한다. 아무리 논리적으로 잘 구성된 글이라 하더라도 어법적인 측면에서 어그러져 있다면 좋은 글이 될 수 없다. 좋은 글은 바른 글을 전제로 한다는 점을 명심하기 바란다.

논리적 구성력은 문장들 간의 체계와 문단 사이의 논리적 구성을 말한다. 이를 위해서는 어떤 주제에 대해 합당한 논거를 가지고 자신의 주장을 합리화하는 훈련이 필요하다. 삼단논법을 위주로 한 추론 방식을 글쓰기에 적용할 줄 알아야 한다. 논리학에 관련된 서적 등을 꼼꼼히 읽어보는 것이 도움이 될 것이다.

그 다음으로는 어휘력이다. 동일하거나 비슷한 의미를 지닌 말이더라도 상황이나 문맥에 따라 더 적합한 어형이 있다. 가장 적합한 말을 찾아낼 줄 아는 능력이 있다면 그 사람은 이미 자신이 기대하는 효과를 반 이상 거둔 것이나 마찬가지다. 어휘력은 그 사람의 글을 돋보이게 하는 핵심적인 요소 가운데 하나이다. 필자의 경우 글을 평가할 때 어휘력을 평가의 주요 기준으로 보는데 이는 그만큼 문장을 만들 때 단어의 사용 능력이 중요하기 때문이다. 다음의 예문들은 필자가 담당한 과목에서 대학교 1학생 학생들이 쓴 글의 일부분이다(주제 : 생리공결제).

(1) 제시된 '생리공결제'도 어떠한 의미에서 유사한 사항이라고 할 수 있다. → 이러한

(2) 제시문에 나타난 군대에 관한 반대 입장은 다소 극단적인 근거일 수 있다. → 주장, 생각 / '근거'라는 단어를 사용한다면 '~ 극단적인 근거에 바탕을 둔 것이다' 또는 '~ 극단적인 근거를 바탕으로 한 것이다'로 고칠 수 있다.

(3) 생리는 선천적인 여성의 차이이기 때문에 인정해야 한다고 할 수 있다. → 특성

(4) 특수한 이유가 아니면 군대에 가야하는 한국 남성에게 병역 의무는 역시 다분히 '선천적' 사항이다. → 특별한

(5) 지체장애를 겪는 학생들이나 지병을 앓는 학생들 → 지체장애가 있는

(6) 이들의 고통이 여학생들이 겪는 것보다 작은 것이 결코 아니다. → 적은 것이

> (7) 기꺼이 질병 결석을 하면 되지 않겠는가? → 그냥
> (8) 내가 이렇게까지 완고하게 생리공결제를 반대하는 이유는 → 강하게
> (9) 사회적 생활을 할 경우 발생하는 남녀 간의 차이는 → 사회생활을 할 때
> (10) 신체적 차이 때문에 여성들만 이런 특례를 받는다는 것은 말이 안 된다. → 특혜

대학생들의 글에서 보이는 어휘력의 빈곤은 어제 오늘의 현상이 아니다. 필자는 학생들에게 국어사전의 적극적인 활용을 늘 강조한다. 외국어를 공부할 때 사전을 옆에 놓는 것과 같이 국어사전을 가까이 하고 글을 쓸 때마다 미심쩍은 부분을 확인하는 태도가 중요하다.

마지막은 **표현력**이다. 여기서 말하는 표현력은 단지 미사여구를 나열하는 것만을 의미하지 않는다. 좋은 글을 만들기 위해 다양한 배경지식(역사, 신화, 전설, 속담, 고사성어 등)을 적절하게 활용해야 한다. 이렇게 본다면 한편의 글에는 글쓴이의 문법 지식, 논리적 구성력, 어휘력, 표현력 등이 모두 녹아 들어가 있는 것이다. 그래서 글을 총체적 사고의 결정체라 하지 않았던가.

어법과 올바른 문장

사회에 일정한 질서와 규범이 있듯이 글에도 일정한 규칙이 있어 이것을 흔히 '어법'이라고 한다. 어법에 맞지 않아도 모국어를 사용하는 자국민이라면 충분히 의사소통은 가능하다. 그러나 단순한 소통을 넘어 효율적, 논리적으로 자신의 의사를 표현하거나 전달의 극대화를 꾀하기 위해선 어법에 맞는 정확한 기술이 무엇보다 필요하다. 특히 어떤 목적을 이루거나 상대를 설득하기 위해 글을 써야 하는 경우라면 어법은 더욱 필수적이다. 성분들 간의 호응이 이루어지지 않는 것, 활용이 부자연스러운 것, 같은 의미가 특별한 의도 없이 반복된 것, 문맥에 맞지 않는 것 등은 글의 효과를 반감하고 자칫하면 다른 뜻으로까지 전달될 수 있다.

요즘 대입 논술에서 어법 관련 부분이 소홀하게 다루어지고 있는 것은 심히 유감이다. 한편의 글은 논리적 구성만으로 이루어지지는 않는다. 쓰기 교육의 영역에서 어법이 한 축을 형성하고 논증적 사고가 다른 한 축을 형성한다고 할 때, 올바른 어법의 사용은 글쓰기의 고갱이라 말할 수 있다. 결국 바른 글이란 어법에 문제가 없는 글을 말하며 그런 글이야말로 좋은 글이 될 수 있는 것이다.

앞으로 필자는 대학생과 일반인들의 글을 바탕으로 어법이나 표현(단어의 사용 포함)이 잘못 쓰인 문장을 찾아내고 그것들을 바르게 고치는 일련의 과정을 보여줄 것이다. 이를 통해 어법에 맞는, 바른 글을 쓸 줄 아는 방법을 자연스럽게 습득할 수 있으리라 믿는다. 여기서 다루는 실례들은 쓰기 교육을 위한 자료로 활용할 수 있을 것이고, 쓰기에 관련된 예방적 차원의 지도법을 모색하는데 도움을 주리라 생각한다.

국어 어법상 잘못 사용된 것을 일컬을 때 흔히 '오류'란 용어를 사용한다. 포괄적으로는 비논리적인 문장의 구성도 포함시킬 수 있으나 여기서는 예외로 한다. 어법상 잘못된 것에는 표기법의 오류, 단어 사용의 오류, 문장의 통사적 오류 등이 있다. 각종 글에서 보이는 단어나 문장의 오류 유형도 위의 범주에서 크게 벗어나지 않는다. 일반적으로 오용 표현을 변별하는 기준은 한국어 어문 규정(한글 맞춤법, 표준어 규정, 외래어 표기법, 로마자 표기법)과 현행 국어사전의 해석에 근거한다. 통사적인 오류의 경우는 기존 문법서를 참조하여 그 기준을 마련하기도 한다.

그럼 구체적으로 오류 유형을 살펴보자. 먼저 표기법의 오류는 한국어 어문 규정에 맞지 않는 경우이며 단어 사용의 오류는 단어가 부적절하게 사용되는 경우[어형이나 어의(語義)를 포함]이다. 아래의 예에서 * 표시는 잘못된 표기나 형태임을 나타낸다.

> *맨날 / 만날, *어린이란 / 어린이난(*독자난 / 독자란), *바램 / 바람, *써비스 / 서비스, *비젼 / 비전, *루우트 / 루트
> 이제 그는 *밥은 커녕 / 밥은커녕 죽도 못 먹는다. (띄어쓰기)

*왠 일 / 웬 일, *그리고 나서 / 그러고 나서, 어제 보았던 그 사람 얼굴이 *웃기게 / 우습게 / 생겼지요, 나는 *설레이는 / 셀레는 마음에 아무것도 못했다, 푸드덕거리며 *날으는 /나는 새 이름을 묻기도 했다, 넌 왜 이리 *주책이니 / 주책없니.

마지막으로 통사적 오류는 주로 단어들의 결합에 문제가 있는 경우이다. 표기법의 오류나 단어 사용의 오류는 어문 규정이나 국어사전 등을 활용하면 비교적 쉽게 교정할 수가 있다. 그러나 통사적 오류는 어법에 관련된 기본적인 지식 없이는 제대로 고치기가 쉽지 않다. 글에서 흔히 보이는 통사적 오류를 찾아 그것을 유형화하여 글쓰기 교육의 실제 현장에 반영한다면 좀 더 효과적인 결과를 가져오리라 믿는다. 필자는 이를 글쓰기 교육의 처방적 방법이라 말하고 싶다.

비문의 유형(주술 및 호응관계)

글에서 보이는 문법적인 오류 가운데 고치기 힘든 부분은 아마도 '통사적 오류'일 것이다. 통사적 오류를 수정하기 위해서는 일정 수준 이상의 문법적 지식이 필요하다. 그러나 글쓰기에 필요한 문법적 지식을 모두 습득하기에는 한계가 있다. 따라서 처방적인 글쓰기 교육이라는 취지에 맞춰 실생활에서 나타나는 통사적 오류를 분석하고 유형화하여 교정하는 것이 보다 효과적이다.

먼저 비문의 유형 가운데 주술 및 호응관계의 오류를 다루어 보도록 한다. 문법에서 호응관계라 함은 문장에 한 요소가 나타나면 다른 요소가 반드시 나타나야 하는 일종의 제약 관계를 말한다. 예를 들면 '모자를 쓰다, 장갑을 끼다, 양말을 신다' 등의 목적어와 타동사 간의 선택 제약과 '반드시 ~이어야 한다, 만일 ~한다면, 전혀 ~하지 않다' 등의 특정 부사류와 후행 요소 간의 공기(共起) 관계 등을 들 수 있다. 호응관계를 지키지 못하면 비문이나 어색한 문장이 되고 만다. 다음의 예들을 살펴보자.

(1) 대학가요제는 30년의 역사만 자랑할 것이 아니라 대학가 가요제전으로서 보여주고자 하는 음악의 미래를 제시할 시점이다.
(2) 그러나 위험한 것은 실패의 원인을 자신의 능력으로 돌릴 때 우리는 학습된 무기력에 빠지게 됩니다.
(3) 카드뮴은 뼈가 약해지고 쉽게 부서지는 '이타이이타이병'에 걸릴 수도 있다.
(4) 14년 만에 다시 국경일로 제정된 한글날, 그 560번째 돌을 맞이해 여러 가지 작업물이 한글을 추억한다.
(5) 마치 겨울 나무들이 잎사귀를 모두 떨어뜨리고 모든 것을 가라앉힙니다.
(6) 모기 입이 비뚤어진다는 처서가 지난 지 한 달이 넘었지만 가을 모기는 여간 극성스럽다.

(1)의 경우 서술어를 '-이다'로 끝맺고 있어 주어인 '대학가요제'의 술어가 '시점'이 되어버렸다. 주어와 서술어의 호응이 제대로 이루어지지 않으면 이처럼 이상한 문장이 된다. (2)는 '-것'이 주어이기에 서술어도 '-된다는 점이다/사실이다/것이다'라는 형식을 갖추어야 매끄럽게 된다. (3)은 주술 구조에 문제가 있는 문장이다. 사람이 병에 걸리는 것이고 카드뮴은 병에 걸리게 하는 주체이다.

(4)에서 '작업물'은 무생물로서 그 자체가 사물을 추억할 수 있는 능력이 없다. 보는 사람들로 하여금 추억이 떠오를 수 있게 만들어 주는 것이다. 따라서 서술어를 '-하게 하다'라는 형태로 바꿔야 한다. (5)의 '마치'라는 부사는 '-같다/-ㄴ듯/-처럼'과 같은 단어와 같이 쓰여야 자연스럽다. (6)의 부사어 '여간'은 '-않다/-가 아니다'라는 부정어를 동반해야 한다. 그런데 이와 같은 부정 서술어가 없다. 그래서 어색한

문장으로 전락해 버렸다.

(1) 대학가요제는 30년의 역사만 자랑할 것이 아니라 대학가 가요제전으로서 보여주고자 하는 음악의 미래를 제시할 시점에 와 있다.
(2) 그러나 위험한 것은 실패의 원인을 자신의 능력으로 돌릴 때 우리는 학습된 무기력에 빠지게 된다는 점(사실)입니다.
(3) 카드뮴은 뼈가 약해지고 쉽게 부서지는 '이타이이타이병'에 걸리게 할 수도 있다.
(4) 14년 만에 다시 국경일로 제정된 한글날, 그 560번째 돌을 맞이해 여러 가지 작업물이 한글을 추억하게 한다.
(5) 마치 겨울 나무들이 잎사귀를 모두 떨어뜨리고 모든 것을 가라앉히는 것 같습니다.
(6) 모기 입이 비뚤어진다는 … 가을 모기는 여간 극성스럽지 않다.

이렇듯 호응관계의 오류는 문장에 쓰인 단어들의 통사 관계나 의미 관계가 어긋나 만들어지는 경우가 많다. 문장 작성 시 이 점을 항시 염두에 두어야 한다.

비문의 유형(조사 및 어미)

국어는 첨가어적 성격을 지니고 있어 조사나 어미가 발달한 언어이다. 조사나 어미 사용 시 용법을 정확히 알고 써야 하며 특히 특수조사(은/는, 만, 도, 부터 등)는 문법적인 기능보다 의미 중심의 기능을 주로 담당한다는 점을 간과해서는 안 된다. 또한 그 분포도 다양하여 체언을 비롯한 부사나 용언의 활용형 등 모든 종류의 어절이나 문장과 결합한다.

국어의 어미는 선어말어미와 어말어미로 나누어지는데 조사보다도 더 많은 문법 범주를 담당하고 있다. 문장의 종결뿐만 아니라 시제나 경어법, 접속, 내포 등이 어미들에 의해 표현되는 만큼 오용의 사례 역시 많다. 다음은 조사나 어미가 잘못 사용된 경우이다.

(1) 홍 원장은 수술 이후 항암 치료를 받으면서 입 안이 헐고 몸무게가 줄자 담당 의사는 항암제 용량을 줄일 것을 권했다.
(2) 나에게 충격을 준 사실은 인간의 삶의 양태의 단순성이었다.
(3) 한가위를 맞아 서울 남산 한옥마을과 고궁 등지에서는 가족과

함께 즐길 수 있는 다채로운 행사가 열렸습니다.

(4) 투수가 초반에 비실대길래 2,3회쯤 바꿀까 했는데 결국 상대 팀 선수들이 못 친거지.

(5) 현 종묘는 그 특수성에 알맞는 건축미와 구성미가 세계적으로 뛰어났음을 인정받아 세계문화유산으로 등재됐다.

(6) 대통령은 "법적으로 굳이 문제를 삼는다면 우리 민간인이 제3국에서 북한 사람을 접촉했다는 것이 문제가 될지 모르겠지만 이것은 성격상 대통령이 특별히 지시한 것이기 때문에 사전 신고할 일은 아니라고 생각한다."고 말했다.

(1)의 경우 '홍 원장은' 뒤에 또 '담당 의사는'이 이어져 어색한 문장이 되고 말았다. 주격조사 '-이/-가'와 특수조사 '-은/-는'은 그 쓰임의 차이에 주의해야 한다. 대체로 '-이/-가'가 새로운 정보나 내포문의 주어에 쓰이는 반면, '-은/-는'은 이미 알려진 정보에 쓰인다. 따라서 '홍 원장은'을 '홍 원장이'로 고치는 것이 자연스럽다. (2)는 속격조사 '-의'가 과도하게 사용된 경우로 이렇게 남용된 예가 국어 문장에서 많이 보인다. (3)에서 쓰인 '-에서는'은 장소를 나타내는 조사 '-에서'와 특수조사 '-는'이 결합한 형태이다. 여기서 조사끼리의 중복은 불필요하므로 '-에서'만 써도 문제가 없다.

(4) '-길래'는 잘못 사용된 어미이다. 그러나 '뭐길래' 등과 같이 잘못 쓰는 경우가 많아 바른 형태인 것처럼 보인다. '-기에'가 맞는 형태이다. 또한 '못 친거지'에서 '-거'는 의존명사 '것'의 준말이기에 '못 친 거지'라고 띄어 써야 옳다. (5)에서 쓰인 '알맞는'은 '알맞은'이 맞다. 형용사와 동사는 관형사형 어미를 취할 때 차이가 있다. 형용사에 결합하는 현재 관형사형 어미는 '-은'이고 동사와 결합하는 관형사형 어

미는 '-는'이다. 여기서 '알맞다'는 형용사이기 때문에 어미 '-은'과 결합해야 한다. (6) '접촉하다'는 앞에 공동격조사 '-와/-과'와 연결될 때 자연스럽다. 따라서 여기선 조사 '-을' 대신 '-과'가 쓰여야 한다. 또한 '-고'는 간접 인용격조사이므로 직접 인용격조사인 '-라고'로 고쳐 쓰는 것이 옳다. 지금까지 설명한 것을 바탕으로 위의 문장을 수정하면 다음과 같다.

(1) 홍 원장이 수술 이후 항암 치료를 받으면서 입 안이 헐고 몸무게가 줄자 담당 의사는 항암제 용량을 줄일 것을 권했다.
(2) 나에게 충격을 준 사실은 인간의 삶 양태가 단순하다는 것이었다.
(3) 한가위를 맞아 서울 남산 한옥마을과 고궁 등지에서 가족과 함께 즐길 수 있는 다채로운 행사가 열렸습니다.
(4) 투수가 초반에 비실대기에 2,3회쯤 바꿀까 했는데 결국 상대팀 선수들이 못 친 거지.
(5) 현 종묘는 그 특수성에 알맞은 건축미와 구성미가 세계적으로 뛰어났음을 인정받아 세계문화유산으로 등재됐다.
(6) 대통령은 "법적으로 굳이 문제를 삼는다면 우리 민간인이 제3국에서 북한 사람과 접촉했다는 것이 문제가 될지 모르겠지만 이것은 성격상 대통령이 특별히 지시한 것이기 때문에 사전 신고할 일은 아니라고 생각한다."라고 말했다.

이렇듯 국어 문장에서 조사나 어미의 오류는 다양한 모습으로 나타난다.

비문의 유형(성분의 생략 및 중복)

문장 성분이란 문법적 기능을 수행하는 문장의 구성 요소들을 말한다. 문장을 이룰 때 필수적인 성분은 주어, 목적어, 서술어, 보어 등이다. 구어체인 경우 필수 성분을 생략할 수도 있지만 문어체인 경우에는 이들 성분을 무리하게 빠뜨리면 안 된다.

또 한편으로 동일한 단어를 반복하거나 의미가 같은 요소를 중복하면 표현의 간결성과 정확성이 떨어지기도 한다. 가능하면 잉여적 표현을 피하여 군더더기가 없는 문장을 만들어야 한다. 간혹 강조를 위한 동어반복이 있기는 하나 최대한 절제해야 한다. (1-3)의 예들은 문장의 필수 성분이 무리하게 빠진 경우이며, (4-6)은 동일한 단어가 반복되거나 의미가 중복된 오용 사례들이다.

(1) 로스쿨 입학기준을 살펴보면 우선 전공과는 무관하게 4년제 정규 대학교를 졸업해야 한다.

(2) 많은 곳에서 결혼의 신성함과 여성의 권리가 인정되었으며 아동복리법, 노동법, 노예제도의 폐지가 이루어졌다.

(3) 노조는 일을 더 하는 대신 생산과 투자, 그리고 2011년까지 인위적인 감원(減員)을 하지 않겠다는 약속을 회사 측에서 받아냈다.

(4) 이를 위해서 국민적 합의를 모아야 하고, 유력 대선 후보들과도 한반도의 장래를 위해 사심 없이 대화해야 한다.

(5) 이 시설은 환경 개선을 위해 지표수와 기존 연못에서 사용된 물을 연결시켜 다시 재활용하는 자연 친화적인 방법으로 만들어졌습니다.

(6) 여의도 벚꽃축제가 개막한 6일 서울 여의도 윤중로에는 봄 정취를 만끽하려는 상춘객 발길이 종일 이어졌다.

(1) 이 문장은 누가 졸업해야 하는지 주체가 생략되어 있다. 내용으로 미루어 로스쿨 입학을 희망하는 사람들을 주어로 삼아야 함을 알 수 있다. (2) '폐지가 이루어졌다'에 걸리는 것은 문맥상 '노예제도'이다. 그런데 예문은 '아동복리법, 노동법'도 같은 서술어에 연결함으로써 내용 전달에 혼란을 주고 있다. '아동복리법, 노동법'에 관련된 서술어를 보충해 주어야 한다. 뒤에 '폐지'라는 한자어가 쓰였기 때문에 '새로 만들어지다'는 의미인 '신설되다'가 어울린다. (3) 노조가 회사 측에서 받아낸 약속은 세 가지이다. 그러나 '생산과 투자'는 구의 형태로 '인위적인 감원을 하지 않겠다'는 절의 형태로 이어져 어색한 문장이 되었다. 성분들 간의 균형을 맞추기 위해 '생산과 투자'에 알맞은 서술어를 넣어 주어야 한다. '회사 측에서'의 '에서'도 적절치 않다. '-으로부터'가 어울린다.

(4) '합의'라는 단어에 이미 '모으다(合)'는 뜻이 들어가 있다. 따라서 '모아야 하고'로 중복 사용할 필요가 없다. '이끌어내다'를 서술어로

만들면 의미 전달에 무리가 없다. (5) '재활용'에 '다시'라는 의미가 포함되어 있다. '재활용' 앞에 쓰인 '다시'란 단어를 생략하는 것이 좋다. (6) '상춘객(賞春客)'이란 단어에 이미 '봄 경치를 즐기다'라는 뜻이 들어가 있다. '상춘객'을 '사람들'로 바꾸면 의미의 중복을 피하면서 자연스러운 문장을 만들 수 있다. 중복해 쓰인 '여의도'도 생략하고 글의 호흡을 위해 '6일' 뒤에 쉼표를 써 주자. 위의 예문들을 고쳐보면 다음과 같다.

(1) 로스쿨 입학기준을 살펴보면 우선 지원자들은 전공과는 무관하게 4년제 정규 대학교를 졸업해야 한다.
(2) 많은 곳에서 결혼의 신성함과 여성의 권리가 인정되었으며 아동 복리법, 노동법이 신설되었고 노예 제도의 폐지도 이루어졌다.
(3) 노조는 일을 더 하는 대신 생산과 투자를 확대하고, 2011년까지 인위적인 감원(減員)을 하지 않겠다는 약속을 회사 측으로부터 받아냈다.
(4) 이를 위해서 국민적 합의를 이끌어내야 하고, 유력 대선 후보들과도 한반도의 장래를 위해 사심 없이 대화해야 한다.
(5) 이 시설은 환경 개선을 위해 … 사용된 물을 연결시켜 재활용하는 자연 친화적인 방법으로 만들어졌습니다.
(6) 서울 여의도 벚꽃 축제가 개막한 6일, 윤중로에는 봄 정취를 만끽하려는 사람들의 발길이 종일 이어졌다.

문어체는 구어체와 달리 의사소통의 현장성이 배제되기 때문에 문장 성분의 생략 및 중복이 문제가 되는 경우가 많다. 이 점에 유념하여 글을 쓰도록 하자.

비문의 유형(접속 및 구성)

문장 또는 문장 성분들 간의 올바른 연결을 위해서는 관련 요소들이 서로 밀접한 문법적 관계를 맺고 있어야 한다. 대등한 접속의 경우 앞뒤의 성분들은 통사 내지는 의미론적으로 동질적이어야 한다. 접속사가 따로 있는 영어와 달리 국어는 일차적으로 접속 어미에 의해 문장이 이어진다. 따라서 접속 어미를 적절히 선택해야만 접속문의 구조나 의미에 문제가 없다. 그러나 접속문 중에는 이질적인 성분 연결, 동일하지 않은 성분 생략, 어색한 접속어 사용, 시제의 불일치 등으로 자연스럽지 못한 문장들이 많이 있다. 또한 성분들 간의 수식과 관련된 오류도 심심치 않게 나타난다. 적절하지 않은 관형어 구성, 모호한 수식 구성 등이 여기에 속한다. 그 중에 몇 예를 살펴보기로 한다.

(1) 걸음걸이가 부자연스럽고 위태롭게 보인다면 근육 감소증에 의한 허약일 수도 있는데, 노쇠 상태에 대한 전반적인 점검이 필요하다.

(2) 즐거운 중추절을 맞아 넉넉하고 풍요로움이 가득하시길 기원

합니다.

(3) 임 사장은 그동안 좋았던 시절도 있었고 힘든 시절도 있었다고 했다.

(4) 일본 소니가 지난해 말 이미 발화 가능성이 있는 자사 배터리의 문제점을 파악했으면서도 은폐하거나 미온적 대응으로 사태를 악화시켰다는 비판이 제기됐다.

(5) SBS 보도국 임 기자와 보도 영상부 기자 4명은 마침 서울행 비행기인 801편을 타기 위해 공항에 나와 있다 사고를 접했다. 소형비디오 카메라에 현장을 담았다.

(6) 세계적 수준의 싱가포르 교육 기관은 학교 내에서의 인성 교육과 전인 교육을 통해 학교 폭력이나 따돌림 없는 개방적인 분위기를 제공하며 흥미 유발 학습을 통해 재미있는 학교를 실현할 뿐 아니라 학생들이 국제 사회의 일원으로 성장할 수 있도록 학생들의 세계관을 넓히고 국제 매너와 예절을 자연스럽게 익힐 수 있도록 배려하고 있다.

(1) '있는데'라는 표현은 어간 '있-'과 '-는데'라는 어미가 결합한 형태로 다음을 끌어내기 위해 이와 상반될 만한 사실을 미리 말할 때 쓴다. 예문에서는 내용상 인과 관계에 의한 접속으로 이어지는 것이 자연스럽다. (2) '넉넉하고'와 '풍요로움'이 대등한 구조를 이루어야 하므로 '넉넉하고'를 '넉넉함'과 같은 명사형으로 바꿔주어야 한다. (3) 선행절은 '좋았던'이라고 과거형으로 표시했으나, 후행절은 '힘든'이라는 현재형으로 표현하여 앞뒤가 맞지 않는다. 시제를 통일하는 것이 옳다.

(4) '은폐하다'라는 동사와 '미온적 대응'이라는 명사구가 연결어미

로 이어져 자연스럽지 않다. 뒤의 '미온적 대응'을 '미온적으로 대응하여'로 바꾸어 주는 것이 바람직하다. (5) 예문의 두 번째 문장은 연결어를 생략함으로써 앞의 내용과 동떨어진 느낌을 준다. 또한 '접했다'고 하면서 문장을 끝냈는데 연달아 '담았다'로 다음 문장을 끝내 읽는 이의 호흡을 급하게 만든다. 이럴 때는 두 개의 문장을 적절한 접속어로 연결하여 하나로 만드는 것이 좋다. 짧은 문장도 좋지만 지나치게 끊어서 연결이 부자연스러우면 그것 또한 좋지 않다. (6) 너무 많은 내용들이 한 문장에 들어가 있다. 내용별로 몇 개의 문장으로 나누어 쓰는 것이 효과적이다. 불필요한 요소들을 삭제하면서 필요한 성분들을 보충하면 의미의 전달이 훨씬 분명해진다. 위의 예들은 다음과 같이 고칠 수 있다.

(1) 걸음걸이가 부자연스럽고 위태롭게 보인다면 근육 감소증에 의한 허약일 수도 있기 때문에(있으므로) 노쇠 상태에 대한 전반적인 점검이 필요하다.
(2) 즐거운 중추절을 맞아 넉넉함과 풍요로움이 가득하시길 기원합니다.
(3) 임 사장은 그동안 좋았던 시절도 있었고 힘들었던 시절도 있었다고 했다.
(4) 일본 소니가 지난해 말 이미 발화 가능성이 있는 자사 배터리의 문제점을 파악했으면서도 은폐하거나 미온적으로 대응하여 사태를 악화시켰다는 비판이 제기됐다.
(5) SBS 보도국 임 기자와 보도 영상부 기자 4명은 … 공항에 나와 있다 사고를 접하고 소형비디오 카메라에 현장을 담았다.
(6) 세계적 수준의 싱가포르 교육 기관은 인성 교육과 전인 교육

> 을 통해 학교 폭력이나 따돌림이 없는 개방적인 분위기를 제공한다. 또한 흥미 유발 학습을 통해 재미있는 학교를 만들기도 한다. 한편 학생들이 국제 사회의 일원으로 성장할 수 있게 세계관을 넓혀 주고, 국제 매너와 예절도 자연스럽게 익히도록 배려하고 있다.

접속과 구성의 오류는 문법적 성격이 강해 글을 쓸 때 자칫 간과하기 쉽다. 올바른 글이 되기 위해서는 정확한 연결과 구성이 필수적임을 잊지 말아야 한다.

문단의 실제와 분석(1)

문단은 한 덩어리의 생각을 나타내는 문장들의 유기적인 모임으로 줄을 바꾸거나 들여 쓰기를 함으로써 나타내는 것이 일반적이다. 문단을 잘 나누는 것은 군더더기 없는 문장을 쓰는 것 못지 않게 명료한 글쓰기에 있어 중요하다.

문단을 적절한 곳에서 끊지 않고 계속 끌고 가면 글의 긴장감과 생동감이 떨어지게 된다. 반면에 너무 자주 문단을 나누게 되면 글의 구성이 복잡해지고 내용이 토막 나서 어지럽게 된다. 글의 명료함과 생동감을 살리기 위해서는 문단의 적절한 구성이 필수적이라 할 수 있다. '생리공결제'를 주제로 한 대학교 1학년 학생의 논술문을 통해 문장 및 문단 구성의 실제를 보기로 한다. 예문에서 서론, 본론, 결론, 주장, 논거라는 용어는 설명의 필요를 위해 편의상 필자가 붙인 것이다.

서론 생리 같은 신체적 원인으로 발생하는 피해를 막기 위해 '생리공결제'를 시행하자는 의견이 나타나고 있다. 그러나 '생리공결제'는 여성을 보호하는 역할 외에 여러 부작용을 일으킨다.

본론 **[주장 1]** 먼저 생리는 신체적 현상이기 때문에 반드시 인정해 주어야 한다는 주장은 옳지 않다. **[논거 1]** 생리 외에도 남녀가 공동으로 겪는 신체적 현상은 많다. 예를 들어 시험을 보는데 한 남학생은 속이 좋지 않았고 한 여학생은 생리로 고생하고 있었다. 이 경우 여학생은 생리공결제로 성적이 인정되고 남학생은 피해를 입는다. **[논거 2]** 생리는 다른 신체적 문제와 달리 선척적인 현상이라는 주장도 가능할 것이다. 그렇다면 생리뿐만 아니라 천식 같은 다른 선천적인 문제들도 해결해 주어야 한다.

[주장 2] 또한 '생리공결제'가 시행되면 여성들이 생리가 있는 날에 자유롭게 휴가를 낼 것이라는 생각도 옳지 않아 보인다. **[논거 3]** 여성들은 보통 생리중이라는 것을 될 수 있으면 잘 드러내지 않으려고 한다. 따라서 생리 휴가를 쉽게 사용하지 못할 것으로 보인다. **[논거 4]** 그리고 사회적 시선도 곱지 않을 것이다. 왜냐하면 '생리공결제'의 역차별성이 남성들에게 불만을 품게 만들 수 있기 때문이다.

[주장 3] 생리공결제는 대부분의 여성들에게 정당하게 사용되겠지만 일부 악용될 수 있다. **[논거 5]** 생리 외의 문제로 출석을 할 수 없을 때 생리 휴가로 대체 하는 등의 제도 악용이 전혀 없지는 않을 것이기 때문이다. 이러한 악용을 막기 위해 감시하거나 확인 절차를 마련하는 방법을 쓰는 것도 불가능하다.

결론 여성의 생리는 선천적인 것이므로 이로 인한 피해를 최소화해야 하는 것은 사회적인 일이다. 그러나 이를 제도화시켜서 공적인 휴가를 주는 것은 역차별적 성격이 강하다. 생리로 인해 시험을 보지 못한 학생은 다른 날에 재시험을 볼 수 있게 하는 등의 일부 보완적 해결이 적절하다.

위의 글은 서론, 본론, 결론의 형식을 취함으로써 구성면에서 일단 논술문의 성격을 갖추고 있다. 서론, 본론, 결론 자체가 하나의 큰 얼개이지만 이 글에선 본론이 3개의 작은 문단으로 이루어져 있다. 글 전체를 꿰뚫는 주제는 하나이다. 그러나 실제 내용에 들어가면 서로 밀접한 관련을 가진 부분들끼리 엮이어 각각의 주제를 갖게 된다. 이것을 소주제라 하며 소주제를 중심으로 연결된 문장들의 집합체를 문단이라 한다. 한 편의 글은 이런 문단들이 전체 주제를 향해 유기적으로 묶여 이루어진다. 이때 유기적 결합의 완성도가 높으면 짜임새 면에선 성공한 것이다.

그렇게 볼 때 위 학생의 글은 형식면에선 양호하다. 각 단락의 서술 분량도 글의 전체 양에 비추어 봤을 때 적절하다. 그러면 위의 글은 내용면에서는 어떨까. 제 아무리 근사한 옷이라도 입은 사람과 따로 놀거나 상황에 맞지 않는다면 그것은 입지 않은 것만 못하다. 내용 없이 형식만을 갖춘 글은 무의미하다. 여기에 좋은 글쓰기의 어려움이 있다.

문장의 실제와 분석(2)

다음 글도 앞에서와 동일한 주제(생리공결제)를 가지고 학생이 작성한 글이다.

제목 〈생리공결제의 필요성〉

서론 ① 심한 생리통으로 인한 고통을 출석 처리하는 생리공결제는 바람직한 제도이다. ② 생리통은 여자라면 누구나 겪게 되는 고통이기 때문이다. 남자들은 생리통의 강도가 어느 정도인지 모르기 때문에 함부로 생리통을 언급해서는 안 된다. ③-㉠ 생리통이 여자들이 말하는 것처럼 심하게 아프다면 통증이 느껴질 때 움직이는 것조차 힘들 것이다. ③-㉡ 따라서 그런 상태로 학교에 가거나 시험을 치르면 상당히 힘들뿐만 아니라 자신의 능력을 발휘할 수 없다. ④ 이러한 이유들은 생리공결제가 정당한 제도임을 뒷받침한다.

본론 일각에서는 생리공결제가 성적 유지와 출석을 위해 악용

될 수 있다고 주장한다. 하지만 실제로 그러한 일들이 일어날 가능성은 별로 높지 않다. 생리통을 겪는 주기가 일정하고 생리 날짜도 대체로 정해져 있기 때문이다. ⑤ 생리 주기가 일정하기 때문에 시험 성적 유지 등을 위해 생리통이라고 둘러댈 수 있는 학생은 생리통이 해당 시험 기간에 찾아오는 학생들밖에 없다. ⑥ 또한 성적은 해당 학교의 규정에 따르기 때문에 이전 시험과 해당 시험의 학년 평균과 표준 편차 등으로 학생에게 적절한 성적을 부여할 수 있다. ⑦ 출석 인정의 악용도 출석 인정을 월 1~2회 정도로 지정하면 막을 수 있다. 여학생들은 생리통이 언제 있는지는 알아도 언제 심하게 아픈지는 미리 알기 힘들기 때문에 제한된 기회를 남용할 수 없다. ⑧ 생리통을 핑계로 결석했다가 다음 날 진짜로 아프면 결석 1회, 출석 인정 1회로 정상적인 기록이 가능하다. 이처럼 생리통의 주기성과 편의의 제한은 생리공결제가 올바르게 시행되도록 도와준다.

결론 생리공결제가 역차별이라는 주장도 설득력이 없다. 군가산점이나 생리공결제는 성적 특성을 반영했기 때문에 이러한 제도들을 폐지하는 것은 차별이다. 국방의 의무나 여성으로 태어났다는 이유로 불이익을 보는 것에 보상을 받는 것이 정당하기 때문이다. 따라서 생리공결제나 군가산점과 같은 제도들은 반드시 실행되어 부당한 불이익을 보상받도록 해야 한다.

먼저 형식적인 면에서 살펴보자. 서론, 본론, 결론의 3단 구성이 문단으로 구분되어 있다. 그러나 전체적인 구성에 있어 서론의 분량이 다소 많은 편이다. ③-㉠, ③-㉡은 전체 짜임이나 내용면에 있어 오히려 생략하는 것이 자연스럽다. 서론, 본론, 결론의 내용 구성에도 좀 더 신중을 기해야 한다. 서론의 첫 문장은 이 글 전체의 핵심이라고 할 수 있다. 이런 표현 방법은 첫 인상을 강하게 하고 자신의 생각에 자신감을 엿보이게 한다는 점에서 효과적일 수 있다. 그러나 여성들이 생리통으로 인해 자신의 능력을 제대로 발휘할 수 없다는 그 다음 내용들은 본론에서 언급되어야 좋은 것들이다. 제목이 '생리공결제의 필요성'이므로 글 그대로 '생리공결제'가 필요한 이유는 본론에서 언급되어야 한다. 그런데 서론에서 제도의 필요성을 서술하다보니 정작 본론에선 다른 내용이 전개되고 있다. 제도 시행에 따른 문제점과 그것의 해결 방안도 본론의 내용에 포함될 수 있지만 중요한 것은 주제와 관련된 것이다. 너무 일찍 껍질을 까서 중요한 알맹이가 말라버린 형국이 되었다. 또한 결론에선 '생리공결제'가 역차별이라는 주장을 반박하고 있다. 이것도 글의 위치를 논한다면 결론에 적합한 것이 아니다. 오히려 파생되는 다른 문제점들과 함께 본론에서 다루어져야 더 적절하다. '생리공결제'가 필요한 이유들을 충분히 설명한 뒤 나머지 것들은 간략하게 기술하면 본론으로서의 임무를 다할 수 있다.

다음엔 어법적인 면에서 내용들을 검토해 보자. 분석해 가는 방법은 이해의 편의를 위해 글의 서술 순서에 따르기로 한다(문장 앞의 번호는 필자가 편의상 붙인 것임).

①번 : '심한 생리통으로 인한 고통을 출석 처리하는 생리공결제는 바람직한 제도이다.'

이 문장에서 보이는 중요한 결함은 단어 선택에 관한 것이다. '고통'을 어떻게 출석 처리 할 수 있는가. 고통으로 인한 '결석'을 출석으로 인정해야 한다는 뜻인데 의도와 달리 '고통을 출석 처리하는'것으로 표현되었다. 한편 수식(修飾)에 따른 성분들의 위치도 생각해 보자. 너무 긴 수식어(구)가 앞에 놓임으로써 정작 힘이 들어가야 할 주어는 맥이 빠지게 되었다. 주어를 앞으로 옮기면 한결 자연스런 문장이 된다.

➡ '생리공결제는 심한 생리통으로 인한 결석을 출석 처리하는 바람직한 제도이다.'

②번 : '생리통은 여자라면 누구나 겪게 되는 고통이기 때문이다.'

생리는 여성이라면 누구나 하는 것이다. 그러나 그에 따른 통증은 사람에 따라 경중(輕重)이 있고 더러는 특별한 고통을 느끼지 않는 경우도 있다. 그렇다면 '누구나' 겪는 고통이라는 단정적 표현은 무리가 있다. 부분으로 전체를 논할 때에는 신중을 기해야 한다.

➡ '생리통은 여자라면 대부분 겪게 되는 고통이기 때문이다.'

③-㉠번 : '생리통이 여자들이 말하는 것처럼 심하게 아프다면 통증이 느껴질 때 움직이는 것조차 힘들 것이다.'

예문에서 선행문의 주어는 '생리통'이고 서술어는 '아프다'이다. '생리통'은 어떤 통증을 지각하는 생명체가 아니다. 따라서 주어와 술어의 호응이 잘못되었음을 알 수 있다.

➡ '생리통이 여자들이 말하는 것처럼 심한 거라면 통증이 느껴질 때 움직이는 것조차 힘들 것이다.'

④번 : '이러한 이유들은 생리공결제가 정당한 제도임을 뒷받침한다.'

'정당하다'는 '이치에 맞아 올바르고 마땅하다'라는 뜻이다. 앞 문장과의 의미 연결을 따져볼 때 '필요하다'라는 단어로 바꾸는 것이 좋다.

➡ '이러한 이유들은 생리공결제가 필요한 제도임을 뒷받침한다.

⑤번 : '생리 주기가 일정하기 때문에 시험 성적 유지 등을 위해 생리통이라고 둘러댈 수 있는 학생은 생리통이 해당 시험 기간에 찾아오는 학생들 밖에 없다.'

이 예문은 우선 정제되지 않아 어수선한 느낌을 준다. 적절한 연결어로 앞의 문장과 이어 주면서 '생리통', '학생' 등 반복되는 단어들을 정리하자.

➡ '따라서 생리통이 해당 시험 기간에 찾아오는 학생들만이 성적 유지 등을 위해 생리를 핑계로 삼을 수 있다.'

⑥번 : '또한 성적은 해당 학교의 규정에 따르기 때문에 이전 시험과 해당 시험의 학년 평균과 표준 편차 등으로 학생에게 적절한 성적을 부여할 수 있다.'

논술에 있어선 자료(정보)의 신뢰성과 정확성이 무엇보다 중요하다. 그런 면에서 이 예문은 구체적인 정보를 제공하고 있는 듯하다. 그러나 글의 전체 흐름에서 볼 때 성적 산출 방법에 대한 구체적 서술이 꼭 필요한 것이었을까. 필자라면 다음처럼 쓰고 싶다.

➡ '또한 성적은 해당 학교의 규정에 따라 적절하게 부여된다.'

⑦번 : '출석 인정의 악용도 출석 인정을 월 1~2회 정도로 지정하면 막을 수 있다.'

'지정하다'는 '가리키어 확실하게 정하다'는 뜻이다. 예문에서는 출석 인정 기회를 제한하자는 의미이므로 '한정하다'라는 단어가 더 적합하다. 더불어 단어의 순서도 바꾸면 더욱 정확한 의미 전달을 할 수 있다.

➡ '인정 횟수를 월 1~2회 정도로 한정하면 출석 인정의 악용도 막을 수 있다.'

⑧번 : '생리통을 핑계로 결석했다가 다음 날 진짜로 아프면 결석 1회, 출석 인정 1회로 정상적인 기록이 가능하다.'

'정상적인 기록'이란 무엇일까. 단어 선택에 문제가 있는 문장이다. 표현에 있어서도 '다음 날 진짜로 아프면'이라는 구절은 마치 초등학생의 글을 읽는 듯한 느낌을 준다.

➡ '생리통을 핑계로 결석했다가 다음 날 같은 이유로 다시 빠지면 그 중 한 번만 출석으로 인정된다.'

이 외에 언급되지 않은 오류들의 교정은 독자들의 몫으로 남겨 둔다.

퇴고의 중요성

초고를 완성한 후에는 반드시 글을 다듬는 작업이 따라와야 한다. 이것을 퇴고(推敲)라 한다. 초고를 쓴 후 어느 정도의 시간이 흐른 뒤에 퇴고를 하면 글을 읽는 독자의 입장에서 객관적으로 글을 검토할 수 있다. 퇴고의 가장 바람직한 방법은 소리 내어 읽어서 매끄럽게 읽힐 때까지 고치는 것이다.

퇴고에는 주제가 적절하게 구현되어 있는지를 검토하는 거시적 퇴고와 단락 구성 및 문장의 문법과 맞춤법 등을 검토하는 미시적 퇴고가 있다. 퇴고 시 점검 사항을 구체적으로 살펴보기로 한다.

첫째, 주제가 명료하게 드러나 있는가. (1) 명료하게 진술된 주제문이 있는가? (2) 주제문은 애초에 자신이 의도했던 바를 명확하게 표현하고 있는가? (3) 주제 이외의 다른 부분이 오히려 더 부각되지 않았는가? (4) 주제문 이외의 다른 부분들이 효과적으로 주제문을 뒷받침해 주고 있는가?

둘째, 문단 구성에는 문제가 없는가. (1) 글에서 다루고자 하는 바가 서론에 분명하게 제시되어 있는가? 주의를 환기하기 위해 들고 있는 예가 주제와 어긋나는 것은 아닌가? (2) 본론이 배열되어 있는 순서는 적절한가? 논리적 순서가 잘못되어 있지는 않은가? 문단과 문단을 연결하는 접속어가 논리적 맥락에 맞게 사용되고 있는가? (3) 각 문단의 길이는 적절한가? 너무 길거나 짧아 전체의 균형을 일그러뜨리고 있지는 않은가? (4) 본론에서 들고 있는 예나 근거는 적절한가? (5) 각 문단은 중심 문장과 뒷받침 문장으로 잘 구성되어 있는가? 논의 전개상 불필요한 문장이 들어가 있지는 않은가?

셋째, 각 문장들 사이에 문제는 없는가. (1) 각 문장이 뜻하는 바는 분명한가? 지나치게 감정에 호소하고 있지는 않은가? 의미 없는 동어반복식(同語反覆式)의 문장은 없는가? (2) 문법적으로 정확한 문장인가? 주어와 술어는 잘 호응하고 있는가? (3) 더 간결하게 표현할 수 있는 문장은 없는가? (4) 글의 문맥에 맞게 적절한 단어를 사용하고 있는가? 쓸데없이 추상적이고 어려운 단어를 사용하고 있지는 않은가? (5) 맞춤법(문장부호 포함)과 원고지 사용법에 어긋나는 곳은 없는가?

'글쓰기의 기초'에서 상허 이태준 선생의 글을 살펴 본 적이 있었다. 이 글을 본인이 썼던 초고라 생각하고 다듬어 보기로 한다.

원문 소품(小品)이나 이만한 조직체를 이룬 뒤에 비로소 (1)한 제의, 한 편의 글로 떳떳한 것이다. 르나르(J. Renard)는 '뱀'이란 제(題)에 '너무 길었다'란 두 마디밖에는 쓰지 (3)않은 것도 있으나, 그것은 「박물지(博物誌)」라는 큰 작품의 일부분으로서였다.

그러면 글이 되려면 먼저 양(量)으로 (1)길어야 하느냐하면 그런 것도 아니다. 한 사람의 일상생활에서 (1)지껄이는 말을 아무리 몇십년치를 기록해 놓는대야 그것이 글 (3)되기엔 너무 쓸데없는 말이 많고, 너무 연락(連絡)이 없고 산만한 어록(語錄)의 나열일 것이다.

그러니까 글은 아무리 소품이든, 대작이든, (2)마치 개미면 개미, 호랑이면 호랑이처럼, 머리가 있고 몸이 있고 꼬리가 있는, 일종 생명체이기를 (1)요구하는 것이다. 한 구절, 한 부분이 아니라 전체적인, 생명체적인 글에 있어서는, (2)전체적이요 생명체적인 것이 되기 위해 (3)말에서보다 (3)더 설계와 더 선택과 더 조직, 발전, 통제 등의 공부와 기술이 필요치 않을 수 없는 것이다. 이 (3)필요되는 공부와 기술을 곧 문장 작법이라 대명(代名)할 수 있을 것이다.

글 짓는 데 무슨 별법(別法)이 있나? 그저 (1)수굿하고 다독(多讀) 다작(多作) 다상량(多商量)하면 그만이라고 하던 시대도 있었다. (2)지금도 생이지지(生而知之)하는 천재라면 오히려 삼다(三多)의 방법까지도 필요치 않다. 그러나 배워야 아는 일반에게 있어서는, 더욱 심리나 행동이나 모든 표현이 기술화하는 현대인에게 있어서는, 어느 정도의 과학적인 견해와 이론, 즉 작법(作法)이 천재에 접근하는 유일한 방도가 아닐 수 없을 것이다.

이태준의 〈문장강화〉 중에서 (창비교양문고 10, 창작과 비평사)

우선 적절하지 못한 단어의 사용(1)과 군더더기 식 표현(2)이 눈에 거슬린다. 특히나 '것'의 과도한 사용은 자제해야 하며 비슷한 의미의 단어나 표현의 반복은 피하는 것이 좋다. 또한 어법의 잘못(3)에 이르러서는 상태가 자못 심각하다. 조사나 어미의 사용, '더'라는 부사의 사용, 불필요한 피동 구문의 사용 등은 더 많은 퇴고를 필요로 한다. 이 같은 점을 염두에 두고 위의 글을 다듬어 보면 다음과 같다.

수정문 작은 글(소품)도 조직적으로 결합한 후에야 비로소 한 편의 글이 된다. 르나르는 '박물지'라는 책 속의 '뱀'이란 제목의 글에서 "너무 길었다."란 두 낱말밖에 쓰지 않았다. 좋은 글은 분량이 문제가 되지 않는다. 어떤 사람이 일상생활에서 쓰는 말을 무조건 기록한다면, 그 글은 군더더기가 많고 연결도 자연스럽지 못한 산만한 기록의 나열이 되고 만다.

따라서 좋은 글은 머리와 몸과 꼬리가 있는, 즉 생명체와 같다. 한 부분이 아닌 전체적인 관점에서 생명이 있는 글은 말보다 더 치밀한 설계와 선택, 조직, 발전, 통제 등이 필요하다. 이때 필요한 기법을 '문장 작법'이라 한다.

그렇다고 글 짓는 데 무슨 특별한 방법이 있는 것은 아니다. 그저 묵묵히 다독(多讀), 다작(多作), 다상량(多商量)하면 그만이라고 하던 때도 있었다. 그러나 심리나 행동 등의 모든 표현을 기술화하는 요즘에는 과학적인 견해와 이론을 토대로 한 작법(作法)이 글쓰기 왕도에 접근하는 유일한 방도가 아닐까 한다.

헤밍웨이는 그의 작품인 '무기여 잘 있거라'에서 마지막 22행을 39번이나 고쳤다고 한다. 아무리 위대한 작가라 하더라도 퇴고 없이는 좋은 글이 나올 수 없다. 자신의 글을 퇴고하는 데 얼마나 시간을 투자하느냐에 따라 글의 성패가 좌우된다는 점을 명심하자.

2부

문장의 실태와 분석

일러두기

- 연구 목적 및 조사 범위

오류의 유형 및 분석

- 어문 규정
- 단어 선택
- 조사 사용
- 호응 관계
- 성분 생략
- 중복
- 접속 관계
- 번역 투 및 순화 대상어
- 기타 부적절한 구성

일러두기

연구 목적 및 조사 범위

이 연구는 각종 매체에서 보이는 국어 문장의 실태 조사를 통해 문장의 실제를 자료로 기록하고, 이를 분석하여 국어 어휘론과 문장론 연구의 기초 자료로 제공하는 데에 그 목적이 있다. 또한 한국인들이 실제로 쓴 글에서 보이는 단어와 통사적 구성의 오류를 찾아내고, 이를 분석·수정하여 국어 교육, 특히 작문 교육을 위한 처방적 자료로 활용한다. 이를 바탕으로 하여 작문 능력을 향상시킬 수 있는 효과적인 방법을 개발하고 이를 글쓰기 교육에 응용할 수 있는 구체적인 방안을 찾고자 한다.

■ 여기서 제시된 자료는 2006년 8월 이후에 간행되었거나 출판된 각종 매체에서 조사하였다.

■ 여기서 인용된 각종 매체는 다음과 같다.
일간지(신문, 인터넷 신문, 무료 신문 등), 주간지, 월간지, 서적 등

■ 인용의 출전은 다음과 같은 형식을 따랐다.

예 기사 : 〈경향신문〉, 2007. 4. 12, (문화) 「이 책을 소개 한다」

서적 : 〈미의 아름다움〉, 2007, 한국문화사, 김상진 저, 125쪽, 12-15째 줄

■ 인용된 문장의 분석에 있어서는 다음과 같은 분류 방식을 사용하여 해당 항목에서 자세히 다루었다.

- 어문 규정
- 단어 선택
- 조사 사용
- 호응 관계
- 성분 생략
- 중복
- 접속 관계
- 번역 투 및 순화 대상어
- 기타 부적절한 구성

■ 단어의 사용 오류에 관해서는 국어 어문 규정(한글 맞춤법, 표준어 규정, 외래어 표기법 등)과 국어사전(표준국어대사전, 국립국어원 간행)에 의거하여 수정하였다.

■ 구나 절 이상의 문법 단위 분석에 있어서는 기존의 여러 한국어 문법서와 논문 등을 참조하여 오류의 여부를 판단하였다.

■ 인용된 문장에서 둘 이상의 오류가 나타나는 경우에는 해당 항목만의 수정을 원칙으로 하였다.

오류의 유형 및 분석

어문 규정

원문 또 일본에서는 최근 고추장에 있는 캡사이신 성분이 다이어트에 효과가 있다는 입 소문을 타고 고추장이 날개 돋힌 듯 팔려나가기도 했다.

〈서울경제〉, 2006. 9. 27, (생활/문화) 「장맛의 비밀과 과학」

■ **분석** '속에 생긴 것이 겉으로 나오거나 나타나다'는 뜻의 단어는 '돋다'이다. 이 단어는 목적어를 필요로 하는 타동사가 아니라 자동사이다. '나뭇가지에 싹이 돋다, 이마에 땀이 돋다, 나뭇가지에서 새 움이 돋다'처럼 쓴다. 여기에 '강조'의 뜻을 더하는 접미사인 '-치'가 붙으면 '돋친 듯'이 된다.

■ **수정** 또 일본에서는 최근 고추장에 있는 캡사이신 성분이 다이어트에 효과가 있다는 입 소문을 타고 고추장이 날개 돋친 듯 팔려나가기도 했다.

원문 지금까지 '천자문' 하면 석봉 한호를 먼저 떠올릴 만큼 소위

'한석봉 천자문'은 모든 학동들의 필수교재였는데, 전 조선을 통털어 최고 베스트셀러이자 스테디셀러였다.

〈경향신문〉, 2006. 9. 29, (생활/문화) 「서예가 열전」

■ **분석** 흔히 '통털어'라고 잘못 발음해서 표기도 그렇게 아는 경우가 많다. 기본형이 '통틀다'이므로 '통틀어'가 맞다.

■ **수정** 지금까지 '천자문' 하면 석봉 한호를 먼저 떠올릴 만큼 소위 '한석봉 천자문'은 모든 학동들의 필수교재였는데, 전 조선을 통틀어 최고 베스트셀러이자 스테디셀러였다.

원문 아무도 모르게 한의원을 찾을 만큼 힘들고 지쳤던 작업을 왜 김아중은 아둥바둥 해내려 했을까?

〈스타뉴스〉, 2006. 9. 13, (연예) 「김아중 '된장녀?' 실속파로 불러주세요」

■ **분석** 흔히 '아둥바둥'으로 잘못 알고 있지만 '아등바등'이 표준어이다.

■ **수정** 아무도 모르게 한의원을 찾을 만큼 힘들고 지쳤던 작업을 왜 김아중은 아등바등 해내려 했을까?

원문 이탈리아에서 귓볼을 문지르는 것은 사람을 모욕하는 것이다. 그 사람이 동성연애자라고 말하는 것이 되기 때문이다.

〈한국일보〉, 2006. 9. 28, (칼럼) 「외국어 공부는 문화 공부다」

■ **분석** 귓바퀴의 아래쪽에 붙어 있는 살은 '귓불, 귓밥'이라 한다. '귓방울'이나 '귓볼'은 잘못 쓰인 형태들이다.

■ **수정** 이탈리아에서 귓불(귓밥)을 문지르는 것은 사람을 모욕하

는 것이다. 그 사람이 동성연애자라고 말하는 것이 되기 때문이다.

원문 김 교사는 "야 임마, 술 담배 좀 그만해. 피아니스트는 손 떨리면 끝이야!" 하며 핀잔을 준다.

〈동아일보〉, 2006. 9. 29, (사회) 「듬직한 제자 '차도서 좌선' 뿌듯한 스승 '일류무대 서야 진짜'」

▪**분석** '이놈아'가 줄어든 형태는 '임마'가 아니라 '인마'이다. '인마'의 'ㄴ'은 '이놈아'의 'ㄴ'에서 온 것이다.

▪**수정** 김 교사는 "야 인마, 술 담배 좀 그만해. 피아니스트는 손 떨리면 끝이야!" 하며 핀잔을 준다.

원문 특히, 끈적임 없는 로션 타입으로, 모발의 건조 및 부시시함을 방지하며 왁스보다 부드럽고 가볍게 발리는 산뜻한 사용감이 장점이다.

〈연합뉴스〉, 2006. 8. 16, (보도자료) 「미샤 '프로바이스 디자이닝 헤어 세팅 밤' 출시」

▪**분석** 부사인 '부시시'는 '부스스'의 잘못된 형태이다. '부스스'로 바꾸어 써야 한다.

▪**수정** 특히, 끈적임 없는 로션 타입으로, 모발의 건조 및 부스스함을 방지하며 왁스보다 부드럽고 가볍게 발리는 산뜻한 사용감이 장점이다.

원문 북한군 장성들은 김 위원장의 결사항전의 발언을 우뢰와 같은 박수로 환영했다고 로이터 통신이 서울발로 보도했다.

〈노컷뉴스〉, 2006. 10. 6, (정치) 「미 · 일 · 북한 이르면 이번 주말 핵실험한다」

■ **분석** '천둥'같이 큰 소리는 '우뢰'가 아닌 '우레'이다. 흔히 '우(雨)+뢰(雷)'의 합성어로 알고 있으나 이는 잘못된 것이다. 본래 고유어인 '울-(鳴)'에 접미사인 '-에'가 결합한 형태이다.

■ **수정** 북한군 장성들은 김 위원장의 결사항전의 발언을 우레와 같은 박수로 환영했다고 로이터 통신이 서울발로 보도했다.

원문 "돈은 없으면 없는 데로 살 수 있지만 마음이 떠나면 너무 힘들 것 같아요."

〈스포츠칸〉, 2006. 10. 2, (연예) 「10년 만에 변신 욕먹어도 신나」

■ **분석** '데로'는 '그는 사람이 없는 데로 갔다'와 같이 '곳'이나 '장소'를 나타내는 '데'에 조사 '-로'를 붙인 것이다. 예문에서는 '어떤 상태나 행동이 나타나는 그 즉시'라는 의미로 쓰였기 때문에 의존명사인 '대로'를 써야 한다.

■ **수정** "돈은 없으면 없는 대로 살 수 있지만 마음이 떠나면 너무 힘들 것 같아요."

원문 실제로 우리나라 역시 지난 1997년 외환위기 당시, IMF가 세계화에 기반한 구조조정 프로그램을 제시했다.

〈성대신문〉, 2006. 10. 2, 「세계 중심에 위치한 미래의 아시아를 조명하다」

■ **분석** 체언인 '기반'에는 '하다'나 '되다'가 붙을 수 없다. '기반을 두다', '기반을 다지다' 등이 가능한데 문맥상 '기반을 두다'가 적합하다.

■ **수정** 실제로 우리나라 역시 지난 1997년 외환위기 당시, IMF가 세계화에 기반을 둔 구조조정 프로그램을 제시했다.

원문 열린우리당은 4일 비상대책위원회를 열고 북한 핵실험 발표와 관련해 "오판에는 반드시 댓가가 따른다."며 핵실험 중단을 촉구했다.

〈매일신문〉, 2006. 10. 4, (정치) 「우리당 '北, 오판에는 반드시 댓가 따른다'」

■ **분석** 어떤 것에 대해 치르는 값이라는 뜻의 '대가(代價)'는 한자어이다. 한자어들의 결합은 현행 맞춤법상 6개 단어(곳간, 셋방, 숫자, 찻간, 툇간, 횟수)를 제외하고는 사잇소리 'ㅅ'을 적지 않는다. '대가(代價)'는 그 단어들 속에 포함되어 있지 않다.

■ **수정** 열린우리당은 4일 비상대책위원회를 열고 북한 핵실험 발표와 관련해 "오판에는 반드시 대가가 따른다."라며 핵실험 중단을 촉구했다.

원문 영화에 등장하는 다소 낯설은 이미지에 대해 실제 본인의 모습과 얼마나 닮았는지 물었다.

〈조이뉴스24〉, 2006. 8. 21, (연예) 「지랄, 똥차는 일상용어 아닌가요」

■ **분석** '낯설다'에 어미 '-은'이 연결되면 'ㄹ'이 탈락하여 '낯선'이 된다. '낯설은'은 잘못된 형태이다.

■ **수정** 영화에 등장하는 다소 낯선 이미지에 대해 실제 본인의 모습과 얼마나 닮았는지 물었다.

원문 지성이도 빨리 회복 되서 좋은 모습으로 다시 경기에 뛸 수 있기를 희망한다.

〈조선일보〉, 2006. 9. 23, (스포츠) 「라이언 긱스, '지성이와 나는 같은 처지'」

■ **분석** '되어서'의 준말은 '돼서'라고 써야 한다.

■ **수정** 지성이도 빨리 회복 돼서 좋은 모습으로 다시 경기에 뛸 수 있기를 희망한다.

원문 사실 말주변이 그다지 뛰어난 것도 아니고 괜한 오해를 살까 그런 자리를 삼가했었다.

〈스포츠 한국〉, 2006. 9. 27, (연예) 「'섹시한 여우' 박시연, 도발적 매력」

■ **분석** 국어사전에 '삼가하다'란 단어는 없다. 기본형은 '삼가다'이며 여기에 과거시제어미 '-었-/-았-'이 결합하면 '삼갔다'로 쓰인다.

■ **수정** 사실 말주변이 그다지 뛰어난 것도 아니고 괜한 오해를 살까 그런 자리를 삼갔다.

원문 아다시피 백두대간을 비롯한 낙동정맥 호남정맥 등은 한반도의 지형을 산과 강을 기준으로 일목요연하게 정리한 전통 지리 개념의 용어다.

〈조선일보〉, 2006. 9. 12, (문화) 「바로 잡을 '태백산맥'」

■ **분석** 기본형 '알다'의 어간 '알-'에 어미 '-다시피'가 연결된 형태는 '알다시피'이다. 현대 국어에서 'ㄹ' 받침으로 끝나는 동사 어간에 'ㄷ'으로

시작하는 어미가 이어질 때 받침 'ㄹ'이 탈락하는 현상은 일어나지 않는다.

■ **수정** 알다시피 백두대간을 비롯한 낙동정맥 호남정맥 등은 한반도의 지형을 산과 강을 기준으로 일목요연하게 정리한 전통 지리 개념의 용어다.

원문 그 안타까운 시간에 깃든 사랑은 설레임보다는 아픔일 것이다.

〈한국경제〉, 2006. 10. 8, (詩가 있는 갤러리) 「내린천에서」

■ **분석** '설레다'는 동사이고, '설레다'의 명사형은 '설렘'이다. 명사형은 용언에 명사형어미 '-ㅁ, -음, -기'를 붙여서 명사와 같은 구실을 하게 하는 활용형이다.

■ **수정** 그 안타까운 시간에 깃든 사랑은 설렘보다는 아픔일 것이다.

원문 '동양의 진주'로 불리우는 페낭은 말레이시아, 중국, 인도 등의 다양한 문화가 섞여 독특한 분위기를 전하는 지역이다.

〈AM7〉, 2006. 9. 27, (18면) 「동양의 진주가 선물하는 불꽃낭만」

■ **분석** '불리우다'는 '불리다'에 사동접사 '우'가 불필요하게 중복된 형태이다.

■ **수정** '동양의 진주'로 불리는 페낭은 말레이시아, 중국, 인도 등의 다양한 문화가 섞여 독특한 분위기를 전하는 지역이다.

원문 기막히는 반전이지만 촘촘한 논리가 그럴듯하다.

〈스타뉴스〉, 2006. 9. 6, (연예) 「9.11을 바라보는 3가지 시선의 영화들」

■ **분석** 형용사에는 '-는'이라는 어미가 올 수 없다. '-은'과 결합해야 어법에 맞다.

■ **수정** 기막힌 반전이지만 촘촘한 논리가 그럴듯하다.

원문 M&A 던지 IT 던지 무조건적으로 변하지 않는 테마는 없다.

〈Money Today〉, 2006. 9. 21, (내일의 전략) 「M&A 테마 주의보」

■ **분석** '던지'가 종속적인 연결어미로 쓰일 때는 지난 일을 회상하는 의미로 막연한 의심이나 추측, 가정의 뜻을 나타낸다. 반면 '든지'는 연결어미로 쓰여 두 가지 중에서 하나를 선택하는 의미를 나타낼 때 쓰인다. 예문에서는 문맥상 '든지'를 사용해야 한다. 또한 어미이므로 앞 단어에 붙여 써야 한다.

■ **수정** M&A든지 IT든지 무조건적으로 변하지 않는 테마는 없다.

원문 '골목대장 마빡이'는 정종철이 이마를 계속해 두들이는 형식의 하트코어 형식 슬랩스틱 코미디로 현재 시청자들 사이에서 큰 인기를 누리고 있는 코너.

〈스타뉴스〉, 2006. 10. 3, (연예) 「슈퍼주니어, '마빡이' 첫 게스트로 출연」

■ **분석** 국어사전에 '두들이다'란 단어는 없다. '소리가 나도록 잇따라 치거나 때리다'의 뜻을 가진 '두드리다'로 써야 한다.

■ **수정** '골목대장 마빡이'는 정종철이 이마를 계속해 두드리는 형식의 하트코어 형식 슬랩스틱 코미디로 현재 시청자들 사이에서 큰 인기를 누리고 있는 코너.

원문 박 의원은 "내가 문광부의 단속 의지를 꺾었다는 주장은 얼토당토하다."며 "이권과 개입하지 않았다."라고 해명했다.

〈데일리 서프라이즈〉, 2006. 8. 25, (국회/정당란) 「박형준 '청탁사실 밝혀지면 의원직 포기 하겠다'」

■ **분석** '전혀 합당하지 않다' 또는 '전혀 관계가 없다'는 의미는 '얼토당토아니하다'이다. 이를 줄이면 '얼토당토않다'가 된다. 따라서 '얼토당토아니하다'나 '얼토당토않다'로 써야 한다.

■ **수정** 박 의원은 "내가 문광부의 단속 의지를 꺾었다는 주장은 얼토당토않다."라며 "이권과 개입하지 않았다."라고 해명했다.

원문 세상의 먼지가 온 몸에 두드러기 같은 부작용을 일으킬 때, 영혼의 울림을 담은 그의 글은 청정한 소나무 숲에서 며칠 동안 산림욕을 경험한 것처럼 의식을 정화시킨다.

〈살아 있는 것은 다 행복하라〉, 2006, 조화로운 삶, 류시화 엮음, 17쪽

■ **분석** 체언인 '정화'는 '하다'를 붙여 타동사 형태로 쓰인다. 의식이 스스로 정화하도록 시키는 것이 아니고 그의 글이 의식을 정화하는 것이다.

■ **수정** 세상의 먼지가 온 몸에 두드러기 같은 부작용을 일으킬 때, 영혼의 울림을 담은 그의 글은 청정한 소나무 숲에서 며칠 동안 산림욕을 경험한 것처럼 의식을 정화한다.

원문 꼭 그럴려고 한 건 아니지만, 그런 영향도 있을 것 같다.

〈CINE21〉, 2007. 3. 22, (연예) 「100년 후에도 의미 있는 영화 포스터를 만들고자 한다」

■ **분석** '그리하다'의 준말은 '그러다'이다. 여기에 무엇을 의도하는 연결어미 '-려고'가 결합하면 '그러려고'가 된다.

■ **수정** 꼭 그러려고 한 건 아니지만, 그런 영향도 있을 것 같다.

원문 헌혈을 통해 봉사도 하고 학우 간의 우정도 쌓고 일거양득의 효과가 기대된다고 합니다.

〈YTN〉, 2007. 3. 15, (사회) 「헌혈로 일촌 맺어요!」

■ **분석** '일거양득'의 내용은 '봉사'와 '우정'이다. 따라서 '쌓다'는 단어가 '일거양득'을 수식할 수 있도록 관형사형으로 만들어 주어야 한다.

■ **수정** 헌혈을 통해 봉사도 하고 학우 간의 우정도 쌓는 일거양득의 효과가 기대된다고 합니다.

원문 난 맨날 노 대통령 욕만 해왔는데 … 칭찬을 하려니 좀 겸연쩍다.

〈중앙일보〉, 2007. 4. 4, (칼럼) 「'미래권력' FTA로 평가받으라」

■ **분석** 흔히 '매일같이 계속하여서'의 뜻을 '맨날'로 표기하는데 이는 잘못된 것이다. '만날'이 바른 표기이다.

■ **수정** 난 만날 노 대통령 욕만 해왔는데 … 칭찬을 하려니 좀 겸연쩍다.

원문 젊은 여성들을 겨냥해 나온 애완용 로보트로, 먹이를 주지 않아도 돼, 진짜 애완동물 보다 훨씬 키우기 쉽다고 회사 측은 귀뜸했습니다.

〈YTN〉, 2007. 4. 7, (핫이슈면) 「병아리 로보트 인기」

■ **분석** 외래어 표기법 제1항에 의하면 짧은 모음 다음의 어말 무성 파열음은 받침으로 적게 되어 있다. 따라서 '로보트'가 아니라 '로봇'이 맞는 형태이다. 또한 '눈치로 알아차릴 만큼 요점만 알려줌'이라는 의미는 '귀띔'이다. '귀뜸'으로 잘못 알고 사용하는 경우가 많다.

■ **수정** 젊은 여성들을 겨냥해 나온 애완용 로봇으로, 먹이를 주지 않아도 돼, 진짜 애완동물 보다 훨씬 키우기 쉽다고 회사 측은 귀띔했습니다.

원문 서브는 물론 포핸드, 발리, 스트로크 및 풋워크까지 기술이 완벽에 가깝다. 패싱샷은 예술의 경지에 다달았다.

〈한겨레〉, 2007. 3. 11, (스포츠) 「황제 대 황제 … 역사는 내가 먼저!」

■ **분석** '어떤 수준이나 한계에 미치다'는 뜻의 동사는 '다다르다'이다. 여기에 과거를 나타내는 선어말어미 '-았-'을 연결하면 '다다랐다'가 된다.

■ **수정** 서브는 물론 포핸드, 발리, 스트로크 및 풋워크까지 기술이 완벽에 가깝다. 패싱샷은 예술의 경지에 다다랐다.

원문 짧은 봄 밤 '향과 선율'로 간지르다.

〈경향신문〉, 2007. 3. 29, (사람과 공간) 「짧은 봄밤 '향과 선율'로 간지르다」

■ **분석** '살갗을 문지르거나 건드려 간지럽게 하다'는 뜻의 동사는 '간질이다' 이다.

■ **수정** 짧은 봄 밤 '향과 선율'로 간질이다.

원문 "FTA 협상서 '2년간' 약속 … 환경주권 포기" 약속 안지키면 미 관세보복 '스냅백'도 세계첫 허용

〈한겨레〉, 2007. 4. 9, (1면) 「FTA 협상서 '2년간' 약속 … 환경주권 포기」

■ **분석** '안'은 뒤의 '지키면'과 띄어 써야 한다. 그리고 '세계 첫'도 하나의 단어가 아니다.

■ **수정** "FTA 협상서 '2년간' 약속 … 환경주권 포기" 약속 안 지키면 미 관세보복 '스냅백'도 세계 첫 허용

원문 남새는 남북 두루 쓰고 사전에도 실렸으므로 북녘 말이라고 할 수는 없다. 여기서 다루는 까닭은 그만큼 남새가 남녘에서 잊혀지고 있기 때문이다

〈한겨레〉, 2007. 4. 8, (뉴스 칼럼) 「북녘말 '남새'」

■ **분석** '잊다'의 피동형은 '잊히다'이다. 여기에 어미 '-고'를 연결하면 '잊히고'가 된다. 그밖에 이중 피동 형태인 '*끊겨지다, *담겨지다, *믿겨지다, *안겨지다, *찢겨지다, *꺾여지다, *놓여지다' 등과 같은 형태는 쓰지 않도록 하자.

■ **수정** 남새는 남북 두루 쓰고 사전에도 실렸으므로 북녘 말이라고 할 수는 없다. 여기서 다루는 까닭은 그만큼 남새가 남녘에서 잊히고 있기 때문이다.

원문 라일리 사장은 책 머릿말에서 GM대우 성공 비결은 옛 대우차 임직원 덕분이라고 공을 돌렸다.

〈매일경제〉, 2007. 4. 2, (뉴스센터) 「라일리 前 GM대우사장 '파업했을 땐 아찔'」

■ **분석** 〈표준 발음법〉에 따르면 발음을 [머릳말] 또는 [머린말]로 하지 않고, [머리말]로 해야 한다. 따라서 표기도 '머리말'로 쓴다.

■ **수정** 라일리 사장은 책 머리말에서 GM대우 성공 비결은 옛 대우차 임직원 덕분이라고 공을 돌렸다.

원문 왠일인지 눈물이 쏟아져서 말을 잘 못하겠다.

〈한겨레〉, 2007. 3. 5, (생활/문화) 「내가 왜 반 기독교냐? 나야말로 정통 신앙인」

■ **분석** '왠'은 방언으로 쓰일 때를 제외하곤 부사어 '왠지'에서만 사용한다. 예문에선 '무슨'의 의미를 지닌 관형사 '웬'을 써서 '일'을 수식하게 해야 한다.

■ **수정** 웬 일인지 눈물이 쏟아져서 말을 잘 못하겠다.

원문 영동군도 이 나무의 역사성 등을 고려, 군 호보수로 지정해 나무에 발생한 동공을 메꾸는 등 수차례의 외과수술을 하며 관리해 왔다.

〈인터넷뉴스 뉴시스〉, 2007. 3. 6, (사회) 「400여년 된 전나무 강풍에 쓰러져 … 마을 주민 불안」

■ **분석** 파인 곳을 채운다는 뜻의 단어는 타동사 '메우다'이다. 흔히 '메꾼다'는 형태로 잘못 쓰고 있다.

■ **수정** 영동군도 이 나무의 역사성 등을 고려, 군 호보수로 지정해 나무에 발생한 동공을 메우는 등 수차례의 외과수술을 하며 관리해 왔다.

원문 이렇게 나와 맞닿아 있는 잡초는 수용소를 넘어, 구비치는 긴 파도처럼 저 멀리 자유로운 들판으로 뻗어 나가서, 거기, 바람과 폭풍우가 휘몰아치는 드넓은 고원으로 이어질 것이다.

〈꽃도 십자가도 없는 무덤〉, 2006, 북하우스, 클로드 모르강 지음, 조광희 옮김, 11쪽

■ **분석** 국어사전에 '구비치다'란 단어는 없다. 내용상 파도가 출렁이는 모습을 표현한 것이므로 '굽이치다'를 잘못 쓴 것이다.

■ **수정** 이렇게 나와 맞닿아 있는 잡초는 수용소를 넘어, 굽이치는 긴 파도처럼 저 멀리 자유로운 들판으로 뻗어 나가서, 거기, 바람과 폭풍우가 휘몰아치는 드넓은 고원으로 이어질 것이다.

원문 현실과 맞지 않는 법과 제도에 부딪혔을 때, 그래서 더 이상 시민에게 도움을 주지 못할 때가 가장 안타깝다고도 했다.

〈더불어 사는 사회〉, 2006. 4월호, 81쪽, 「시민이 키워가는 건강한 참여 민주주의」

■ **분석** '부딪히다'는 '부딪다'의 피동태로 남의 행동에 의해 행해지는 동작이다. 이 글은 글쓴이 자신이 현실과 맞지 않는 법과 제도에 직접 맞닥뜨린 것으로 봐야 한다. 따라서 '부딪쳤을 때'로 고쳐야 한다. 또한 '현실과'에 '-과'는 잘못 쓰인 조사이다. '맞지 않다'는 '-에'라는 조사와 어울린다.

■ **수정** 현실에 맞지 않는 법과 제도에 부딪쳤을 때, 그래서 더 이상 시민에게 도움을 주지 못할 때가 가장 안타깝다고도 했다.

원문 그리고는 공을 높이 던져 방망이를 크게 휘둘렀지만 공을 맞추지 못했다.

〈긍정의 힘〉, 2006, 두란노, 조 엘 오스틴, 136쪽, 3-4째 줄

■ **분석** 예문의 '그리고는'은 '그리하다'와 '-고 나서는'의 복합어라고 할 수 있다. '-고 나서(는)' 앞에는 동사만이 올 수 있다. 따라서 부사 '그리고'를 연결한 것은 바르지 못하다.

■ **수정** 그러고는 공을 높이 던져 방망이를 크게 휘둘렀지만 공을 맞추지 못했다.

원문 으례 입대를 앞둔 여느 젊은이들처럼 그는 친구들과 어울려 술을 마시고 늦은 시간에 집에 들어갔다.

〈그래도 자식은 희망입니다〉, 2006, 시그마프레스, 박경애, 33쪽, 10-11째 줄

■ **분석** '두말할 것도 없이 당연히'라는 뜻의 부사는 '으레'이다.

■ **수정** 으레 입대를 앞둔 여느 젊은이들처럼 그는 친구들과 어울려 술을 마시고 늦은 시간에 집에 들어갔다.

원문 차감독은 박호진이 성남전에서 어의없는 실수를 범했지만 쉬게 할 경우 충격이 오래갈 것 같아 광주전에 투입했다.

〈스포츠칸〉, 2007. 4. 5, (스포츠) 「수원 '더는 물러설 곳이 없다'」

- **분석** 국어사전에 '어의없다'란 단어는 없다. 뜻밖이어서 기가 막히다는 뜻은 '어이없다'이다.
- **수정** 차 감독은 박호진이 성남전에서 어이없는 실수를 범했지만 쉬게 할 경우 충격이 오래갈 것 같아 광주전에 투입했다.

원문 이쯤 되면 누구 말대로 공주병 말기를 지나 '공주암'에 이르른 것 같기도 하다.

〈중앙일보〉, 2006. 4. 9, 「즐거운 나의 집」

- **분석** '이르다'는 '어떤 정도나 범위에 미치다'의 의미로 '이른'으로는 활용할 수 있으나 '이르른'의 형태로는 사용할 수 없다.
- **수정** 이쯤 되면 누구 말대로 공주병 말기를 지나 '공주암'에 이른 것 같기도 하다.

원문 워낙 보고 듣는 것이 많은 직업이다 보니 할 말도 많아서 나름대로 몇 글자씩 끄적이다 하나둘 인터넷에 올렸고, 방송에도 몇 차례 소개됐다.

〈뉴시스〉, 2007. 4. 17, (생활/문화) 「人生은 단막극이 아니다」

- **분석** '글씨나 그림 따위를 아무렇게나 쓰거나 그리다'는 뜻은 '끼적이다'이다. 흔히 '끄적이다'를 쓰는데 이는 잘못된 형태이다.

■ **수정** 워낙 보고 듣는 것이 많은 직업이다 보니 할 말도 많아서 나름대로 몇 글자씩 끼적이다 하나둘 인터넷에 올렸고, 방송에도 몇 차례 소개됐다.

원문 시현이는 며칠 전 어지럽던 방을 청소를 하면서 이 컵라면 재털이도 깨끗이 비워 놓고 입대를 해, 이 재털이만 뻥하니 앉아 있다.

〈한겨레〉, 2007. 3. 9, (박재동의 스케치-세상사는 이야기) 「아들의 바벨탑 2」

■ **분석** '재털이'는 '재떨이'의 잘못된 형태이다.

■ **수정** 시현이는 며칠 전 어지럽던 방을 청소를 하면서 이 컵라면 재떨이도 깨끗이 비워 놓고 입대를 해, 이 재떨이만 뻥하니 앉아 있다.

원문 그 놈의 인사말 때문에 가슴 졸이며 안절부절하던 김 팀장, 마이크 잡는 폼부터 예사롭지 않은 옥 과장이 생글생글 웃으며 입을 뗀 순간 완전 무장 해제되고 말았다.

〈조선닷컴〉, 2007. 4. 11, (줌마병법) 「옥과장의 '마이크 울렁증' 극복기」

■ **분석** 어쩔 줄 몰라 우왕좌왕 하는 것은 '안절부절못하다'이다. '안절부절'이란 형태가 항상 '못하다'와 같이 쓰이다 보니 언중들은 '안절부절'에 부정적인 의미가 있는 것으로 착각한다. 이런 이유로 많은 이들이 그런 모습에 어미 '-하다'를 붙이는 경향이 있다. 그러나 '안절부절'이란 단어는 '못하다'와 같이 써야 한다.

■ **수정** 그 놈의 인사말 때문에 가슴 졸이며 안절부절못하던 김 팀장, 마이크 잡는 폼부터 예사롭지 않은 옥 과장이 생글생글 웃으며 입을 뗀 순간 완전 무장 해제되고 말았다.

원문 '넘버3'의 느끼한 시인 랭보 역으로 이름을 알린 '명품 조연' 안석환은 이번 영화로 데뷔 15년 만에 첫 주연 신고식을 치뤘다.

〈동아닷컴〉, 2007. 4. 2, 「첫 주연 안석환 '화면에 꽉찬 내 얼굴 부담'」

■ **분석** 기본형 '치르다'에 과거시제어미 '-었'이 결합하면 '치렀다'가 된다.

■ **수정** '넘버3'의 느끼한 시인 랭보 역으로 이름을 알린 '명품 조연' 안석환은 이번 영화로 데뷔 15년 만에 첫 주연 신고식을 치렀다.

원문 래드클리프는 최근 웨스트엔드의 뮤지컬 〈에쿠스〉에 출연해 '알몸' 성인 연기에 도전하는 등 큰 화제를 모았는데, 7편에선 부쩍 자란 그의 얼굴이 너무 어른스럽지 않을런지 의문이다.

〈FILM 2.0〉, 2007. 3. 9, (연예) 「다니엘 래드클리프, 끝까지 해리 포터」

■ **분석** 어떤 불확실한 사실의 실현 가능성에 대한 의문을 나타내는 종결어미는 '-ㄹ는지'이다. 이것을 어간 '않-'에 연결하면 '않을는지'가 된다.

■ **수정** 래드클리프는 최근 웨스트엔드의 뮤지컬 〈에쿠스〉에 출연해 '알몸' 성인 연기에 도전하는 등 큰 화제를 모았는데, 7편에선 부쩍 자란 그의 얼굴이 너무 어른스럽지 않을는지 의문이다.

원문 생각컨대, 참선도 좋고 간경(看經)도 좋지만, 불자는 무엇보다 절 공양이 우선돼야 합니다.

〈부산일보〉, 2007. 7. 5, (생활/문화) 「자신을 없애고 나야 마음 편하고요」

■ **분석** 한글 맞춤법 제40항의 붙임2를 보면, "어간의 끝 음절 '하'가 아주 줄 적에는 준 대로 적는다."라고 규정하고 있다. 무성음 다음에 '하'가 생략되면 '-건대'(생각하건대 → 생각건대)로 유성음 'ㄴ ㄹ ㅇ ㅁ' 다음에 '하'가 생략되면 '-컨대'(청하건대 → 청컨대)로 사용해야 한다.

■ **수정** 생각건대, 참선도 좋고 간경(看經)도 좋지만, 불자는 무엇보다 절 공양이 우선돼야 합니다.

원문 더우기 이날 차량 번호를 씌운 봉황커버가 벗겨지면서 처음으로 노 대통령의 차량 번호가 처음으로 공개됐다.

〈스포츠칸〉, 2007. 10. 2, (생활/문화) 「노대통령 벤츠 이용 방북 … '벤츠광'인 김 위원장 배려?」

■ **분석** 내용을 첨가하는 의미를 지닌 부사어는 '더욱이'이다. 더불어 '처음으로'가 불필요하게 중복되어 있다. 둘 중 하나를 생략하는 것이 좋다.

■ **수정** 더욱이 이날 차량 번호를 씌운 봉황커버가 벗겨지면서 노 대통령의 차량 번호가 처음으로 공개됐다.

원문 사방이 칡흙 같이 어둡기만 할 뿐이다. 혹시 비라도 오지 않을까 하여 인터넷으로 날씨 검색을 하였다.

〈오마이뉴스〉, 2007. 10. 7, (생활/문화) 「구름이 춤추는 그곳, 지리산」

■ **분석** 국어사전을 찾아보면 '칡흙'이란 단어는 없다. 깜깜한 것을 비유할 때는 '옻칠한 것처럼 검다'는 뜻의 '칠흑'이라는 단어를 써야 한다. 또한 '같이'는 조사이므로 앞 말에 붙여 쓴다.

■ **수정** 사방이 칠흑같이 어둡기만 할 뿐이다. 혹시 비라도 오지 않을까 하여 인터넷으로 날씨 검색을 하였다.

원문 이 학생단체가 내걸은 현수막이 통행을 방해하고 또 그 주장을 학내에서 현수막 설치의 방법으로 표현하는 것이 잘못됐다고 한다.

〈한양대학보〉, 2007. 10. 1, 「장산곶매」

■ **분석** 'ㄹ' 받침을 가진 용언에 관형사형어미가 연결되면 'ㄹ'이 줄어드는 것이 원칙이다. 단어의 기본형이 '내걸다'이므로 예문에서는 'ㄹ'이 줄어든 '내건'으로 써야 한다.

■ **수정** 이 학생단체가 내건 현수막이 통행을 방해하고 또 그 주장을 학내에서 현수막 설치의 방법으로 표현하는 것이 잘못됐다고 한다.

원문 대한민국의 내노라하는 연기자 선후배들이 한자리에 모여 국내에서 처음 열리는 국제적인 드라마축제를 축하해 줄 예정이다.

〈조선일보〉, 2007. 9. 5, (연예) 「제2회 코리아드라마페스티벌, 국내 최고 연기자 총출동」

■ **분석** '어떤 분야를 대표할 만하다'의 의미를 나타낼 때는 '내노라하다'가

아닌 '내로라하다'를 써야 한다.

■ **수정** 대한민국의 <u>내로라하는</u> 연기자 선후배들이 한자리에 모여 국내에서 처음 열리는 국제적인 드라마축제를 축하해 줄 예정이다.

원문 부산의 한 대학에서 축제 공연을 마치고 서울로 돌아가던 '원더걸스' 일행의 승합차가 고속도로에서 백모(61)씨가 몰던 SM5 개인택시를 뒤에서 들이받아 백씨가 숨지고 9명이 부상했었다.

〈조선일보〉, 2007. 10. 5, (연예) 「원더걸스 교통사고, 승합차 과속이 원인」

■ **분석** '9명의 사람이 부상했었다'는 표현은 9명의 명성이나 인기가 올라가거나 몸이 공중에 뜨는 것을 말한다. 예문은 사고로 상처를 입었다는 의미이므로 문맥상 '부상당했다'로 쓰는 것이 좋다.

■ **수정** 부산의 한 대학에서 축제 공연을 마치고 서울로 돌아가던 '원더걸스' 일행의 승합차가 고속도로에서 백모(61)씨가 몰던 SM5 개인택시를 뒤에서 들이받아 백씨가 숨지고 9명이 <u>부상당했다</u>.

원문 미국소비자제품안전위원회는 이 아기침대가 분해 조립 중 틈새가 발생해 이 틈새에 영아가 끼워 다치거나 질식사할 가능성이 있다고 발표했다.

〈대기원시보〉, 2007. 9. 28, (뉴스) 「중국산 아기 침대 조심하세요」

■ **분석** '끼워'는 '끼우다'의 활용형이다. 그런데 '끼우다'는 '벌어진 사이에

무엇을 넣고 죄어서 빠지지 않게 하다'는 뜻이다. 예문에서는 아기가 무엇인가를 끼우는 것이 아니라 아기가 틈새에 걸린 상황이다. 따라서 '끼우다'가 아니라 '끼다'에 피동의 뜻을 가진 접사 '-이'가 붙어야 한다.

■ **수정** 미국소비자제품안전위원회는 이 아기침대가 분해 조립 중 틈새가 발생해 이 틈새에 영아가 끼여 다치거나 질식사할 가능성이 있다고 발표했다.

원문 한국 대중음악과 뗄레야 뗄 수 없는 '대학가요제'는 90년대 이후 줄곧 '순수성의 변질'이라는 비판을 받아 왔다.

〈뉴스엔〉, 2007. 10. 6, (뮤직) 「Since 1977, 대학가요제로 풀어본 한국 대중음악의 발자취」

■ **분석** '뗄레야'가 바른 표기라면 '-ㄹ레야'라는 어미가 있어야 하는데 이런 어미는 없다. 어미 '-려야'는 '-려고 하여야'가 줄어든 형태이다. 따라서 '떼려야 뗄 수 없는'이 바른 표기이다.

■ **수정** 한국 대중음악과 떼려야 뗄 수 없는 '대학가요제'는 90년대 이후 줄곧 '순수성의 변질'이라는 비판을 받아 왔다.

원문 '신정아씨라는 사람이 있는데 미술관 운영에 대해 얘기를 들어 보는 게 좋겠다'고 하길래 소개받아 만나 봤던 것이라고 말했다.

〈중앙일보〉, 2007. 9. 16, (사회) 「정운찬, '신정아 서울대 채용제의說' 일축」

■ **분석** '-길래'는 '-기에'의 잘못이다. '-기에'는 용언의 어간이나 시제의 '-았/었-', '-겠-' 등에 붙는 연결어미로 원인이나 이유를 나타낼 때 또는 까닭을 물을 때 쓰인다. 즉, 원인이나 이유를 나타내는 종속적 연결어미는 '-기에'가 맞다.

■ **수정** '신정아 씨라는 사람이 있는데 미술관 운영에 대해 얘기를 들어 보는 게 좋겠다'고 <u>하기에</u> 소개받아 만나 봤던 것이라고 말했다.

원문 "'생활의 중심' 시리즈는 우리 문화에 깊숙히 자리 잡은 모바일 문화를 생생하게 보여준 광고"라면서 ….

〈스포츠서울〉, 2006. 10. 1, (연예) 「SKT '생활의 중심' 대한민국 광고대상」

■ **분석** '이'와 '히'는 부사를 만드는 접미사로서 '이'는 자음으로 끝난 일부 용언의 어근에 붙어 형용사를 부사로 바꾸는 구실을 한다.

■ **수정** "'생활의 중심' 시리즈는 우리 문화에 <u>깊숙이</u> 자리 잡은 모바일 문화를 생생하게 보여준 광고"라면서 ….

원문 그런데 새우가 고 콜레스테롤 식품이라고? 혈관을 깨끗히 하는 HDL(고밀도지단백) 콜레스테롤이 많으니 건강엔 이롭다.

〈조선일보〉, 2007. 9. 12, (생활) 「나의 건강을 위한 올바른 식습관」

■ **분석** 부사의 활용이 잘못되었다. '깨끗히'를 '깨끗이'로 고쳐 써야 한다.

■ **수정** 그런데 새우가 고 콜레스테롤 식품이라고? 혈관을 <u>깨끗이</u> 하는 HDL(고밀도지단백) 콜레스테롤이 많으니 건강엔 이롭다.

원문 정부의 밀어부치기식 행정에 발맞춰 사업시행자도 퍼주기식 주민보상에 나서고 있다.

〈이데일리〉, 2007. 8. 27, (경제) 「혁신도시 첫 착공 인센티브 300억. 정부 '무리수'」

■ **분석** 어떤 일을 일방적으로 몰아간다는 뜻을 나타내는 것은 '밀어부치기'가 아니라 '밀어붙이기'이다.

■ **수정** 정부의 밀어붙이기식 행정에 발맞춰 사업시행자도 퍼주기식 주민보상에 나서고 있다.

원문 용기에 씻은 쌀과 물을 넣고 전자레인지에 돌리면 금새 따뜻한 밥을 먹을 수 있어 남성 싱글족에게 인기가 있다.

〈한국일보〉, 2007. 9. 27, (사회) 「단순함이 특별함이죠」

■ **분석** '금시에'가 줄 때는 '금세'가 맞는 표현이다. '금새'를 '금세'로 고쳐 써야 한다.

■ **수정** 용기에 씻은 쌀과 물을 넣고 전자레인지에 돌리면 금세 따뜻한 밥을 먹을 수 있어 남성 싱글족에게 인기가 있다.

원문 인도에선 하룻새 15대 재벌 오너들의 주식가치가 10조 원이 늘어나는 기염을 토하기도 했다.

〈AM7〉, 2007. 10. 11, (2면) 「자고나면 1조 늘어」

■ **분석** '하룻새'에서 '새'는 사이를 의미하는 명사이므로 띄어 써야 한다. 또한 복합어가 아니므로 사이시옷 없이 '하루 새'로 쓰는 것이 맞다.

■ **수정** 인도에서는 하루 새 15대 재벌 오너들의 주식가치가 10조 원이 늘어나는 기염을 토하기도 했다.

원문 사우디아라비아의 카바 신전이 하얀 물결로 뒤덮혔습니다.

〈네이트 뉴스〉, 2007. 9. 14, (국제) 「나눔과 희생의 라마단 시작 그러나 …」

■ **분석** '덮다'의 피동형은 '덮이다'이다. '덮히다'는 '덮이다'의 잘못된 표기이므로 '뒤덮혔습니다'를 '뒤덮였습니다'로 바꿔 써야 한다.

■ **수정** 사우디아라비아의 카바 신전이 하얀 물결로 뒤덮였습니다.

원문 정대현은 8월 16일 1군으로 돌아온 뒤 타율 3할 5푼 1리의 맹타를 휘두르며 비로서 이름값에 걸맞는 방망이 솜씨를 보여줬다.

〈이데일리〉, 2007. 9. 28, (스포츠) 「SK 첫 페넌트레이스 1위의 키포인트 3인방」

■ **분석** '비로서'는 '비로소'의 잘못된 표기이다. 또한 형용사 어간 '걸맞-'에는 관형사형어미 '-은'이 결합한다. 따라서 '걸맞은'이 바른 형태이다. 형용사와 동사는 관형사형어미를 취할 때 차이가 있다. 형용사에 결합하는 현재 관형사형어미는 '-은'이고 동사와 결합하는 관형사형어미는 '-는'이다.

■ **수정** 정대현은 8월 16일 1군으로 돌아온 뒤 타율 3할 5푼 1리의 맹타를 휘두르며 비로소 이름값에 걸맞은 방망이 솜씨를 보여줬다.

원문 "프러포즈 받은 날 남편과 밤을 같이 지샜다"며 가족들을 대동한 채 남편과 함께 스키장을 갔는데 방은 따로 썼다.

〈마이데일리〉, 2007. 10. 6, (연예) 「박경림, '유재석 오빠, 프러포즈 문의는 저에게'」

■ **분석** '지샜다'는 '지새다'의 과거형인데 '지새다'는 '지새우다'의 잘못된 표기이다. 따라서 '지새우다'의 과거형 '지새웠다'로 써야 한다.

■ **수정** "프러포즈 받은 날 남편과 밤을 같이 지새웠다."라며 가족들을 대동한 채 남편과 함께 스키장을 갔는데 방은 따로 썼다.

원문 학생들은 울란바토르의 못사는 동네 놀이터를 새 단장하는 노동봉사로 베품의 기쁨을 처음 맛보았다.

〈매일신문〉, 2007. 7. 19, (사회) 「유목민들로부터 베푸는 삶 배웠어요」

■ **분석** '베품'은 '베풀다'의 잘못된 명사형이다. '베풀다'에 명사형어미 '-ㅁ'을 연결하면 '베풂'이 된다.

■ **수정** 학생들은 울란바토르의 못사는 동네 놀이터를 새 단장하는 노동봉사로 베풂의 기쁨을 처음 맛보았다.

원문 그들은 팝페라를 메들리로 부르고, 성악가에 어울리지 않게 '닐리리 맘보'도 불렀다.

〈부산일보〉, 2007. 8. 2, (생활/문화) 「연주자 · 듣는 이 서로 마음 열어야」

■ **분석** 한글 맞춤법 제 4절 9항을 보면, "'의'나, 자음을 첫소리로 가지고 있

는 음절의 'ㅢ'는 'ㅣ'로 소리 나는 경우가 있더라도 'ㅢ'로 적는다."라고 명시되어 있다. 따라서 '닐리리'가 아닌 '늴리리'가 맞는 표기이다.

■ **수정** 그들은 팝페라를 메들리로 부르고, 성악가에 어울리지 않게 '늴리리 맘보'도 불렀다.

원문 한채영이 연극 무대 데뷔를 앞두고 오른발 복숭아뼈 골절로 전치 6주의 중상을 당했다.

〈일간스포츠〉, 2007. 12. 8, (연예) 「한채영, 연극 데뷔 앞두고 복숭아뼈 골절로 전치 6주 부상」

■ **분석** 신체 부위 중 '복숭아뼈'는 없다. 발목 주위에 튀어 나온 뼈는 '복사뼈'라고 해야 한다.

■ **수정** 한채영이 연극 무대 데뷔를 앞두고 오른발 복사뼈 골절로 전치 6주의 중상을 당했다.

원문 하지만 한정된 예산으로는 질 좋은 교육을 받을 수 없음이 자명한 사실. 김 교장은 염치불구하고 지인들에게 도움을 청했다.

〈머니투데이〉, 2007. 12. 12, (경제) 「농촌학교 활기 불어넣은 명인들 '화제'」

■ **분석** '부끄러움을 생각하지 못 한다'는 뜻의 단어는 '불고염치'이다. 보통 '염치불고'의 잘못된 표현이 '염치불구'인 줄 아는데 '염치불고'는 국어사전에 없다.

■ **수정** 하지만 한정된 예산으로는 질 좋은 교육을 받을 수 없음이 자명한 사실. 김 교장은 불고염치하고 지인들에게 도움을 청했다.

원문 난 야멸차게 굴고 싶지 않아요. 당신에게 상처를 주고 싶은 마음이 없다는 걸 하늘은 알 거야.

〈인생의 베일(세계문학전집 137)〉, 2007. 2. 2, 민음사, 서머셋 모옴 지음, 황소연 번역, 112쪽, 13째 줄

■ **분석** '남의 사정은 돌보지 아니하고 자기만 생각하다'나 '태도가 차고 야무지다'를 의미하는 동사는 '야멸치다'이다.

■ **수정** 난 야멸치게 굴고 싶지 않아요. 당신에게 상처를 주고 싶은 마음이 없다는 걸 하늘은 알 거야.

원문 지난 2일 영화인들의 스크린 쿼터 축소 반대로부터 붉어지기 시작한 한미 FTA 4대 선결 조건.

〈성대신문〉, 2006. 9. 25, (심산의 터) 「한미 FTA 차근차근 다시보기」

■ **분석** '붉어지다'는 '빛이 점점 붉게 되어 가다'는 뜻이다. 예문에서는 드러나지 않았던 것이 표면으로 나타나기 시작했다는 의미의 단어를 써주어야 한다. 문맥상 한미 FTA 4대 선결 조건이 화제가 되었다는 뜻이므로 '불거지다'를 써야 한다.

■ **수정** 지난 2일 영화인들의 스크린 쿼터 축소 반대로부터 불거지기 시작한 한미 FTA 4대 선결 조건.

원문 지난 2일 한·미 자유무역협정(FTA) 협상타결 뉴스는 마음 조리며 기다렸던 희소식이었다.

〈한국경제〉, 2007. 4. 6, (시론) 「이젠 韓美 재계가 나설 때」

■ **분석** '조리다'는 음식 국물이 줄어들게 바짝 끓이는 것이다. 여기에서는

문맥상 '애를 쓰다'는 뜻의 '졸이다'를 써야 한다.

■ **수정** 지난 2일 한·미 자유무역협정(FTA) 협상타결 뉴스는 마음 졸이며 기다렸던 희소식이었다.

원문 또 이때마다 번번히 수포로 돌아가는데 실망하는 연기는 시청자들의 시선을 붙잡는데 한 몫 한다.

〈한국일보〉, 2007. 10. 3, (연예) 「'사극불패' 뒤엔 우리가 있었다」

■ **분석** '번번이'는 '매번'이라는 뜻이고, '번번히'는 '번번하다'에서 온 형태로 '구김살이나 울퉁불퉁한 데가 없이 모양새가 편편하고 번듯하다'는 뜻이다. 위의 문장은 '매번'이라는 뜻으로 쓰였으므로 '번번이'가 옳은 표기이다.

■ **수정** 또 이때마다 번번이 수포로 돌아가는데 실망하는 연기는 시청자들의 시선을 붙잡는데 한 몫 한다.

원문 외갓집 마을 어귀에 다다를 때면 차멀미로 초죽음이 돼 있었지만 외할머니의 품속은 언제나 따뜻했다.

〈문화일보〉, 2007. 9. 15, (칼럼) 「살며 사랑하며」

■ **분석** '초죽음'은 표준어가 아니다. '초주검'으로 써야 한다.

■ **수정** 외갓집 마을 어귀에 다다를 때면 차멀미로 초주검이 돼 있었지만 외할머니의 품속은 언제나 따뜻했다.

원문 그럼에도 불구하고 이 자리를 빌어 소개하는 것은 여타 뮤지션들이 재해석한 모리코네 음반 중 가장 손꼽힐 만한 작품이기 때문이다.

〈이데일리 SPN〉, 2007. 9. 11, (연예) 「'영화음악의 거장' 엔니오 모리코네 걸작선 5」

■ **분석** '빌다'는 '소원을 빌다'에서처럼 바라는 것을 이루게 해 달라고 간청하거나, '용서를 빌다'에서처럼 잘못을 용서해 달라고 호소할 때 쓰인다. '빌리다'는 '물건·돈 등을 나중에 돌려주기로 하고 얼마 동안 쓰거나, 일정한 형식이나 이론, 또는 남의 말이나 글 따위를 취하여 따르다'는 뜻으로 쓰인다. 여기선 공간, 자리를 빌리는 것이므로 '빌리다'를 써야 한다.

■ **수정** 그럼에도 불구하고 이 자리를 빌려 소개하는 것은 여타 뮤지션들이 재해석한 모리코네 음반 중 가장 손꼽힐 만한 작품이기 때문이다.

단어 선택

원문 청운의 꿈을 품고 대학에 진학하여 공부하던 중, 불의의 사고로 운명을 달리했다.

〈조선일보〉, 2006. 9. 12, (독자칼럼) 「시골 농장의 작은 장학회」

■ **분석** '운명'은 사람의 목숨이 끊어졌다는 뜻이다. 따라서 '운명을 달리했다'는 이상한 뜻이 되어 버린다. 이때 적절한 단어는 '유명(幽明)'이다. '유명'은 이승과 저승을 가리키는 말이다.

■ **수정** 청운의 꿈을 품고 대학에 진학하여 공부하던 중, 불의의 사고로 유명을 달리했다.

원문 이로 인해 당초 이번 사건이 별개의 사건이거나 범인이 2명 이상이 아니냐는 관측이 나왔던 것.

〈연합뉴스〉, 2007. 4. 18, (국제) 「버지니아공대 총격사건 풀어야 할 의문점」

■ **분석** '관측'은 사물이나 자연 현상을 관찰하여 추측하는 것이다. 예문에서

는 '미루어 헤아리다'는 뜻의 단어 '추측'이 적절하다.

■ **수정** 이로 인해 당초 이번 사건이 별개의 사건이거나 범인이 2명 이상이 아니냐는 추측이 나왔던 것.

원문 미국이 요구하는 원격교육 개방 시에 영리목적의 기관이 들어올 확률이 크다.

〈성대신문〉, 2006. 9. 24, 「교육개방, 공교육에 미래는 있는가」

■ **분석** '확률'은 크기가 아니라 비율에 관계되는 단어이다. 따라서 '크다', '작다'보다는 '높다', '낮다'와 어울리게 해야 한다.

■ **수정** 미국이 요구하는 원격교육 개방 시에 영리목적의 기관이 들어올 확률이 높다.

원문 또한 교육개방 이후 공교육의 모습에 대해 "SAT 준비를 위한 사교육이 창궐할 가능성이 높고 공교육 체계가 무너질 것"이라며 … 부정적 입장을 나타냈다.

〈성대신문〉, 2006. 9. 24, 「교육개방, 공교육에 미래는 있는가」

■ **분석** 흔히 '높다/낮다'와 '크다/작다'를 의미 구별 없이 혼용하는 경우가 많다. 그러나 '가능성'이라는 단어는 '크다/작다'라는 서술어와 어울려야 어법에 맞다.
(예) 가능성이 높다.(X)/크다.(O), 비중이 높다.(X)/크다.(O)

■ **수정** 또한 교육개방 이후 공교육의 모습에 대해 "SAT 준비를 위한 사교육이 창궐할 가능성이 크고 공교육 체계가 무너질 것"이라며 … 부정적 입장을 나타냈다.

원문 우리나라에서도 공기업 방만 경영 추태를 우려하는 목소리가 적지 않다고 지적했다.

〈데일리안〉, 2007. 10. 8, (사회) 「공공성 강조는 민간경제 · 정부 모두 실패 초래」

■ **분석** 목소리는 크기를 따지는 것이지 양(量)을 나타내는 것이 아니다. 따라서 '적다'가 아니고 '작다'로 표기해야 한다.

■ **수정** 우리나라에서도 공기업 방만 경영 추태를 우려하는 목소리가 작지 않다고 지적했다.

원문 비록 발행부수는 작고 독자도 제한되어 있지만 성대신문이 대학사회에서 이루어낸 기여는 높이 평가할만한 것이다.

〈성대신문〉, 2006. 9. 11, (2면) 「성대신문 새로운 40년 기획해야」

■ **분석** 발행부수는 셀 수 있는 것이므로, 크기를 나타내는 '작다'가 아닌 '적다'로 고쳐야 한다.

■ **수정** 비록 발행부수는 적고 독자도 제한되어 있지만, 성대신문이 대학사회에서 이루어낸 기여는 높이 평가할만한 것이다.

원문 햇살 한 줄기 들어오지 않는 지하방에 살면서도 힘든 내색 한 번 안 한 가족이 너무 고맙다.

〈중앙일보〉, 2006. 9. 22, (경제) 「우동집 사장 박경수씨 지하 방 딸린 10평 가게서 '국물 맛 승부'」

■ **분석** '너무'는 '일정한 정도나 한계에 지나치게'란 뜻으로 부정적인 의미를 갖는다. 그러므로 '고맙다'는 긍정적인 의미를 표현할 때에는 '매우' 또는 '아주'를 쓰는 것이 좋다.

■ **수정** 햇살 한 줄기 들어오지 않는 지하방에 살면서도 힘든 내색 한 번 안 한 가족이 매우(아주) 고맙다.

원문 이런 주장이 맞다면 지극히 정당한 해법도 서둘러 내놓을 수 있을 것이다.

〈오마이뉴스〉, 2006. 9. 11, (정치) 「인사청문 국회법, 이건 아니잖아」

■ **분석** 주장은 생각의 차이에 따른 것이다. 맞고 틀린 문제가 아니라 본질의 접근 정도에 따라 옳고 그른 것이 결정된다. 따라서 '옳다/그르다'와 연결되어야 한다.

■ **수정** 이런 주장이 옳다면 지극히 정당한 해법도 서둘러 내놓을 수 있을 것이다.

원문 대학과 학부모들은 서로의 의견을 절충하는 대화의 시간을 마련해 서민 경제를 고려한 전형료 수준을 마련해야 할 것으로 보인다.

〈동대신문〉, 2006. 9. 25, 「대입전형료 둘러싼 대학과 학부모의 갈등」

■ **분석** '수준'은 사물의 가치나 질 따위의 기준이 되는 일정한 표준이나 정도를 뜻한다. 그런 의미로 볼 때 '수준이 높다, 수준이 낮다' 혹은 '수준을 맞추다'가 어울리는 표현으로, '수준을 마련한다'는 적절치 못하다.

■ **수정** 대학과 학부모들은 서로의 의견을 절충하는 대화의 시간을 마련해, 서민 경제를 고려하여 전형료의 수준을 맞추어야 할 것으로 보인다.

원문 그것은 아주 피곤할 때라든가 시험이나 뭔가로 지나치게 신경을 썼을 때 일어나는 현상으로 밤에 잠자리에 들어가 멍하니 있는가 하면 파득 깨어난다.

〈팔묘촌〉, 2006, 시공사, 요코미조 세이시 지음, 정명원 옮김, 181쪽, 2-5째 줄

■ **분석** '파득'이란 '파드득'의 준말로, 무언가를 문지르거나 새가 날갯짓할 때 나는 소리를 가리킨다. 문맥상 '파득'은 '퍼뜩'으로 바꾸어야 한다. '갑자기 정신이 번쩍 든다'는 뜻이기 때문이다.

■ **수정** 그것은 아주 피곤할 때라든가 시험이나 뭔가로 지나치게 신경을 썼을 때 일어나는 현상으로 밤에 잠자리에 들어가 멍하니 있는가 하면 퍼뜩 깨어난다.

원문 다음 주에는 이미지 개선 효과가 가장 많은 사각턱 절제술에 대해 알아봅니다.

〈경향신문〉, 2006. 10. 2, (사회) 「인상파들 취업철 고민 안면 윤곽 성형으로 해결」

■ **분석** '효과'는 수를 셀 수 있는 양적인 것이 아니다. 따라서 '많은' 것보다 '큰' 것이라고 해야 한다.

■ **수정** 다음 주에는 이미지 개선 효과가 가장 큰 사각턱 절제술에 대해 알아봅니다.

원문 기존의 프로그램이 백화점식 나열에 그친 것에 반해 '명확하고 창의적인 구성'을 갖는다는 게 강한 흡입력을 갖는 것으로 보인다.

〈조선일보〉, 2006. 9. 29, (사회) 「좀 더 리얼하고 좀 더 개방적인 … 발칙한 프로그램들」

■ **분석** 예문의 내용은 어떤 것을 빨아들이는 것이 아니라 사람이나 사물을 끌어당기는 힘을 나타내는 것이다. 따라서 '흡인(吸引)'에 '힘(力)'을 결합한 '흡인력'을 써야 한다.

■ **수정** 기존의 프로그램이 백화점식 나열에 그친 것에 반해 '명확하고 창의적인 구성'을 갖는다는 게 강한 흡인력을 갖는 것으로 보인다.

원문 수도를 관통하는 강(江)치고 한강만큼 크고 깨끗한 강도 찾기 어렵다. 영국의 템스강, 프랑스의 센강, 독일의 라인강은 한강에 비해 더럽거나 수려하지 않다.

〈경향신문〉, 2006. 9. 28, (사설) 「한강 르네상스 구상, 시민의견 수렴해야」

■ **분석** '한강에 비해 더럽거나 수려하지 않다'는 문장은 '한강처럼 더럽지 않다'는 의미가 될 수 있다. 하지만 문맥상 한강의 수질을 칭찬하고 있으므로 템스 강, 센 강, 라인 강이 '한강보다 더럽다'란 의미가 되어야 한다(또한 외래어 표기법에 의해 '해', '섬', '강', '산' 등을 외래어에 붙일 때에는 띄어 쓰고, 우리말에 붙일 때에는 붙여 쓴다).

■ **수정** 수도를 관통하는 강(江)치고 한강만큼 크고 깨끗한 강도 찾기 어렵다. 영국의 템스 강, 프랑스의 센 강, 독일의 라인 강은 한강에 비해 깨끗하거나 수려하지 않다.

원문 2일 지역 내 유치원과 초등학교의 임시휴업을 결정했다.

〈한국경제신문〉, 2007. 4. 2, (사회) 「전국에 최악의 황사」

■ **분석** '휴업'이란 사업이나 영업, 작업 따위를 일시적으로 중단하고 하루 또는 한동안 쉰다는 의미이다. 이 문장에서는 유치원과 초등학교가 그 주체이므로 '휴교'가 더 적절하다. 또한 '임시 휴교'는 고유명사가 아니라 일반 명사로 판단, 별개의 단어로 간주하여 띄어쓰기를 한다.

■ **수정** 2일 지역 내 유치원과 초등학교의 임시 휴교를 결정했다.

원문 그는 자식을 가슴에 묻은 애끓는 심정을 숨기려는 듯 기자들이 궁금해 하는 장례 절차와 시신기증, 정부에 대한 심정, 탈레반 무장 세력에 대한 감정 등에 대해 소상히 전해 질문을 건네는 기자들의 무거운 마음을 덜어주기도 했다.

〈연합뉴스〉, 2007. 7. 31, (사회) 「아프간 피랍, 심성민씨 유족, 평정심 유지」

■ **분석** '애끓다'는 '몹시 답답하거나 안타까워 속이 끓는 듯하다'는 뜻으로 '애타다'로 바꿔 쓸 수 있다. '애끊다'는 '몹시 슬퍼서 창자가 끊어질 듯하다'는 뜻이다. 예문에서는 '애끓다'로 써도 틀리지는 않으나 자식을 잃은 부모의 슬픔을 나타내는 것이므로 '애끊다'가 더 어울린다.

■ **수정** 그는 자식을 가슴에 묻은 애끊는 심정을 숨기려는 듯 기자들이 궁금해 하는 장례 절차와 시신기증, 정부에 대한 심정, 탈레반 무장 세력에 대한 감정 등에 대해 소상히 전해 질문을 건네는 기자들의 무거운 마음을 덜어주기도 했다.

원문 홈에서 어려운 경기를 펼치고 있던 울버햄튼에게는 새로운 공격수의 투입으로 팀이 활력을 찾아야 하는 절대 절명의 순간이 다가왔고 몸을 풀던 설기현도 자신의 교체 타이밍을 느끼고 있는 듯 보였다.

〈일간스포츠〉, 2007. 1. 19, (스포츠) 「설기현에게 두 번째 시련은 없다」

■ **분석** '몸도 목숨도 다 되었다'는 뜻으로, 어찌할 수 없는 궁박한 경우를 비유적으로 이를 때는 '절대절명'이 아닌 '절체절명(絕體絕命)'을 쓰는 것이 맞다.

■ **수정** 홈에서 어려운 경기를 펼치고 있던 울버햄튼에게 새로운 공격수의 투입으로 팀이 활력을 찾아야 하는 절체절명의 순간이 다가왔다. 또한 몸을 풀던 설기현도 자신의 교체 타이밍을 느끼고 있는 듯 보였다.

원문 광양은 하동과 같이 옛부터 섬진강을 끼고 있는 곡창지대로 일반적인 '5일장'과는 별개로 난장이라는 부정기적인 장을 열었으며 이때 난장을 여는 것을 '난장을 튼다'라고 한다.

〈데일리안〉, 2007. 4. 2, (생활/문화) 「광양제철소에 한판 벌어진 '광양난장'」

■ **분석** '옛'과 '예'는 뜻과 쓰임이 모두 다른 단어인데도, '예'를 써야 할 곳에 '옛'을 쓰는 경우가 많다. '옛'은 '지나간 때의'라는 뜻을 지니고 있어 다음에 반드시 꾸밈을 받는 단어가 이어져야 한다. 반면에 '예'는 '옛적, 오래 전'이란 뜻이다. 이것을 바로 가려 쓰는 방법은, 뒤에 명사 등과 같이 관형사의 꾸밈을 받는 단어가 오면 '옛'을 쓰고 그렇지 않으면 '예'를 쓴다.

■ **수정** 광양은 하동과 같이 예부터 섬진강을 끼고 있는 곡창지대

로 일반적인 '5일장'과는 별개로 난장이라는 부정기적인 장을 열었으며 이때 난장을 여는 것을 '난장을 튼다'고 한다.

원문 시베리안 허스키 4~6마리가 썰매에 사람을 싣고 내리막길을 200m 정도 내려온다.

〈경향신문〉, 2007. 1. 18, (생활/문화) 「한국서도 펼쳐지는 설원 위 개썰매」

■ **분석** '싣다'는 무정물 대상에 호응하는 것으로 유정물인 사람에게는 어울리지 않는다. 사람에게는 '태우다'는 단어를 사용해야 한다.

■ **수정** 시베리안 허스키 4~6마리가 썰매에 사람을 <u>태우고</u> 내리막길을 200m 정도 내려온다.

원문 신 위원장은 21일 요르단 등 서아시아 지역 OCA 관계자들을 만나기 위해 출국하기 전 유치위 직원들에게 이렇게 말했다. "결제 받을 일 있으면 지금 받아라."

〈동아일보〉, 2007. 3. 28, (스포츠) 「인천-평창 '내친김에 우리도 …'」

■ **분석** '결제'는 '일을 처리하여 끝을 냄'이나 '거래를 끝맺는 일'을 뜻한다. 예문에선 위원장이 부하들에게 말하는 것이므로 '상관이 부하가 제출한 안건을 검토하여 허가하거나 승인함'을 뜻하는 '결재'로 고쳐야 한다.

■ **수정** 신 위원장은 21일 요르단 등 서아시아 지역 OCA 관계자들을 만나기 위해 출국하기 전 유치위 직원들에게 이렇게 말했다. "<u>결재</u> 받을 일 있으면 지금 받아라."

원문 교육청은 교사 개개인이 가진 다양하고 창의적인 꿈과 특성들을 개발하고 성숙하고 열린 마음을 키워줄 수 있는 정책을 우선적으로 개발해야 한다.

〈조선일보〉, 2007. 4. 12, (사회) 「남자의 교사 진출 누가 막았나?」

■ **분석** '개발'은 토지나 자원을 개척하여 유용하게 만든다는 뜻이다. 꿈과 특성을 발전시킨다는 문장의 뜻에는 적합하지 않다. 슬기나 사상을 일깨워 준다는 '계발'이 알맞다. 또한 '개발하고' 다음에 바로 '성숙하고'가 이어져 문장 연결이 매끄럽지 못하다. '열린'을 수식하는 부사어 형태 '성숙하게'로 바꿔 주면 한결 자연스러운 문장이 된다.

■ **수정** 교육청은 교사 개개인이 가진 다양하고 창의적인 꿈과 특성, 성숙하게 열린 마음을 키워줄 수 있는 정책을 우선적으로 계발해야 한다.

원문 그러나 진지하고 조용한 월터와의 결혼생활은 밋밋하고 권태롭다. 키티는 파티에서 만난 찰리와 불륜에 빠지고 월터까지 이 사실을 알게 된다.

〈포커스신문〉, 2007. 3. 8, (31면) 「배신도 애증도 사랑을 위하여 '페인티드 베일'」

■ **분석** '단조롭다'는 단순하고 변화가 없어 새로운 느낌이 없다는 뜻이고, '밋밋하다'는 생긴 모양 따위가 두드러진 특징이 없이 평범하다는 뜻이다. 따라서 '결혼생활은 밋밋하다'가 아니라 '결혼생활은 단조롭다'로 써야 한다.

■ **수정** 그러나 진지하고 조용한 월터와의 결혼생활은 단조롭고 권태롭다. 키티는 파티에서 만난 찰리와 불륜에 빠지고 월터

까지 이 사실을 알게 된다.

원문 이택순 경찰청장은 9일 이용섭 건교부장관과 오세훈 서울시장과 함께 실종아동 앰버 경고 시스템 운영에 관한 협약식을 체결했다.

〈노컷뉴스〉, 2007. 4. 10, (생활/문화) 「실종어린이, 전광판 방송 · 전파로 찾는다」

■ **분석** '협약식'이 잘못 쓰였다. '협약식'은 협정을 체결하는 의식이고, '협약'은 체결하는 것이다.

■ **수정** 이택순 경찰청장은 9일 이용섭 건교부장관과 오세훈 서울시장과 함께 실종아동 앰버 경고 시스템 운영에 관한 <u>협약</u>을 체결했다.

원문 우리 학생들이 학교에서 배우는 즐거움을 잊어버렸을 때 위기는 정말 다가온 것이다.

〈조선일보〉, 2007. 4. 12, (여론/독자) 「'3不'과 관계없이 우리 교육은 위기다」

■ **분석** '잊어버리다'는 기억하던 것을 떠올리지 못하는 것을 말한다. 여기서는 '배우는 즐거움'이라는 상태를 버리게 된 것을 의미하므로 '잃어버리다'로 써야 한다.

■ **수정** 우리 학생들이 학교에서 배우는 즐거움을 <u>잃어버렸을</u> 때 위기는 정말 다가온 것이다.

원문 난감한 대학수준의 이론들을 따라가기 위해선 놀 시간은 허락되지 않는단 말인가?

〈성대신문〉, 2007. 4. 9, (여론/칼럼) 「그냥 새내기 대학생활」

■ **분석** '난감하다'는 '이렇게 하기도 저렇게 하기도 어려워 처지가 매우 딱하다'는 뜻이다. 예문에서는 문맥상 '풀거나 해결하기 어렵다'는 뜻의 '난해하다'가 어울린다. 또한 '난해한'것이 뒤에 오는 '이론'을 꾸미기 때문에 어순을 바꾸어야 한다.

■ **수정** 대학수준의 난해한 이론들을 따라가기 위해선 놀 시간은 허락되지 않는단 말인가?

원문 남보다 수익률을 많이 내는 사람들을 보면 대다수가 타이밍을 잡는 데 귀재다.

〈노컷뉴스〉, 2007. 4. 10, (경제) 「오성진의 재테크」

■ **분석** 수익을 많이 낼 수는 있어도 '수익률'을 많이 낼 수는 없다. '수익'으로 바꾸어야 한다.

■ **수정** 남보다 수익을 많이 내는 사람들을 보면 대다수가 타이밍을 잡는 데 귀재다.

원문 거의 모든 교과서에 집권층의 왜곡된 역사관이 스며드는 것은 당연한 순서다.

〈중앙일보〉, 2007. 4. 2, (오피니언-사설) 「우익세력이 길들인 일본 교과서」

■ **분석** 역사관이 스며드는 것은 일정한 차례와 관계된 것이 아니므로 '순서'라는 단어는 잘못 쓰였다. 도리에 맞는 취지라는 뜻의 '이치'를 사용하는 것이 문맥상 어울린다.

■ **수정** 거의 모든 교과서에 집권층의 왜곡된 역사관이 스며드는 것은 당연한 이치다.

원문 교과서에서 '최초의 체세포 복제 소 영롱이'와 '태양계 9번째 행성 명왕성'이란 내용이 퇴출된다.

〈중앙일보〉, 2007. 4. 9, (10면) 「영롱이 · 명왕성 교과서에서 퇴출」

■ **분석** '퇴출'이란 '물러나서 나감'을 뜻한다. 주로 주체가 사람인 경우에 쓰이는데 예문에선 사물이 대상이므로 적절하지 않다. 교과서에서 일정한 내용이 없어진다는 뜻이므로 '삭제된다'가 맞다.

■ **수정** 교과서에서 '최초의 체세포 복제 소 영롱이'와 '태양계 9번째 행성 명왕성'이란 내용이 삭제된다.

원문 올림픽은 국제올림픽위원회(IOC) 위원이 투표하고, 아시안게임은 NOC(국가올림픽위원회) 위원장이 투표한다. 관장 기구가 틀리다.

〈내일신문〉, 2007. 4. 13, (스포츠) 「세계 10대 도시로 도약할 것」

■ **분석** 관장 기구가 서로 성격이 다른 것이지 하나는 맞고 하나는 틀린 것이 아니다. '다르다'는 단어를 사용해야 한다.

■ **수정** 올림픽은 국제올림픽위원회(IOC) 위원이 투표하고, 아시안게임은 NOC(국가올림픽위원회) 위원장이 투표한다. 관장 기구가 다르다.

원문 논문 대필은 사실상 인정하면서도 총장직은 물러날 수 없다고 해서 파문이 확대되고 있다.

〈매일신문〉, 2007. 4. 12, (사회) 「대필 인정 … 총장 물러날 수 없어 대구교대 논란」

■ **분석** '파문'은 크기가 아니라 범위, 영역에 해당되는 단어이다. 따라서 일정한 범주가 흩어져 널리 퍼지다는 뜻의 '확산'을 쓰는 것이 맞다.

■ **수정** 논문 대필은 사실상 인정하면서도 총장직은 물러날 수 없다고 해서 파문이 확산되고 있다.

원문 9일 통계청에 따르면 새로운 학기가 시작된 지난달에 사립대 등록금은 1년 전보다 7.1% 올랐다.

〈한국경제〉, 2007. 4. 10, (사회) 「사립대 등록금 인상률 3년여 만에 최고 기록」

■ **분석** 문맥상 '새로운'보다 이미 있던 것이 아니라 처음 시작된다는 뜻의 관형사 '새'가 적절하다. '학기'는 갑자기 생긴 것이 아니기 때문이다.

■ **수정** 9일 통계청에 따르면 새 학기가 시작된 지난달에 사립대 등록금은 1년 전보다 7.1% 올랐다.

원문 피부에 자극을 주는 강력한 필링보다는 미키모토의 '에너지 베일'처럼 수면팩으로 사용하면 밤 사이에 자연스럽게 각질을 탈락시키는 제품.

〈VOGUE〉, 2007. 1월호, 69쪽 35-39째 줄

■ **분석** '각질'을 탈락시킬 수는 없다. 문맥상 '각질을 없앤다'로 고쳐야 자연스럽다.

■ **수정** 피부에 자극을 주는 강력한 필링보다는 미키모토의 '에너지 베일'처럼 수면팩으로 사용하면 밤 사이에 자연스럽게 각질을 <u>없애는</u> 제품.

원문 이 때문에 시간적으로 앞서고, 좋은 소리 듣는 추천에만 관심이 집중되다보니 검증은 요식화되는 현상이 자연스레 나타났다.

〈청와대 국정브리핑〉, 2007. 3. 19, 제669호, 「청와대 고위공직자 인사검증 이야기」

■ **분석** '–적'은 일부 한자어 명사 아래 붙어 '그 명사의 상태로 된' 또는 '그런 성질을 띤' 등의 뜻을 나타낸다. 예문에서는 '그것에 관한' 또는 '그것에 있어서'를 뜻하는 접미사 '–상'을 붙이는 것이 바른 표현이다.

■ **수정** 이 때문에 <u>시간상</u>으로 앞서고, 좋은 소리 듣는 추천에만 관심이 집중되다보니 검증은 요식화되는 현상이 자연스레 나타났다.

원문 "버스값을 속여 버스를 타거나 지하철 무임승차를 했을 때"

〈중앙일보〉, 2007. 3. 7, (사회) 「사람을 만드는 인사 '저는 효자입니다'」

■ **분석** '버스값'이라고 하면 버스를 탈 때 내는 요금이 아니라 버스 자체의 값을 묻는 것이 된다. 그러므로 '버스 요금'으로 고쳐야 한다.

■ **수정** "<u>버스 요금</u>을 속여 버스를 타거나 지하철 무임승차를 했을 때"

원문 그는 부패한 정치적 상황을 치료하는 특효약으로써 모든 시민이 목을 매어 자살할 것을 권장하였다.

〈철학의 뒤안길〉, 2006년, 서광사, W. 바이셰델 지음, 이기상 외 옮김, 31쪽, 6째 줄

■ **분석** '권장'이라는 단어는 가치가 있고 긍정적인 것을 권할 때 쓰인다. 어떤 이유에서건 자살은 권할 만큼 가치 있는 것이 아니다. 여기서는 문맥상 '주장하다'는 단어가 적합하다.

■ **수정** 그는 부패한 정치적 상황을 치료하는 특효약으로써 모든 시민이 목을 매어 자살할 것을 주장하였다.

원문 "해충 구제업자라고요? 매력적인 직업이군요. 직업에 대해 좀 더 말해줘요."

〈제인 스프링 다이어리〉, 2006, 노블마인, 샤론크림 지음, 임정희 옮김, 111쪽, 10째 줄

■ **분석** '구제'라는 단어는 어떤 것을 구해주거나 수렁에서 건져준다는 의미이다. 해충은 없애는 것이지 도와서 구원해 주는 것이 아니다. 따라서 소설에서 의도한 뜻을 전달하기 위해서는 다른 단어를 선택해야 한다.

■ **수정** "해충 박멸업자라고요? 매력적인 직업이군요. 직업에 대해 좀 더 말해줘요."

원문 파티의 제공자에게 총 매출금 중 일부를 돌려줌으로써 그들은 파티에 참석한 주부들이 타파웨어 제품을 낯선 판매원에게서

구입하는 것이 아니라 ….

〈설득의 심리학〉, 2006년도, 21세기북스, 로버트 치알디니 지음, 이현우 옮김, 239쪽 14–17째 줄

■ **분석** '제공'이란 물건이나 정보 등을 넘겨 준다는 뜻이다. 예문에서처럼 파티라는 행사를 여는 행위는 '주최'라는 단어가 적절하다. '제공자' 대신 '주최자'로 고쳐 쓰자.

■ **수정** 파티의 주최자에게 총 매출금 중 일부를 돌려줌으로써 그들은 파티에 참석한 주부들이 타파웨어 제품을 낯선 판매원에게서 구입하는 것이 아니라 ….

원문 오정해는 절대로 필요하다고 생각했어요.

〈씨네21〉, 2007. 4, 「천년학」 87쪽, 18째 줄

■ **분석** '결코/별로/전혀/절대로' 같은 부사어는 뒤에 부정적인 서술어를 동반해야 한다. 예문처럼 '필요하다'와 어울리게 하려면 부사어도 그에 맞는 형태를 사용해야 한다.

■ **수정** 오정해는 반드시 필요하다고 생각했어요.

원문 한 스타의 행태가 얼마나 많은 외국인들에게 감동을 주고 한국의 이미지를 고양시키는지를 중국권에서 한류의 한 몫을 하고 있는 차인표가 보여줬다.

〈마이데일리〉, 2007. 4. 12, (연예) 「외국에서 스타 두 모습, 동해 욕설 VS 차인표 사인」

■ **분석** '행태'는 행동하는 모습을 의미하는 단어로 주로 부정적 의미를 나타낼 때 쓰인다. 예문의 내용은 긍정적인 의미를 담고 있으므로 '행동'이란 단어를 쓰는 것이 좋다.

■ **수정** 한 스타의 행동이 얼마나 많은 외국인들에게 감동을 주고 한국의 이미지를 고양시키는지 중국권에서 한류의 한 몫을 하고 있는 차인표가 보여줬다.

원문 시간에 쫓기는 한국인들은 좀처럼 여유가 없어 피로와 스트레스조차 제대로 풀지 못한다. 이렇게 어둡고 지루한 일상을 어떻게 전복할 수 있을까.

〈주간동아〉, 2007. 4. 11, (생활/문화일반) 「Fun Fun하게 사는 7가지 습관」

■ **분석** '전복'이란 뒤집혀 엎어진다는 의미이다. 여기서는 생활의 방향을 다르게 모색한다는 뜻이므로 '전복'이란 단어는 적절치 않다. 다른 쪽으로 방향을 바꾼다는 의미의 '전환'을 쓰는 것이 좋다.

■ **수정** 시간에 쫓기는 한국인들은 좀처럼 여유가 없어 피로와 스트레스조차 제대로 풀지 못한다. 이렇게 어둡고 지루한 일상을 어떻게 전환할 수 있을까.

원문 그때처럼 복제 성공률과 복제 여부를 가름하는 핵심 데이터 오류에서 연구 부정 의혹이 시작됐고, 서울대가 아닌 젊은 생물학자들의 온라인 모임인 '브릭'을 통해 의혹이 제기된 것이 그렇다.

〈헤럴드경제〉, 2007. 4. 10, (기자수첩면) 「늑대소년 전략 우려되는 서울대」

■ **분석** '가름'은 어떤 것을 분류하고 나누는 것을 의미한다. 예문은 목표 접근 정도에 따라 성공 여부를 결정 짓는 내용이다. 따라서 여기서는 목표나 기준에 알맞게 헤아린다는 '가늠'을 쓰는 것이 좋다. 또한 '성공'은 유성음으로 끝난 단어이므로 '률'이 아니라 '율'로 써야 한다.

■ **수정** 그때처럼 복제 성공율과 복제 여부를 가늠하는 핵심 데이터 오류에서 연구 부정 의혹이 시작됐고, 서울대가 아닌 젊은 생물학자들의 온라인 모임인 '브릭'을 통해 의혹이 제기된 것이 그렇다.

원문 절 한 번 넓죽 하면 돈이 나오니 사실상 '불로소득'이나 다름없다.

〈조세일보〉, 2007. 3. 22, (경제) 「설날 받은 세뱃돈도 과세대상?」

■ **분석** '넓죽하다'는 길쭉하게 넓다는 뜻이다. 여기서는 거리낌 없이 절을 했다는 뜻의 단어 '넙죽하다'를 선택해야 한다. 여기서 '-하다'는 접미사이므로 붙여 쓴다.

■ **수정** 절 한 번 넙죽하면 돈이 나오니 사실상 '불로소득'이나 다름없다.

원문 임기가 10개월 남은 노 대통령도 핵실험 이후 어렵사리 복원한 남북 관계가 다시 경색되는 것을 원치 않을 가능성이 있다.

〈동아일보〉, 2007. 4. 17, (정치) 「北 초기조치 없는데 …」

■ **분석** '복원'이란 원래대로 고치는 것이다. 예문에서는 관계를 다시 좋게 돌린다는 뜻의 '회복'을 선택하는 것이 자연스럽다.

■ **수정** 임기가 10개월 남은 노 대통령도 핵실험 이후 어렵사리 회

복한 남북 관계가 다시 경색되는 것을 원치 않을 가능성이 있다.

원문 따뜻한 레몬을 이용해 다리털을 뽑고, 휘핑크림을 얹은 콘 아이스크림을 핥고, 도미니크 수도회 건물의 어둠침침한 복도를 오가고, 하릴없는 로마 사내들의 탐욕스런 눈길을 받으며 ….

〈알리스와 소시지〉, 2006, 노블마인, 소피자베 지음, 이세진 옮김, 19쪽, 4째 줄

■ **분석** '하릴없다'는 '달리 어떻게 할 도리가 없다', '조금도 틀림이 없다'는 뜻이다. 예문은 내용상 이 단어가 적합하지 않다. 할 일 없이 한가한 로마 사내들의 눈길을 받았다는 뜻으로 표현하는 것이 적절하다.

■ **수정** 따뜻한 레몬을 이용해 다리털을 뽑고, 휘핑크림을 얹은 콘 아이스크림을 핥고, 도미니크 수도회 건물의 어둠침침한 복도를 오가고, <u>할 일 없는</u> 로마 사내들의 탐욕스런 눈길을 받으며 ….

원문 학생부, 논술시험, 면접 · 구술시험 성적으로 당락을 가린다.

〈국민일보〉, 2007. 4. 7, (사회) 「서울대 2008학년도 입시안 … 수시 특기자 확대 특목고생 유리」

■ **분석** '가린다'는 여러 개에서 골라내거나 뽑아내는 것이다. '당락' 뒤에는 '가린다'보다 붙고 떨어짐을 나누는 의미의 '가른다'가 어울린다.

■ **수정** 학생부, 논술시험, 면접 · 구술시험 성적으로 당락을 <u>가른다</u>.

원문 그러나 그들 중 상당수가 신문을 전혀 읽지 않는다는 것은 전혀 부러운 일이 아니다.

〈조선일보〉, 2007. 4. 5, (시론) 「토플러가 매일 아침 신문 6~7개 읽는 이유」

■ **분석** 부사어 '전혀'가 반복되어 어색하다. 또한 뒷부분의 '전혀'는 서술어와 어울리지 못하고 있다. 어떤 사실을 부정할 때 쓰는 '아니다'를 서술어로 쓰기 위해선 의미상 '결코'라는 부사어가 와야 한다.

■ **수정** 그러나 그들 중 상당수가 신문을 전혀 읽지 않는다는 것은 결코 부러운 일이 아니다.

원문 현대자동차는 5일(현지 시간) 미국 앨라배마 공장의 생산라인을 세웠다.

〈중앙일보〉, 2007. 10. 8, (경제) 「현대 · 기아차 '숨 고르기'」

■ **분석** '시각'은 '시간 흐름에서의 어느 한때'를 말한다. 반면에 '시간'은 '어떤 시각에서 다른 시각까지의 동안, 또는 그 길이', '무슨 일을 하기 위하여 정한 일정한 길이의 동안'을 의미한다. 그렇게 본다면 예문에선 '5일'이라는 특정한 시점을 가리킨 것이므로 '시각'이란 단어를 선택하는 것이 옳다.

■ **수정** 현대자동차는 5일(현지 시각) 미국 앨라배마 공장의 생산라인을 세웠다.

원문 클러치나 뱅글, 목걸이, 어느 것도 상관없다.

〈중앙일보〉, 2007. 9. 18, (생활/문화) 「잉그리드 버그만의 부활」

■ **분석** '상관없다'는 '서로 아무런 관련이 없다'와 '문제 될 것이 없다'는 두 가지 뜻이 있다. 문맥상 예문은 셋 중 어느 것을 선택해도 문제 될 것이 없다는 뜻이 돼야 하므로 '-이어도'를 사용해야 한다.

■ **수정** 클러치나 뱅글, 목걸이, 어느 것이어도 상관없다.

원문 검찰과 언론이 사실 확인이 안 된 사안을 너무나 쉽게 세간의 소문거리로 회자시키고 있다.

〈중앙일보〉, 2007. 9. 22, (사회) 「불교종단협 '음해성 수사, 보도 중지하라'」

■ **분석** '회자'는 '회와 구운 고기'란 뜻으로 '칭찬을 받으며 사람의 입에 자주 오르내림'을 이른다. 그러므로 이는 부정적 느낌을 주는 예문과 어울리지 않는다.

■ **수정** 검찰과 언론이 사실 확인이 안 된 사안을 너무나 쉽게 세간의 소문거리로 만들고 있다.

원문 첫째 마당으로 '항꾸네' 길놀이로 백중축제 흥을 돋구다.

〈데일리안〉, 2007. 8. 27, (사회) 「맛과 멋과 흥에 빠져보는 광양 백중축제」

■ **분석** '돋구다'는 '안경의 도수 따위를 더 높게 하다'는 뜻으로 쓰일 때 적합하다. 예문에서는 흥이나 목청을 키우는 상황이므로 '돋우다'를 선택해야 한다. 또한 '-(으)로'라는 조사가 연이어 나와 문장이 매끄럽지 못하다.

■ **수정** 첫째 마당인 '항꾸네' 길놀이로 백중축제 흥을 돋우다.

원문 고음 부분을 제대로 처리하지 못해 청중들을 실망시키며 구설수에 오르다 결국 2005년 건강상의 문제가 불거졌다.

〈마이데일리〉, 2007. 9. 6, (해외연예) 「위독 루치아노 파바로티는 누구?」

■ **분석** '구설수'는 흔히 운세를 풀이한 글에서 볼 수 있는 단어로 '시비하거나 헐뜯는 말을 듣게 될 운수'를 의미한다. 한편 '구설'은 '시비하거나 헐뜯는 말'을 뜻한다. 보통 '구설수에 오르다'라 하는데 '구설에 오르다'로 써야 맞다. 남들 입에 좋지 않게 오르내리는 경우를 말할 때는 '운수'를 의미한다고 보기 어렵다.

■ **수정** 고음 부분을 제대로 처리하지 못해 청중들을 실망시키며 구설에 오르다 결국 2005년 건강상의 문제가 불거졌다.

원문 지금, 있는 힘껏 행복하세요.

〈싸이월드〉, 2007. 10. 5, 「로그아웃 메인」

■ **분석** '힘껏'을 부사로 쓰는 경우는 행동과 관련된 서술어가 연결 될 때이다. 여기서 '행복하다'는 일정한 동작이 아닌 추상적 개념이기 때문에 어울리지 않는다. 추상적 의미를 지닌 서술어와 어울리면서 마음이 흡족하도록 가득하게 한다는 뜻의 단어를 골라 쓰는 것이 좋다.

■ **수정** 지금, 마음껏 행복하세요.

원문 "생명 중요성 깨우러 출마"

〈메트로〉, 2007. 10. 5, (2면) 「생명 중요성 깨우러 출마」

■ **분석** '깨우다'는 '깨다'의 사동사로 '잠을 깨우다'로 써야 맞다. 그러나 예문은 '생명의 중요성을 일러주거나 가르쳐서 깨닫게 하려'의 뜻이므로 '일깨우다'라는 단어가 맞다.

■ **수정** "생명 중요성 일깨우러 출마"

원문 장대높이뛰기 세계기록 보유자인 러시아의 '미녀 새' 엘레나 이신바예바는 시민들에게 격려의 박수를 유도하기도 했으며 기록 갱신에 실패하자 ….

〈뉴시스〉, 2007. 10. 3, (스포츠) 「대구 월드컵경기장, 뜨거운 열기 '가득'」

■ **분석** '경신'은 이전의 기록을 깨뜨리거나 옛 것을 고쳐 새롭게 한다는 뜻으로 쓰인다. 반면 '갱신'은 기간이 만료되어 새로 기간을 연장하거나 어떤 것을 다시 새롭게 바꾼다는 뜻으로 쓰인다. 따라서 예문에선 '경신'을 써야 한다.

■ **수정** 장대높이뛰기 세계기록 보유자인 러시아의 '미녀 새' 엘레나 이신바예바는 시민들에게 격려의 박수를 유도하기도 했으며 기록 경신에 실패하자 ….

원문 걷는 것보다 뛰는 것이 건강에 가장 좋다는 연구 결과가 나와 주목을 끈다.

〈메트로〉, 2007. 10. 11, (3면) 「오래 살려면 걷지 말고 뛰어라」

■ **분석** 걷는 것과 뛰는 것을 비교하는데 '가장'이라는 단어는 어울리지 않는다. 예문에선 둘을 비교하여 우열을 가리는 것이므로 '더'라는 부사

를 쓰는 것이 좋다.

■ **수정** 걷는 것보다 뛰는 것이 건강에 더 좋다는 연구 결과가 나와 주목을 끈다.

원문 '개성파' 강성진, 유해진과 '신예' 유건이 어리숙한 납치범 3인조로 분해 배꼽 잡는 웃음을 선사한다.

〈동아일보〉, 2007. 8. 27, (연예) 「나문희는 여배우 이상의 존재」

■ **분석** '말이나 행동이 매우 숫되고 후하다'는 의미를 지닌 단어는 '어수룩하다'이다. '어리숙하다'는 '어수룩하다'의 잘못된 표기이다.

■ **수정** '개성파' 강성진, 유해진과 '신예' 유건이 어수룩한 납치범 3인조로 분해 배꼽 잡는 웃음을 선사한다.

원문 거래소가 주도적으로 상장을 추진하자 재경부는 딴지를 거는 '몽니'를 부렸고, 이에 대해 거래소는 상장 추진 중단이라는 '배짱'으로 맞섰다.

〈경향신문〉, 2007. 9. 17, (경제) 「재경부 '몽니' VS 거래소 '배짱'」

■ **분석** '동의하였던 일을 딴전을 부려 어기다'의 뜻을 지닌 것은 씨름 기술에서 나온 '딴죽'이다. 보통 '딴죽을 걸다'로 사용한다.

■ **수정** 거래소가 주도적으로 상장을 추진하자 재경부는 딴죽을 거는 '몽니'를 부렸고, 이에 대해 거래소는 상장 추진 중단이라는 '배짱'으로 맞섰다.

원문 미국에서도 부실 학위 남발로 골치 아픈 '학위 공장(diploma mill)' 실태가 학력위조에 대한 검찰 수사를 통해 낱낱이 드러나고 있다.

〈문화일보〉, 2007. 8. 29, (사회)「실체 낱낱이 드러난 美 '학위공장' 檢, 학력위조 수사 …」

■ **분석** 부실이란 '몸, 마음, 행동 따위가 튼튼하지 못하고 약함, 내용이 실속이 없고 충분하지 못함'을 뜻한다. 따라서 학위가 진짜인가, 아닌가를 의미하는 단어로는 부적절하다.

■ **수정** 미국에서도 <u>가짜</u> 학위 남발로 골치 아픈 '학위 공장(diploma mill)' 실태가 학력위조에 대한 검찰 수사를 통해 낱낱이 드러나고 있다.

원문 둘 다 오래된 김치이건만 쉰 김치는 왜 미움 받고, 묵은지는 왜 사랑받을까.

〈조선일보〉, 2007. 12. 13, (생활/문화)「천천히 늙은 김치는 사랑스럽다」

■ **분석** '쉬다'는 음식 등이 오래되어 맛이 변했을 때 사용한다. 예문에서는 김치 맛이 상한 것이 아니라 시금해진 상태를 말하고 있다. 따라서 '시다'는 단어를 사용해야 한다.

■ **수정** 둘 다 오래된 김치이건만 <u>신</u> 김치는 왜 미움 받고, 묵은지는 왜 사랑받을까.

원문 아울러 중국의 부동산 가격이 급등했고, 부실채권도 확대됐다고 지적했다.

〈세계일보〉, 2007. 10. 10, (경제) 「삼성경제연 '중경제 올림픽후 경착륙 가능성'」

■**분석** '확대된다'는 범위(범주)를 나타낼 때 어울리는 단어이다. 여기서는 채권의 양이 많아진 것을 의미하는 '늘어났다'를 선택하는 것이 좋다.

■**수정** 아울러 중국의 부동산 가격이 급등했고, 부실채권도 늘어났다고 지적했다.

원문 마냥 아무것도 모르던 어린 시절에서 사춘기라는 풍파를 겪으면서 우리는 성인기로 한 발작 내딛는다.

〈문화일보〉, 2007. 10. 6, (생활/문화) 「노년기에 가장 많이 하는 말은 '예전 같지 않다?'」

■**분석** '발작'은 '어떤 증상이나 감정 따위가 갑자기 격하게 일어나다'는 뜻이다. '앞으로 나아가다'는 뜻은 '발짝'으로 써야 한다. '발짝'은 '한 발씩 떼어 놓는 걸음의 수효'를 의미한다.

■**수정** 마냥 아무것도 모르던 어린 시절에서 사춘기라는 풍파를 겪으면서 우리는 성인기로 한 발짝 내딛는다.

원문 국산 게임은 현지 배급사의 횡포에 속수무책이다. 국내 게임사 위메이드는 중국의 게임업체 샨다에 온라인게임 '미르의 전설'의 배급을 맡겼다가 곤욕을 치렀다.

〈중앙일보〉, 2007. 8. 13, (IT/과학) 「국산 게임, 중국만 가면 왜 '봉'되나」

■ **분석** '곤욕'은 '심한 모욕'이란 뜻이고 '곤혹'은 '곤란한 일을 당해 어찌할 바를 모름'을 뜻한다. 예문에서는 어려움을 겪었다는 뜻이므로 '곤혹'이 맞다.

■ **수정** 국산 게임은 현지 배급사의 횡포에 속수무책이다. 국내 게임사 위메이드는 중국의 게임업체 샨다에 온라인게임 '미르의 전설'의 배급을 맡겼다가 곤혹을 치렀다.

원문 일본인 특유의 허리를 숙이는 서비스를 받으며 약간은 우쭐대는 기분에 빠지는 한국인도 있는 모양이다.

〈동아일보〉, 2007. 7. 26, (사회) 「겉만 보고 속 못 보는 일본 관광」

■ **분석** 허리를 구부릴 때는 '숙이다'가 아닌 '굽히다'를 써야 한다.

■ **수정** 일본인 특유의 허리를 굽히는 서비스를 받으며 약간은 우쭐대는 기분에 빠지는 한국인도 있는 모양이다.

원문 수도 가스 교육 의료 등은 나라의 주권과 연결된다며 절대로 지켜야 한다는 의지가 강해서 1차 협상 때 김종훈 수석대표가 웬디 커틀러 미측 대표에게 공공분야는 손댈 수 없다고 강조했다.

〈인터넷뉴스 이데일리〉, 2007. 4. 4, (종합) 「한미FTA시대 '타결 뒤 재협상은 없다'」

■ **분석** 부사 '절대로'는 '~해서는 안 된다'는 서술어와 어울려야 한다. 예문에서는 '~해야 한다'고 했기 때문에 '반드시'라는 부사를 써야 한다.

■ **수정** 수도 가스 교육 의료 등은 나라의 주권과 연결된다며 반드

시 지켜야 한다는 의지가 강해서 1차 협상 때 김종훈 수석대표가 웬디 커틀러 미측 대표에게 공공분야는 손댈 수 없다고 강조했다.

조사 사용

원문 정당행위라고 주장하는 피고 측의 주장이 그 기준이 모호하고, 기준을 만드는 것은 입법부의 소관으로 재판부는 현행 법규에 따라 판결을 내릴 수밖에 없다.

〈뉴시스〉, 2007. 10. 12, (생활/문화) 「장병두 할아버지 또 집행유예, 상고 하겠다」

■ **분석** 주격조사가 연이어 나와서 문장이 자연스럽지 못하다. 전체문장의 주어로는 '-은/는'이 주로 온다는 점을 염두에 두고 '주장'에 특수조사 '-은'을 붙여 자연스럽게 만들자.

■ **수정** 정당행위라고 주장하는 피고 측의 주장은 그 기준이 모호하고, 기준을 만드는 것은 입법부의 소관으로 재판부는 현행 법규에 따라 판결을 내릴 수밖에 없다.

원문 KIA는 최희섭을 영입하기 위해서는 몸값과 더불어 탬파베이에 이적료를 지불해야 하는데 이에 대해 KIA가 지불의사를 밝혔기 때문에 문제는 없다.

〈스포츠 서울〉, 2007. 3. 30, (스포츠) 「KIA 전격지명」

■ **분석** 특수조사 '–는'이 반복되어 어색한 문장이 되었다. 'KIA'가 주어임으로 주격조사 '–가'를 써 주어야 의미 전달이 정확하고 문장도 자연스럽게 된다. 또한 두 개의 문장으로 끊어 주면 한결 간결한 문장이 된다.

■ **수정** KIA가 최희섭을 영입하기 위해서는 몸값과 더불어 탬파베이에 이적료를 지불해야 한다. 그런데 이에 대해 KIA가 지불의사를 밝혔기 때문에 문제는 없다.

원문 반기문 UN 사무총장은 5일 미얀마의 평화시위를 강제 진압한 행위는 "견딜 수 없고 용인할 수 없는 일"이라고 비난한 가운데 ….

〈뉴시스〉, 2007. 10. 7, (세계) 「潘총장, '미얀마 사태 용인할 수 없다' 비난」

■ **분석** 예문이 'A는 B는 ~라고 비난한 가운데'의 형식으로 되어 있어 매우 어색하다. 'A가(이) B를(을) ~라고 비난한 가운데'라고 해야 자연스럽다.

■ **수정** 반기문 UN 사무총장의 5일 미얀마의 평화시위를 강제 진압한 행위를 "견딜 수 없고 용인할 수 없는 일"이라고 비난한 가운데 ….

원문 우주선 안에는 우주인이 2~3명이 3년 동안 먹을 양식만 실어도 너무 짐이 많아진다.

〈중앙일보〉, 2007. 10. 5. (IT/과학) 「화성 유인 탐사 언제쯤」

■ **분석** 주격조사를 연이어 사용하여 어색한 문장이 되었다. 2~3명이 바로 우주인이므로 주격조사를 한 번만 써야 자연스러운 문장이 된다.

■ **수정** 우주선 안에는 우주인 2~3명이 3년 동안 먹을 양식만 실어도 너무 짐이 많아진다.

원문 혈액 순환이 잘되면 건강해지기 때문에 모든 병에서 나을 확률이 커지는 것이다.

〈좋은 생각〉, 2006. 8. 1, 95쪽, 23-24째 줄, 「완전한 약국」

■ **분석** 활용형 '나을'은 '낫다'가 기본형이다. '낫다'는 '-이'라는 주격조사와 연결되었을 때 자연스럽다.

■ **수정** 혈액 순환이 잘되면 건강해지기 때문에 모든 병이 나을 확률이 커지는 것이다.

원문 헬기에서 내려다 본 현장은 산꼭대기서부터 평지에 이르기까지 거의 모든 건물은 무너지고, 수많은 사람들을 삼켜버린 거대한 무덤과 같았다.

〈섬기는 사람들〉, 2006. 10. 1, (17면) 「하나님의 눈물」

■ **분석** 내포문의 주어 자리에는 주격조사인 '-이/가'가 주로 쓰이는 반면, 문장 전체의 주어 자리에는 특수조사 '-은/는'이 쓰인다. '건물' 뒤에 주격조사 '-이'를 붙여 주는 것이 자연스럽다.

■ **수정** 헬기에서 내려다 본 현장은 산꼭대기서부터 평지에 이르기

까지 거의 모든 건물이 무너지고, 수많은 사람들을 삼켜버린 거대한 무덤과 같았다.

원문 여러분은 그러한 목표를 가지게 된 숨은 이유를 분석해 보는 시간입니다.

〈동기관리와 목표설정〉, Learning Tips, 통권 13호, 2006. 9, 성균관대학교 대학교육개발센터.

■ **분석** 내용상 '여러분'이 주어이므로 특수조사 '-은'보다 주격조사 '-이'로 쓰는 것이 자연스럽다.

■ **수정** 여러분의 그러한 목표를 가지게 된 숨은 이유를 분석해 보는 시간입니다.

원문 북한은 전 세계적으로 관심을 고조시키기 위하여 핵실험을 이용하는 것은 논리적으로 타당하다.

〈조선일보〉, 2006. 9. 26, (정치) 「美 전직 고위인사 인터뷰」

■ **분석** '북한'이 내포절의 주어이다. 따라서 '-은'보다 주격조사 '-이'가 자연스럽다.

■ **수정** 북한의 전 세계적으로 관심을 고조시키기 위하여 핵실험을 이용하는 것은 논리적으로 타당하다.

원문 대학별 본고사를 부활하면 모든 학생이 학원으로 몰려 주입식 암기교육에 매달리고 결국 공교육이 무너질 것이라는 말씀이다.

〈조선일보〉, 2007. 4. 22, (여론/독자) 「'3不'과 관계없이 우리 교육은 위기다」

■ **분석** '부활'의 주체가 '본고사'이므로 대격조사가 아닌 주격조사를 사용해야 한다.

■ **수정** 대학별 본고사가 부활하면 모든 학생이 학원으로 몰려 주입식 암기교육에 매달리고 결국 공교육이 무너질 것이라는 말씀이다.

원문 우리 대학의 전(全) 공학교육프로그램이 동시에 한국공학교육인증원(ABEEK)으로부터 인증평가를 받은 것이 그 의미가 크며, 이렇게 한 대학의 모든 공학교육프로그램이 동시 인증 신청을 하고 평가를 통하여 인증을 받은 것은 우리 대학이 유일한 것으로 알려졌다

〈성균소식〉, 2007. 2. 1, 제9호 「10개 공학프로그램 인증 평가」

■ **분석** '-이'라는 주격조사가 중복으로 쓰여 어색하다. 이럴 때는 특수조사 '-은/-는'을 적절히 섞어 쓰는 것이 좋다. 의미는 변하지 않게 하면서 한결 자연스러운 문장을 만들 수 있다. 더불어 두 개의 문장으로 끊어주면 더 깔끔해진다.

■ **수정** 우리 대학의 전(全) 공학교육프로그램이 동시에 한국공학교육인증원(ABEEK)으로부터 인증평가를 받은 것은 그 의미가 크다. 이렇게 한 대학의 모든 공학교육프로그램이 동시 인증 신청을 하고 평가를 통하여 인증을 받은 것은 우리 대학이 유일한 것으로 알려졌다.

원문 하지만 아직은 예보의 정확성은 낮은 편이다.

〈중앙일보〉, 2007. 4. 2, (사회) 「황사에 빼앗긴 봄 환경 주권 못 찾나」

■ **분석** 조사 '-은'의 반복으로 문장이 매끄럽지 못하다. '낮은' 것의 주체가 '정확성'이므로 주격조사 '-이'를 쓰는 것이 자연스럽다.

■ **수정** 하지만 아직은 예보의 정확성이 낮은 편이다.

원문 교육과정과 학사일정은 과목별 담당교사 및 반별 시간표, 수업시간 수 등이 자세히 제공된다.

〈서울신문〉, 2007. 9. 27, (사회) 「초중고생자녀들 성적 인터넷서 상세히 본다」

■ **분석** '수업시간 수' 등이 자세히 나와 있는 것이 '교육과정'과 '학사일정'이다. 따라서 여기에선 '학사일정'에 주격조사를 쓰면 안 된다. 또한 '제공된다'는 피동형 서술어보다는 될 수 있으면 능동형으로 써 주는 것이 좋다.

■ **수정** 교육과정과 학사일정에는 과목별 담당교사 및 반별 시간표, 수업시간 수 등이 자세히 나타나 있다.

원문 원만하지 못한 가정의 문제를 중심으로 전문가의 지식과 기법을 동원하여 어려움을 처한 대학생들에게 도움을 주고 있다.

〈대학 내일〉, 2006. 9. 25, (디지털) 「건강한 마음 찾기」

■ **분석** '처하다'는 '-에'라는 처격조사를 앞세운다. 따라서 '어려움'에 대격조사 '-을' 대신 '-에'를 써야 한다.

■ **수정** 원만하지 못한 가정의 문제를 중심으로 전문가의 지식과 기법을 동원하여 어려움에 처한 대학생들에게 도움을 주고 있다.

원문 특히 남대문 시장 내 노른자라 할 수 있는 신세계백화점 옆 (구)새로나 백화점의 리모델링으로 탄생하게 될 미담은 재래상인은 물론 일반 투자자들의 관심이 고조되고 있다.

〈AM7〉, 2006. 9. 29, (4면) 「잘 고른 목 좋은 상가, 은행이자 3~4배」

■ **분석** 조사의 사용이 잘못되어 의미 전달이 되지 않는다. 서술어 '고조되고 있다'는 '-에'라는 조사 뒤에 연결되어야 한다. 따라서 '미담은'이 아니라 '미담에'로 써야 한다.

■ **수정** 특히 남대문 시장 내 노른자라 할 수 있는 신세계백화점 옆 (구)새로나 백화점의 리모델링으로 탄생하게 될 미담에 재래상인은 물론 일반 투자자들의 관심이 고조되고 있다.

원문 어린 시절 집이 망하면서 7번이나 이사를 다녔고 결혼 후에는 처가 쪽에 겨우 쌀을 얻으면서 지냈다.

〈HOME〉, 2007. 9. 19, 「심산의 터 인간이 거기 있기에 나는 셔터를 눌렀다」

■ **분석** 부사격조사의 사용이 잘못된 경우이다. 앞말이 어떤 일의 출처임을 나타내는 조사 '-에서'가 어울린다.

■ **수정** 어린 시절 집이 망하면서 7번이나 이사를 다녔고 결혼 후에는 처가 쪽에서 겨우 쌀을 얻으면서 지냈다.

원문 관객 집계와 배급시스템을 선진화가 필요한 시점에 이런 일부 과열 경쟁과 부풀리기는 관객들에게 잘못된 정보를 제공하고 편식을 유도하는 부작용을 낳고 있습니다.

〈인터넷 SBS〉, 2006. 9. 29. (문화과학) 「영화계 '추석 혈전' … 스크린 확보 과열 경쟁」

■ **분석** 선진화가 필요한 것은 '관객 집계'와 '배급시스템'이다. 따라서 선진화의 내용을 나타내는 속격조사 '의'로 써야 한다.

■ **수정** 관객 집계와 배급시스템의 선진화가 필요한 시점에 이런 일부 과열 경쟁과 부풀리기는 관객들에게 잘못된 정보를 제공하고 편식을 유도하는 부작용을 낳고 있습니다.

원문 이제 앞으로 모든 건물이 기존의 인력 경비에서 통합경비로 바뀜에 따라 도난방지와 학교에 시설물에 대한 보안이 더욱 강화될 것으로 보인다.

〈서강학보〉, 2006. 9. 25. 제 511호. (제1면) 「우리학교 보안 한층 강화되다」

■ **분석** 시설물이 학교에 속해 있으므로 '학교'에 속격조사를 사용하든지 '학교 시설물'이라는 복합어 형태를 취하든지 해야 한다.

■ **수정** 이제 앞으로 모든 건물이 기존의 인력 경비에서 통합경비로 바뀜에 따라 도난방지와 학교의 시설물에 대한 보안이 더욱 강화될 것으로 보인다.

원문 송 대표는 한약에 음식을 접목시키면 괜찮을 것이라는 확신은 일찍부터 했다고 한다.

〈캠퍼스 헤럴드〉, 2006. 16호, (53면) 「한약이 달콤해?」

■ **분석** 의미상 목적어인 '확신'에 조사 '은/는'은 부적합하다. 대격조사를 결합해야 한다.

■ **수정** 송 대표는 한약에 음식을 접목시키면 괜찮을 것이라는 확신을 일찍부터 했다고 한다.

원문 김 부상은 "부시 행정부는 이전에는 6자회담 전에는 양자접촉을 절대 할 수 없다고 했지만 지금 양자접촉을 제안하는 신호를 보내고 있다."며 "우리는 미국이 전제조건을 강요하지 않고 진지한 대화에 나올 채비가 되어 있는지 알기 위해 노력하고 있다."고 말했다고 해리슨 연구위원은 전했다.

〈연합뉴스〉, 2006. 10. 3, (정치) 「北 '핵실험 강행' 천명 배경과 전망」

■ **분석** '-며, -고'는 간접 인용격조사이다. 그러므로 직접 인용격조사인 '-라며, -라고'로 고쳐 쓰는 것이 자연스럽다. 전체 주어가 '해리슨 연구위원'이니 문장의 앞에 놓는 것이 자연스럽다. 따라서 '김 부상' 다음에는 주격조사 '-이'가 붙는다.

■ **수정** 해리슨 연구위원은 김 부상이 "부시 행정부는 이전에는 6자회담 전에는 양자접촉을 절대 할 수 없다고 했지만 지금 양자접촉을 제안하는 신호를 보내고 있다."라며 "우리는 미국이 전제조건을 강요하지 않고 진지한 대화에 나올 채비가 되어 있는지 알기 위해 노력하고 있다."라고 말했다고 전했다.

원문 경기장이 축구 관람뿐만 아니라 여가생활의 한 부분으로 즐기게 됐으면 좋겠어요.

〈성대신문〉, 2006. 10. 2, (사랑방과 징검다리) 「14조각 둥근 공을 즐겨라」

■ **분석** 주어 '경기장'이 서술어 '즐기다'와 어울리지 않는다. 경기장은 무엇을 즐길 수 있는 생명체가 아니기 때문이다. 따라서 경기장이 실질적인 주어가 아님을 알 수 있다. 의미상 주어인 '사람들'이 생략되었다고 볼 때, 주격조사가 아닌 대격조사를 '경기장'에 붙여 주는 것이 좋다.

■ **수정** 경기장을 축구 관람뿐만 아니라 여가생활의 한 부분으로 즐기게 됐으면 좋겠어요.

원문 작품이 제품화하는 과정에서 다소나마 아쉬운 점이 있었을지도 모르겠다.

〈행복이 가득한 집〉, 2006. 10월호, (38면) 「LG아트 디오스, 화가 하상림 씨」

■ **분석** 문맥상 '작품'을 주어가 아닌 목적어로 보아야 한다. '~을 제품화 하다'가 자연스러운 문장이다. 따라서 주격조사 '-이'보다 대격조사 '-을'을 사용해야 한다.

■ **수정** 작품을 제품화하는 과정에서 다소나마 아쉬운 점이 있었을지도 모르겠다.

원문 우리 주변에서는 전립선의 비대나 염증으로 소변배출 시 배뇨지연, 빈뇨감, 전뇨감, 세뇨 등의 소변 배출 곤란과 또는 소변에 놓이나 피가 섞여 나오는 등의 소변 통증을 겪는 중년 남성들이 의외로 많다.

〈중앙일보〉, 2006. 9. 25, 18면, (광고)

■ **분석** 가능하면 조사는 중복해 쓰지 않도록 한다. '주변에서는' 역시 '주변에는'으로 써도 문제가 없다. '곤란과 또는'에서 조사 '-과'와 '또는'이라는 접속어를 연속 사용하여 문장이 어색하다. 자연스러운 의미 전달을 위해 조사 '-과'는 생략하는 것이 좋다.

■ **수정** 우리 주변에는 전립선의 비대나 염증으로 소변배출 시 배뇨지연, 빈뇨감, 잔뇨감, 세뇨 등의 소변 배출 곤란 또는 소변에 놓이나 피가 섞여 나오는 등의 소변 통증을 겪는 중년 남성들이 의외로 많다.

원문 지난해 8월부터 트렌디의류 '유니온베이' 지면 광고 모델로 활약해온 고주원이 최근 광고주의 특별 요청에 의해 CF계약을 동영상까지 추가했다.

〈마이데일리〉, 2007. 3. 20, (연예) 「고주원, 의류 '유니온베이' CF 추가계약」

■ **분석** 조사가 잘못 사용되었기 때문에 목적어와 서술어의 관계가 매끄럽지 못하다. 문맥상 '-에'라는 조사가 어울려야 자연스럽다. 조사 '-까지'도 대격조사 '-을'로 고쳐야 한다.

■ **수정** 지난해 8월부터 트렌디 의류 '유니온베이' 지면 광고 모델로 활약해온 고주원이 최근 광고주의 특별 요청에 의해 CF 계약에 동영상을 추가했다.

원문 최민수는 곧 선보일 MBC TV 드라마 '태왕사신기'에 촬영에 복귀할 예정이지만 한동안 액션 연기는 펼치지 못 할 전망이다.

〈마이데일리〉, 2007. 4. 10, (연예) 「최민수 지난달 해외서 교통사고 … 목 연골 제거수술」

■ **분석** '촬영'이 '태왕사신기'에 관한 것이다. 따라서 처격조사보다 속격조사 '-의'를 쓰는 것이 맞다. 아예 조사 '-에'를 빼는 것도 나쁘지 않다.

■ **수정** 최민수는 곧 선보일 MBC TV 드라마 '태왕사신기'(의) 촬영에 복귀할 예정이지만 한동안 액션 연기는 펼치지 못 할 전망이다.

원문 응시생이 이처럼 기하급수적으로 늘어난 것은 특목고와 국내 대학들이 몇 해 전부터 영어 특기자를 선발하는 데 토플점수를 요구하면서다.

〈조선일보〉, 2007. 4. 13, (사회) 「토플 대란 … ETS '7월 시험등록 취소'」

■ **분석** 문맥상 언제부터 응시생이 급속히 늘어났는지를 밝혀줄 서술어가 와야 한다. 그런데 서술어 '요구하면서다'는 어색하다. 비롯함을 의미하는 조사 '-부터'를 첨가하면 훨씬 매끄러운 문장이 된다.

■ **수정** 응시생이 이처럼 기하급수적으로 늘어난 것은 특목고와 국내 대학들이 몇 해 전부터 영어 특기자를 선발하는데 토플점수를 요구하면서부터다.

원문 더욱이 이같은 덤핑바람이 가져온 '싸구려 이미지'는 2000년대 초반부터 중국 유학생 시장을 개척해온 선발 대학들에게 큰 피해를 주고 있다.

〈한국일보〉, 2007. 4. 8, (경제) 「한국유학은 싸구려 유학?」

■ **분석** '-에게'와 '-한테'는 사람과 같은 유정(有情)명사에 붙이는 조사이다. 예문에서 대학은 무정(無情)명사이므로 '-에'를 붙이는 것이 맞다.

■ **수정** 더욱이 이같은 덤핑바람이 가져온 '싸구려 이미지'는 2000년대 초반부터 중국 유학생 시장을 개척해온 선발 대학들에 큰 피해를 주고 있다.

원문 정치인으로써 부모가 박근혜에게 남긴 것이 축복과 고통의 양면을 지닌 발가벗은 유산이었다면, 생각지도 못했던 곳에서 발견되는 유전(遺傳)은 반가움을 선사한다.

〈노컷뉴스〉, 2007. 3. 30, (정치) 「대한민국 정치의 중심에서 박근혜를 외치다」

■ **분석** 지위나 신분 또는 자격을 나타내는 격조사는 '-으로서'이다. 이 문장에서는 정치인이라는 지위(신분)를 나타내므로 '-으로서'를 사용하는 것이 맞다.

■ **수정** 정치인으로서 부모가 박근혜에게 남긴 것이 축복과 고통의 양면을 지닌 발가벗은 유산이었다면, 생각지도 못했던 곳에서 발견되는 유전(遺傳)은 반가움을 선사한다.

원문 비록 행색은 남루했지만 무사의 얼굴은 기품과 범접할 수 없는 위엄이 깃들어 있었다.

〈목만치〉, 2007, 예담, 이익준, 200쪽, 17-20째 줄

■ **분석** 서술어 '있었다'는 어떤 사실이나 현상이 어떤 곳에 존재하는 상태임을 나타낸다. 따라서 장소를 나타내는 조사 '-에'를 붙인 단어 뒤에 와야 한다.

■ **수정** 비록 행색은 남루했지만 무사의 얼굴에는 기품과 범접할 수 없는 위엄이 깃들어 있었다.

원문 아직 학교에 다닐 나이지만 두 딸은 일찌감치 학교를 파하고 한 아이는 주유소 아르바이트로 또 한 아이는 편의점 아르바이트를 하고 있었다.

〈사회과학으로의 초대〉, 2007, 성균관대학교 출판부, 277쪽, 25째 줄-278쪽, 1째 줄

■ **분석** 서술어와 연결해 보면 한 아이는 '주유소 아르바이트로 하고 있었다'는 문장이 된다. 잘못된 조사 사용으로 이상한 문장이 되었다. '~하고 있었다'는 서술어는 '-을/-를'이라는 대격조사를 앞세울 때 자연스럽다.

■ **수정** 아직 학교에 다닐 나이지만 두 딸은 일찌감치 학교를 파하고 한 아이는 주유소 아르바이트를 또 한 아이는 편의점 아르바이트를 하고 있었다.

원문 성북경제신문(16호 발행) 블로그가 창간 4개월 만에 인터넷 접속자 수 1만 6천명이 넘어섰다.

〈성북경제신문〉, 2007. 4. 9, (1면) 「네티즌에게 최고의 인기를 누리는 성북경제신문」

■ **분석** 문맥상 '1만 6천 명'을 서술어 '넘어섰다'의 목적어로 봐야 한다. 따라서 주격조사 대신 대격조사를 붙여야 한다.

■ **수정** 성북경제신문(16호 발행) 블로그가 창간 4개월 만에 인터넷 접속자 수 1만 6천 명을 넘어섰다.

원문 본인은 매번 경영관 지하 1층이나 경영관 1층 e-library에 있는 세미나실을 이용하는 인문관에서 수업 듣고 나서 경영관에서 스터디 모임을 하러가곤 한다.

〈성대신문〉, 2007. 4. 9, (여론/칼럼) 「스터디룸의 개선을 바란다」

■ **분석** 서술어 '~(을) 하러 가다'는 가는 장소를 나타내는 처격조사 '-(으)로'와 어울려야 자연스럽다.

■ **수정** 본인은 매번 경영관 지하 1층이나 경영관 1층 e-library에 있는 세미나실을 이용하는 인문관에서 수업 듣고 나서 경영관으로 스터디 모임을 하러 가곤 한다.

원문 대나무골 담양의 아름다운 주변 경관을 구경하고 쑥, 미나리, 달래, 냉이 등 봄나물 캐기 체험은 도시생활로 지친 몸과 마음을 잠시나마 평온하게 하는 시간을 가졌다.

〈담양주간신문〉, 2007. 3. 21, (1면)

■ **분석** 봄나물 캐기 체험이 평온하게 하는 시간을 가진 것이 아니다. 의미상 주어가 '사람들'임을 알 수 있고 생략된 주어인 '사람들'이 평온한 시간을 가진 것이다. 따라서 '봄나물 캐기 체험'에 조사 '-은'은 어울리지 않는다. '평온하게'를 수식할 수 있는 부사어로 만들어 주어야 한

다. 또한 '지쳤다'도 특정한 공간에서 생활이 힘들다는 뜻이므로 앞 단어에 처격조사를 붙이는 것이 자연스럽다.

■ **수정** 대나무골 담양의 아름다운 주변 경관을 구경하고 쑥, 미나리, 달래, 냉이 등 봄나물 캐기 체험으로 도시생활에 지친 몸과 마음을 잠시나마 평온하게 하는 시간을 가졌다.

원문 양국은 한국의 농수산물, 중국의 자동차·철강 등 서로 민감 품목을 일부 제외하는데 의견을 접근했다.

〈쿠키뉴스〉, 2007. 4. 6, (경제) 「몸달은 중국 FTA체결 촉구 … 파급효과 어떨까」

■ **분석** '접근'에 '-하다'가 붙으면 자동사가 되므로 '의견'에 조사 '-을/-를'을 쓸 수 없다. 조사 '-에'를 써야 한다. 또한 의견의 내용이 한국과 중국 간에 민감 품목을 제외하는 것이므로 '제외하는데'를 '의견'을 수식하는 형태로 바꾸어야 한다.

■ **수정** 양국은 한국의 농수산물, 중국의 자동차·철강 등 서로 민감 품목을 일부 제외하는 의견에 접근했다.

원문 야자수 모양의 인공섬 건설 프로젝트인 '팜 주마이라'의 경우 야자수 기둥을 이루는 지역의 고급 아파트가 최근 입주를 시작됐다.

〈중앙일보〉, 2007. 4. 9, (경제) 「한국 건설기술, 두바이 스카이라인 바꾼다」

■ **분석** 서술어 '시작됐다'의 주체가 '입주'이므로 대격 대신 주격조사를 결합

해야 한다. 또한 '아파트'는 입주하는 공간이므로 처격조사를 붙이는 것이 자연스럽다.

■ **수정** 야자수 모양의 인공섬 건설 프로젝트인 '팜 주마이라'의 경우 야자수 기둥을 이루는 지역의 고급 아파트에 최근 입주가 시작됐다.

원문 이날 4타수 2안타와 3타점을 쓸어 담은 이승엽은 시즌 타율도 0.370으로 껑충 뛰었다.

〈중앙일보〉, 2007. 4. 7, (스포츠) 「3점포 터졌다, 이승엽 … 시즌 2호에 2루타 펄펄」

■ **분석** '타율'에 '-도'라는 조사를 연결함으로써 껑충 뛴 것이 이승엽과 시즌 타율이 되어 버렸다. 특수조사 '-은'을 써 문맥상 타율이 올라간 것으로 해야 정확한 문장이 된다. 또한 올라간 타율이 '이승엽'의 것이므로 '이승엽'에 주격조사가 아닌 속격조사를 붙여야 한다.

■ **수정** 이날 4타수 2안타와 3타점을 쓸어 담은 이승엽의 시즌 타율은 0.370으로 껑충 뛰었다.

원문 그녀는 핸드백을 뺏기고 분해서 발작이라도 일으킨 듯 울고불고 헉헉거리고, 허리는 굽을 대로 굽어져 있었다.

〈내가 너를 사랑한 도시〉, 2007, 지식의 날개, 윌리엄 케네디 지음, 장영희 옮김, 103쪽, 16–17째 줄

■ **분석** 핸드백을 뺏긴 것이 '분한' 것의 원인이다. 따라서 '뺏기다'가 '분해서'의 주체가 될 수 있게 만들어야 한다. '뺏기다' 자체가 주어 역할

을 할 수 없으므로 '뺏긴 것'에 주격조사 '-이'를 붙여 주어로 만든다. 이것을 더 줄이면 '뺏긴 게' 형태가 된다.

■ **수정** 그녀는 핸드백을 뺏긴 게 분해서 발작이라도 일으킨 듯 울고불고 헉헉거리고, 허리는 굽을 대로 굽어져 있었다.

원문 번 돈의 70%를 치즈 등 식재료를 사서 요리 실력을 연마했다.

〈조선일보〉, 2007. 4. 10, (경제) 「'한국인 손맛' 세계를 주무른다」

■ **분석** '-(으)로 ~을 사다'로 써야 올바른 문장이 된다. 조사 '-를'을 어떤 일의 수단 · 도구를 나타내는 조사 '-(으)로'로 바꿔 주자.

■ **수정** 번 돈의 70%로 치즈 등 식재료를 사서 요리 실력을 연마했다.

원문 이해찬식 표현을 빌리자면 정치인들은 애국애족의 구호들은 죄다 거짓말이요, 사기집단인 셈이다.

〈중앙일보〉, 2007. 4. 10, (정치) 「정치인도 수입하자」

■ **분석** 위 문장대로 하면 '정치인들은 ~ 거짓말이다'는 이상한 의미가 되어 버린다. 애국애족의 구호가 정치인들이 하는 것이므로 주격조사를 써야 자연스러운 문장이 된다. 서술어 '말하는'을 넣으면 한결 의미가 분명해진다. 또한 무엇이 사기 집단인지 생략된 주체를 밝혀 주는 것이 좋다.

■ **수정** 이해찬식 표현을 빌리자면 정치인들의 말하는 애국애족의 구호들은 죄다 거짓말이요, 정치인들은 사기집단인 셈이다.

원문 또 혹자는 한미 FTA를 서구 열강이 조선을 식민지로 만들기 위해 혈안이 되어 각축했던 구한말의 '통상'과 비유하기도 한다.

〈서울신문〉, 2007. 4. 4, (사설 · 오피니언) 「한 · 미 FTA, 그 문화인류학적 의미」

■ **분석** '비유하다'는 조사 '-에'와 함께 쓰여야 자연스럽다.

■ **수정** 또 혹자는 한미 FTA를 서구 열강이 조선을 식민지로 만들기 위해 혈안이 되어 각축했던 구한말의 '통상'에 비유하기도 한다.

원문 남성형 탈모증은 남자에서만 발생하는 것으로 잘못 알려져 있으나 여자에서도 발생하며 그 양상은 남자와 여자가 다르지만, 발생하는 기전은 같다.

〈건강 소식〉, 2007. 4, 한국건강관리협회, 「탈모 … 넌 누구냐?」

■ **분석** 발생하는 주체가 사람일 때는 처격조사 '-에게서'를 써야 한다.

■ **수정** 남성형 탈모증은 남자에게서만 발생하는 것으로 잘못 알려져 있으나 여자에게서도 발생하며 그 양상은 남자와 여자가 다르지만, 발생하는 기전은 같다.

원문 대통령이 공개 석상에서 한-미 자유무역협정 피해를 우려하는 국무의원들의 문제 제기를 정면으로 반박한 데 대해선, 합리적인 대책 마련하자는 토론에서 의견이 가로막히는 게 아니냐는 지적이 나온다.

〈한겨레〉, 2007. 4. 13, (정치)「'개방안하고 살 수 있습니까' 대통령이 노가다도 아니고 …」

■ **분석** 서술어 '마련하자'는 타동사이기 때문에 목적어를 필요로 한다. 따라서 '대책'에 조사 '-을'을 붙이는 것이 자연스럽다.

■ **수정** 대통령이 공개 석상에서 한-미 자유무역협정 피해를 우려하는 국무의원들의 문제 제기를 정면으로 반박한 데 대해선, 합리적인 대책을 마련하자는 토론에서 의견이 가로막히는 게 아니냐는 지적이 나온다.

원문 그밖에 허위진료기록부 작성 금지 조항은 '허위'라는 단어를 '고의로 사실과 다르게'로 완화했고 의료인 윤리위원회 구성을 복지부령을 정하기로 했던 것에서 자율적으로 구성하도록 변경했다.

〈이데일리〉, 2007. 4. 11, (사회)「의료법 개정안 '후퇴' 의료계 요구 대폭 반영」

■ **분석** '정하다'라는 서술어는 '-(으)로'라는 조사 뒤에 와야 자연스럽다. 대격조사를 쓰는 타동사가 아니기 때문이다.

■ **수정** 그 밖에 허위진료기록부 작성 금지 조항은 '허위'라는 단어를 '고의로 사실과 다르게' 완화했고 의료인 윤리위원회 구성을 복지부령으로 정하기로 했던 것에서 자율적으로 구성하도록 변경했다.

원문 에너지를 97% 수입에 의존하고 있는 한국이 북한에 전력지원을 제안할 정도로 여유가 있게 된 것은 원자력발전 덕분이다.

〈주간조선〉, 2007. 3. 6, 「IT/과학, '원자력발전'」

■ **분석** 문장대로 하면 에너지가 수입량의 97%인 것처럼 해석될 수 있다. 문맥은 총 에너지의 97%가 수입에 의지한다는 뜻이다. 조사를 올바르게 사용하지 못한 결과이다. '에너지'에 속격조사를 붙여 주어야 한다.

■ **수정** 에너지의 97%를 수입에 의존하고 있는 한국이 북한에 전력지원을 제안할 정도로 여유가 생긴 것은 원자력발전 덕분이다.

원문 변방이며 경계인 그 곳에는 디즈니랜드 같은 테마공원, 왕자님과 공주님이 사는 으리으리한 성이나 대저택도 없다.

〈중앙일보〉, 2007. 4. 14, (문화) 「정이현의 새콤달콤 책읽기」

■ **분석** 서술어가 '~도 없다'로 끝나므로 앞의 '테마공원'에도 '-도'라는 조사를 사용해 주어야 균형이 맞는다.

■ **수정** 변방이며 경계인 그 곳에는 디즈니랜드 같은 테마공원도, 왕자님과 공주님이 사는 으리으리한 성이나 대저택도 없다.

원문 양측은 또 한·중 FTA와 관련해 한·중 FTA 산관학 공동연구가 최근 순조롭게 시작된 것을 평가하고 양국이 윈-윈 할 수 있는 방안을 도출할 수 있기를 기대한다고 밝혔다.

〈노컷뉴스〉, 2007. 4. 10, (정치) 「韓, 中에 국내기업 3세대 이통 진출 협조요청」

■ **분석** 예문의 뜻은 한·중 FTA 산관학 공동연구가 순조롭게 시작되어 양국이 상생(相生)할 수 있는 방안이 도출되길 기대한다는 것이다. 그런데 문장대로 하면 양측이(한, 중) 공동연구에 대한 평가도 하고 방안도 도출해야 하는 것으로 해석된다. 조사가 잘못 쓰여 의미 전달이 잘못되었다.

■ **수정** 양측은 또 한·중 FTA와 관련해 한·중 FTA 산관학 공동연구가 최근 순조롭게 시작된 것으로 평가하고 양국이 상생(相生)할 수 있는 방안을 도출할 수 있기를 기대한다고 밝혔다.

원문 치매 노인이 가만히 계시는 중풍 노인을 느닷없이 뺨을 때리기도 하고, 직원을 때리는 경우도 있다.

〈오마이뉴스〉, 2007. 2. 24, (생활/문화) 「어머니를 노인요양시설에 모신다고?」

■ **분석** '뺨'이 신체의 일부분이므로 대격조사보다 속격조사를 써야 한다. 또한 '느닷없이'는 부사어이므로 서술어 '때리기도' 앞에 와야 한다.

■ **수정** 치매 노인이 가만히 계시는 중풍 노인의 뺨을 느닷없이 때리기도 하고, 직원을 때리는 경우도 있다.

원문 플라톤의 〈공화국〉에 보면 종래의 사회적 명령을 열심히 복종하는 노인이 나온다.

〈새내기 대학생을 위한 가이드 북〉, 2006, 유원, 가와이 에이지로 지음, 이은미 옮김, 108쪽, 20-22째 줄

■ **분석** '보다'라는 서술어는 앞에 '-을' 이라는 대격조사를 필요로 한다. 또

한 여기서 '사회적 명령'은 노인이 '복종'하는 기준 대상이다. 앞말이 어떤 움직임을 일으키게 하는 대상의 부사어임을 나타내는 격조사는 '-에'이다.

■ **수정** 플라톤의 〈공화국〉을 보면 종래의 사회적 명령에 열심히 복종하는 노인이 나온다.

원문 경기고등학교에 재학 중이며 쇼트트랙 선수로도 유명한 그는 이국적이면서도 남성적인 매력으로 아버지를 능가하는 카리스마로 눈길을 사로잡고 있다.

〈Focus〉, 2007. 4. 3, (엔터테인먼트면) 「아빠보다 더 인기 많아요」

■ **분석** 그가 다른 사람의 '눈길을 사로잡고 있는' 요인은 두 가지이다. 이국적이면서도 남성적인 매력, 아버지를 능가하는 카리스마, 두 가지 요인을 연결하는 조사는 첨가 및 병렬의 기능을 가진 공동격조사 '-와/과'이다.

■ **수정** 경기고등학교에 재학 중이며 쇼트트랙 선수로도 유명한 그는 이국적이면서도 남성적인 매력과 아버지를 능가하는 카리스마로 눈길을 사로잡고 있다.

원문 위안부 모집은 점령지에 병사들이 강간과 폭행을 일삼아 반일감정이 고조된 데 따른 자구책으로 일본군의 요청으로 시작됐다.

〈경향신문〉, 2007. 4. 16, (세계) 「위안부 강제동원, 日법원도 '軍 · 정부 개입' 인정」

■ **분석** 강간과 폭행의 대상은 점령지가 아니라 점령지의 여성들이다. 장소를 말하려면 처격조사 '-에서'를 써야 한다. 또한 '-으로'의 반복 사

용으로 문장이 매끄럽지 못하다. '일본군'을 주어로 고쳐 주고 '요청'을 그에 따른 서술어로 만들어 주면 자연스러운 문장이 된다.

■ **수정** 위안부 모집은 점령지에서 병사들이 강간과 폭행을 일삼아 반일감정이 고조된 데 따른 자구책으로 일본군의 요청하여 시작됐다.

원문 "퍼거슨이 똑똑하고 성공한 감독이지만 다른 사람들이 멍청하다고 생각한다면 그것은 좋은 인성이 아니다."라며 퍼거슨에 직격탄을 날렸다.

〈스포탈코리아〉, 2007. 4. 9, (스포츠) 「무리뉴의 반격, '맨유, 운 좋은 줄 알라'」

■ **분석** 문장만으로 보면 다른 사람들이 멍청하다고 생각하는 사람이 퍼거슨인 것 같다. 그러나 그렇게 이해하면 퍼거슨이 똑똑하다는 앞의 내용과 모순이 된다. 뒷부분의 '좋은 인성이 아니다'로 미루어 퍼거슨이 다른 사람들을 멍청하다고 생각함을 알 수 있다. 따라서 밑줄 친 문장의 생략된 주어를 퍼거슨으로 보고 '다른 사람들'을 목적어로 만들어 주면 의미 전달에 어려움이 없다.

■ **수정** "퍼거슨이 똑똑하고 성공한 감독이지만 (그가) 다른 사람들을 멍청하다고 생각한다면 그것은 좋은 인성이 아니다."라며 퍼거슨에 직격탄을 날렸다.

원문 우리 학교 박물관(관장: 송재소 교수·한문)은 12월 19일까지 '경주 신라 유적의 어제와 오늘–석굴암·불국사·남산' 특별전을 연다.

〈성대신문〉, 2007. 10. 8, 「성균관 박물관에서 느끼는 신라의 숨결」

■ **분석** 조사를 잘못 사용하여 문장의 의미가 이상하게 되었다. 박물관이 특별전을 여는 것이 아니라 그 곳에서 특별전이 열리는 것이므로 주격조사 대신 처격조사를 써야 한다. 또한 '특별전'은 '여는 것'이 아니라 누군가에 의해 '열리는 것'이다. '특별전'을 주어로 만들고 서술어 '연다'를 피동형으로 만드는 것이 좋다.

■ **수정** 우리 학교 박물관(관장: 송재소 교수·한문)<u>에서</u> 12월 19일까지 '경주 신라 유적의 어제와 오늘–석굴암·불국사·남산' 특별전이 열린다.

원문 국정원이 남북 대화 심부름을 한 시초는 박정희 정권에서 이후락 중앙정보부장이 평양에서 7·4 공동 성명을 만들어낸 것이다.

〈조선일보〉, 2007. 9. 22, (정치) 「이러려면 국정원은 국가안보업무에서 손을 떼라」

■ **분석** '–에서'가 두 번 반복되어 어색한 느낌을 준다. '정권'이 '박정희' 시대에 속하는 것이므로 '정권'에 속격조사를 붙이는 것이 좋다.

■ **수정** 국정원이 남북 대화 심부름을 한 시초는 박정희 정권<u>의</u> 이후락 중앙정보부장이 평양에서 7·4 공동 성명을 만들어낸 것이다.

원문 하지만 ㄱ교수는 논문표절을 인정하지 않으면서 다른 법대 교수들과 논쟁이 벌어졌다.

〈경향신문〉, 2007. 10. 10, (사회) 「논문표절 의혹 서울대 교수 스스로 강단 떠나」

■ **분석** 앞에 이미 문장의 주어가 나와 있음으로 '논쟁'을 또 다시 주어로 삼는 것은 자연스럽지 못하다. 서술어인 '벌어졌다'를 '벌이다'로 고쳐서 '논쟁'을 목적어로 만들면 한결 자연스러운 문장이 된다.

■ **수정** 하지만 ㄱ교수는 논문표절을 인정하지 않으면서 다른 법대 교수들과 논쟁을 벌였다.

원문 동영상 포털인 판도라TV의 '동영상 UCC 대전' 사이트가 지난 한 달간 대선주자 영상 개인 채널의 방문자 수를 13일 집계한 결과 손 전 지사의 개인 채널이 가장 붐볐다.

〈중앙일보〉, 2007. 4. 14, (종합) 「코털뽑자 '깜짝이야' 손학규 UCC가 가장 인기」

■ **분석** 예문에서 '집계하다'와 연결되는 주어는 '사이트'이다. 그러나 집계하는 것의 주체가 '사이트'가 될 수 없다. '사이트'는 사람이 아니기 때문이다.

■ **수정** 동영상 포털인 판도라TV의 '동영상 UCC 대전' 사이트<u>에서</u> 지난 한 달간 대선주자 동영상 개인 채널의 방문자 수를 13일 집계한 결과 손 전 지사의 개인 채널이 가장 붐볐다.

원문 이는 양국 관계 발전의 중요한 기초로서, 민족과 영토의 변천사 연구는 마땅히 학술과 정치를 구분하는 원칙에 따라 적절하게 처리해야 한다.

〈중앙일보〉, 2007. 4. 6, (경제) 「한 · 중 FTA 빨리 체결 희망」

■ **분석** '연구'가 어떤 일을 '처리하다'라는 행위를 할 수는 없다. 또한 능동형의 서술어를 사용하기 위해서 '연구'를 목적어로 바꾸어야 한다.

■ **수정** 이는 양국 관계 발전의 중요한 기초로서, 민족과 영토의 변천사 연구를 마땅히 학술과 정치를 구분하는 원칙에 따라 적절하게 처리해야 한다.

원문 이곳에는 약용식물원, 비비추원, 원추리원, … 모란작약원, 구근원 등 33개의 다양한 테마공원으로 꾸며졌다.

〈노컷뉴스〉, 2007. 4. 15, (생활/문화) 「동양 최대 용인 한택식물원에서 봄꽃 축제 만끽해볼까」

■ **분석** '이곳에는 ~ 꾸며졌다'는 표현이 자연스럽지 못하다. 술어와 어울리기 위해서는 '이곳'에 처격조사를 붙이면 안 된다.

■ **수정** 이곳은 약용식물원, 비비추원, 원추리원, … 모란작약원, 구근원 등 33개의 다양한 테마공원으로 꾸며졌다.

호응 관계

원문 그 날 난 군고구마를 먹으며 어린 날의 추억이 살며시 떠올랐다.

〈대학경제신문〉, 2006. 10. 1, 제77호, 캠퍼스, (31면) 「00의 中 교환학생일기1」

■ **분석** 주어와 서술어만 연결하면 '난 ~ 떠올랐다'가 된다. 예문에서 말하고자 하는 것은 '추억'이 떠올랐다는 것이다. 따라서 주어와 서술어의 호응이 잘못되었음을 알 수 있다. 대격조사로 바꾸고 서술어도 그에 맞게 바꾸어야 한다.

■ **수정** 그 날 난 군고구마를 먹으며 어린 날의 추억을 살며시 떠올렸다.

원문 그 당시 우리 성대신문 기자들은 여러 가지 열악한 여건 아래에서 몇 사람 되지 않는 인원이, 다만 정열 하나만 가지고 밤새워 신문 제작에 몰두하던 일이 마치 엊그제 일만 같다.

〈성대신문〉, 2006. 9. 11, 2면, 1400호 (기념축사)

■ **분석** 주어 '기자들'과 서술어 '엊그제 일만 같다'는 서로 호응하지 않는다. 주어와 술어가 호응하고 문맥도 자연스럽게 되기 위해선 두 개의 문장으로 끊어주는 것이 좋다.

■ **수정** 그 당시 우리 성대신문 기자들은 여러 가지 열악한 여건 아래에서 몇 사람 되지 않는 인원이, 다만 정열 하나만 가지고 밤새워 신문 제작에 몰두했었다. 그 일이 마치 엊그제 일만 같다.

원문 일자리 창출은 기업의 투자 확대가 가장 확실한 방법이다.

〈문화일보〉, 2006. 9. 30, (사설) 「15만, 청년 취업대란의 실상」

■ **분석** '창출은 ~ 방법이다'의 문장 호응이 자연스럽지 않다. 문맥상 '창출'이 주어가 되어서는 안 된다. '창출'은 목적의 의미를 지니게 하고 '투자 확대'가 실제 주어가 되게 하면 자연스러운 문장이 된다.

■ **수정** 일자리 창출을 위해서는 기업의 투자 확대가 가장 확실한 방법이다.

원문 자본주의의 특징은 이윤 추구의 동기를 기반으로 하여 자유 활동과 개인 소유를 보장해주는 이념이다.

〈N세대를 위한 유교철학 에세이〉, 2006. 3월, 성균관대학교 유학주임교수실 편저

■ **분석** 주어인 '자본주의의 특징'과 서술어인 '이념이다'가 서로 호응하지 않는다. 이미 자본주의 자체가 이념이기 때문이다. '자본주의의 특징은'을 '자본주의는'으로 바꾸는 것이 맞다.

■ **수정** 자본주의는 이윤 추구의 동기를 기반으로 하여 자유 활동과 개인 소유를 보장해 주는 이념이다.

원문 눈부신 섬광과 푸른빛을 차단하는 렌즈는 콘트라스트를 높여서 날아가는 볼을 볼 수 있으며, 심지어 그린의 언듈레이션도 파악할 수 있다.

〈GOLF FOR WOMEN〉, 2006. 9월호, 50쪽

■ **분석** '렌즈'는 무생물체임으로 무엇을 보거나 파악할 수 있는 주체가 될 수 없다. 사람들이 볼 수 있고, 파악할 수 있는 것이다. 서술어인 '볼 수 있으며', '파악할 수 있다'를 주어인 '렌즈'와 어울리게 고쳐야 한다.

■ **수정** 눈부신 섬광과 푸른빛을 차단하는 렌즈는 콘트라스트를 높여서 날아가는 볼을 볼 수 있게 해 주며, 심지어 그린의 언듈레이션도 파악할 수 있게 해 준다.

원문 결국 크리스털 펩시는 출시 1년 만에 생산을 중단해야 했다.

〈Maxim〉, DMZ Media 2006. 9월, 제47호 「Good Idea!! 기발한 마케팅 사례 20」

■ **분석** 문맥상 '크리스털 펩시'는 행위의 주체가 아니고 대상이 되는 것이다. 그런데 '크리스털 펩시'가 주어 위치에 놓임으로써 서술어와 호응을 이루지 못하는 문장이 되고 말았다. 중단하는 것이 '펩시의 생산'이므로 '생산'을 '펩시' 뒤로 옮기는 것이 좋다.

■ **수정** 결국 크리스털 펩시의 생산을 출시 1년 만에 중단해야 했다.

원문 스크린 쿼터는 상업영화계뿐 아니라 가뜩이나 좁은 시장을 가진 독립영화계에도 엄청난 타격이다.

〈성대신문〉, 2006. 7. 10, 「스크린 쿼터제 …」

■ **분석** 문장이 쓰인 대로 이해하면 스크린 쿼터 자체가 타격이라는 뜻이 된다. 그런데 문장의 의미는 '타격을 준다'는 것을 전달하려는 것이다. 이럴 때는 '타격을 주는'의 주체가 스크린 쿼터로 되는 것이 자연스럽다.

■ **수정** 스크린 쿼터는 상업영화계뿐 아니라 가뜩이나 좁은 시장을 가진 독립영화계에도 엄청난 <u>타격을 준다</u>.

원문 현행법은 포획금지대상 야생동식물을 허가 없이 포획할 경우 2년 이하의 징역 또는 1천만 원 이하의 벌금에 처하고 있다.

〈CBS 노컷뉴스〉, 2006. 10. 5, 「성묘 가서 개구리 · 잠자리 함부로 잡다 큰일 납니다」

■ **분석** 주어 '현행법은' 무엇을 처벌할 수 있는 인격체가 아니다. 처벌할 수 있는 규정이 기록된 법규일 뿐이다. 따라서 규정이 있다는 의미로 서술어를 고쳐야 주어와의 호응이 자연스럽다.

■ **수정** 현행법은 포획금지대상 야생동식물을 허가 없이 포획할 경우 2년 이하의 징역 또는 1천만 원 이하의 벌금에 <u>처하도록 규정하고 있다</u>.

원문 커피가 체중 조절에 효과가 있다는 근거가 되는 두 번째 가설은 카페인은 식욕을 억제할 수 있다고 알려져 있기 때문이다.

〈성균웹진〉, 2006. 9. 18, (의학상식) 「카페인과 체중 조절」

▪ **분석** 주어 '가설은'과 서술어 '알려져 있기 때문이다'는 잘 어울리지 않는다. 이럴 땐 '~라는 것이다'를 서술어로 사용하는 것이 문장을 더 매끄럽게 만든다. 또한 '--은'이라는 조사가 연거푸 나오고 '카페인'에 술어 '할 수 있다고'를 연결하여 어색한 문장이 되었다. '카페인'의 조사를 다른 것으로 바꾸고 그에 따라 술어도 바꿔 주는 것이 좋다.

▪ **수정** 커피가 체중 조절에 효과가 있다는 근거가 되는 두 번째 가설은 카페인이 식욕을 억제한다는 것이다.

원문 미국은 동맹 및 파트너들과 협력해 북한이 이런 무모한 행동을 하지 않도록 노력할 것이며, 동맹국들의 안보를 위한 공약을 재확인한다.

〈조선일보〉, 2006. 10. 5, (정치) 「日, 추가 제재 검토 … 中 '대화로 평화적 해결'」

▪ **분석** '노력할 것이며'에 맞추어 서술형도 미래형인 '재확인할 것이다'로 바꾸어야 한다.

▪ **수정** 미국은 동맹 및 파트너들과 협력해 북한이 이런 무모한 행동을 하지 않도록 노력할 것이며, 동맹국들의 안보를 위한 공약을 재확인할 것이다.

원문 현대자동차의 신형 싼타페가 '2007년 올해의 차' SUV 부문 최종후보 명단에 이름을 올렸다.

〈매일경제〉, 2006. 9. 29, (경제) 「현대차 싼타페 美 '올해의 차' 최종 후보 선정」

■ **분석** '싼타페'는 무엇을 올릴 수 있는 생물체가 아니다. 누군가에 의해 그 자신의 이름이 올려질 수 있을 뿐이다. 따라서 서술어를 고쳐야 한다.

■ **수정** 현대자동차의 신형 싼타페가 '2007년 올해의 차' SUV 부문 최종후보 명단에 올랐다.

원문 5일밖에 되지 않는 변경 기간 중 이틀 동안 학교 홈페이지에 로그인조차 안 됐고 GLS에 접속해도 페이지가 오류가 되거나 로그인을 한 상태에서 다시 로그인을 하라고 하는 등 많은 문제가 발생했었다.

〈성대신문〉, 2006. 9. 11 (여름/칼럼면) 「수강신청, 이건 아니잖아」

■ **분석** 서술어 '되거나'의 주체가 될 수 있는 것은 '오류'이지 페이지가 아니다. 그럼에도 페이지에 주격조사를 사용함으로써 어색한 주술구조를 만들고 있다. 또한 '오류가 된다'는 주어와 서술어로서 호응이 자연스럽지 못하다. 서술어도 '했다'로 쓰도록 한다.

■ **수정** 5일밖에 되지 않는 변경 기간 중 이틀 동안 학교 홈페이지에 로그인조차 안 됐고 GLS에 접속해도 페이지에 오류가 생기거나 로그인을 한 상태에서 다시 로그인을 하라고 하는 등 많은 문제가 발생했다.

원문 바른 분만은 특정 분만법을 선택하는 것이 아니라 산모와 태아가 느끼는 자극을 최소화시키고, 두려움 없이 출산하는 것입니다.

〈내일신문〉, 2006. 9. 28, 분당 차병원 광고문

■ **분석** 서술어 '출산하는 것입니다'의 주어는 '바른 분만'이 아니다. 출산하는 것이 분만의 개념은 될 수 있어도 그 자체가 출산을 할 수는 없기 때문이다. 서술어를 고쳐 주어와 자연스럽게 호응하도록 만들어야 한다.

■ **수정** 바른 분만은 특정 분만법을 선택하는 것이 아니라 산모와 태아가 느끼는 자극을 최소화시키고, 두려움 없이 <u>출산하게 하는 것입니다</u>.

원문 업계에 따르면 대우건설 채권자인 자산관리 공사와 우선협상 대상자로 선정된 금호아시아나 그룹이 최종 매각 대금을 놓고 의견차를 좁히지 못하고 있다.

〈매일경제〉, 2006. 9. 29, (경제)「대우건설 가격협상 난항 … 매각일정 지연 불가피」

■ **분석** '~(에) 따르면'이라는 형태는 '~(라)고 한다'와 어울려야 한다.

■ **수정** 업계에 따르면 대우건설 채권자인 자산관리 공사와 우선협상 대상자로 선정된 금호아시아나 그룹이 최종 매각 대금을 놓고 의견차를 좁히지 <u>못하고 있다고 한다</u>.

원문 물론 개인 개인에게도 똑같은 진리가 적용된다. 왜냐하면 어느 누구도 그리스도 없이는 완전해질 수 없다.

〈예수의 유일성〉, 2006, 순출판사, 전효심, 41쪽, 9째 줄

■ **분석** '왜 그런가 하면'의 뜻을 지닌 접속부사 '왜냐하면'은 '~때문이다'와 호응을 해야 자연스럽다.

■ **수정** 물론 개인 개인에게도 똑같은 진리가 적용된다. 왜냐하면 어느 누구도 그리스도 없이는 완전해질 수 없기 때문이다.

원문 이번 공사는 아시아 지역 32개국을 연결하는 아시안 하이웨이의 몽골 프로젝트인 밀레니엄 도로 176.4km를 건설하게 된다.

〈AM7〉, 2007. 4. 9, (경제) 「한신공영 몽골 고속도로 공사 체결」

■ **분석** 주어인 '공사'와 서술어인 '된다'는 호응이 적절치 못하다. '공사'가 무엇을 건설할 수는 없기 때문이다.

■ **수정** 이번 공사는 아시아 지역 32개국을 연결하는 아시안 하이웨이의 몽골 프로젝트인 밀레니엄 도로 176.4km를 건설하는 것이다.

원문 경찰에 따르면 김씨는 6일 오후 4시 30분께 김포공항을 출발해 김해공항으로 가던 대한항공 비행기 안에서 승무원의 제지를 무시하고 휴대전화로 통화한 혐의다.

〈연합뉴스〉, 2007. 4. 7, (사회) 「기내 휴대전화 통화 승객 입건」

■ **분석** '~에 따르면'은 '~라고 한다'는 서술어와 어울려야 한다. 예문에서는 '혐의다'로 쓰여 주어와 호응을 이루지 못하고 있다.

■ **수정** 경찰에 따르면 김씨는 6일 오후 4시 30분께 김포공항을 출발해 김해공항으로 가던 대한항공 비행기 안에서 승무원의 제지를 무시하고 휴대전화로 통화한 혐의라고 한다.

원문 노 대통령의 이같은 발언들은 국회비준을 위해선 반대론 극복이 급선무라고 생각했기 때문이다.

〈중앙일보〉, 2007. 4. 3, (정치) 「노 대통령 '집념의 리더십' 드라마는 끝나지 않았다」

■ **분석** 서술어 '~이기 때문이다'는 그에 합당한 '이유'가 주어가 될 때 자연스럽다. 그런데 주어가 이유를 나타내는 형태가 아니므로 서술어를 고쳐 주어와 호응을 이루게 해야 한다.

■ **수정** 노 대통령의 이같은 발언들은 국회비준을 위해선 반대론 극복이 급선무라고 생각했기 때문에 나온 것이다.

원문 파문이 확산되자 병원은 진료비와 장례비를 포함해 일정 금액을 위로금으로 지급키로 했으며, 유족은 국과수 부검결과가 나올 때까지 농성을 중단하고 인터넷에 올린 동영상을 삭제하기로 양측이 합의했다.

〈내일신문〉, 2007. 4. 11, (사회) 「부천 여중생 의료사고 논란 지속」

■ **분석** '양측이 합의했다'는 '유족은'이라는 주어에 걸린 서술어로 보아야 한다. 그렇게 보면 둘 사이의 호응이 자연스럽지 못하다. 서술부를 문맥에 맞게 수정해야 한다.

■ **수정** 파문이 확산되자 병원은 진료비와 장례비를 포함해 일정 금액을 위로금으로 지급키로 했으며, 유족은 국과수 부검결과가 나올 때까지 농성을 중단하고 인터넷에 올린 동영상을 삭제하기로 병원 측과 합의했다.

원문 12일 인천 송도동 일대 중개업소에 따르면 오피스텔의 프리미엄을 묻는 문의전화만 간간히 이어질 뿐 매매를 하겠다거나 분양권을 사겠다는 사람은 거의 없었다.

〈연합뉴스〉, 2007. 4. 12, (경제) 「송도 오피스텔, 단속 무서워 분위기 차분」

■ **분석** 인용을 뜻하는 '~에 따르면'은 뒤에 '-라고(직접 인용)'나 '-고(간접 인용)' 등이 연결되어야 호응관계가 자연스럽다.

■ **수정** 12일 인천 송도동 일대 중개업소에 따르면 오피스텔의 프리미엄을 묻는 문의전화만 간간히 이어질 뿐 매매를 하겠다거나 분양권을 사겠다는 사람은 거의 <u>없었다고 한다</u>.

원문 모의 면접 상황을 설정하였을 때 구직자들의 깔끔한 외모가 직업적인 자질보다 더 호의적인 고용 결정을 받아냈다는 연구 결과가 나타났다.

〈설득의 심리학〉, 2006, 21세기북스, 로버트 치알디니 지음, 이현우 옮김, 245쪽, 15-18째 줄

■ **분석** 주어 '외모가'와 서술어 '받아냈다'는 호응관계가 적절하지 않다. 무생물체인 '외모'가 무엇을 받을 수는 없기 때문이다. '호의적인 고용 결정'을 이끌어내는데 영향을 끼친다는 뜻의 서술어로 바꾸어야 한다.

■ **수정** 모의 면접 상황을 설정하였을 때 구직자들의 깔끔한 외모가 직업적인 자질보다 더 호의적인 고용 결정을 <u>받아내는데 영향을 준다는</u> 연구 결과가 나타났다.

원문 영화는 끊임없이 뭔가를 중얼거리는 블레이크(마이클 피트 분)가 숲 속을 헤매는 장면으로 시작한다.

〈헤럴드 경제〉, 2007. 4. 7, (생생뉴스) 「영상으로 만나는 코베인」

■ **분석** 영화가 스스로 시작할 수는 없으므로 '시작한다'를 피동형으로 바꾸는 것이 좋다.

■ **수정** 영화는 끊임없이 뭔가를 중얼거리는 블레이크(마이클 피트 분)가 숲 속을 헤매는 장면으로 시작된다.

원문 나아가 저작권은 생물이 숨을 쉬기 위해 필요한 공기와 같은 존재라는 사회적 인식이 확산되도록 우리 모두가 노력하기를 바란다.

〈저작권문화〉, 2007. 3, 저작권심의조정위원회, 29쪽 「아는 것이 힘」

■ **분석** '우리 모두가 노력하기를 바란다'는 표현은 어색하고 부적절하다. 서술어를 수정해서 주어와 호응을 이루게 해야 한다.

■ **수정** 나아가 저작권은 생물이 숨을 쉬기 위해 필요한 공기와 같은 존재라는 사회적 인식이 확산되도록 우리 모두가 노력해야 한다.

원문 가장 큰 문제점은 아동안전 관련업무가 무려 13개 부처에 분산돼 있는데다 협조가 이뤄지지 않고, 통계도 제각각이어서 혼란만 주고 있기 때문이다.

〈더불어 사는 사회〉, 4월호, 94면, 「'어린이 위험국' 오명, 언제 씻을까」

■ **분석** '문제점은'이라는 주어와 '~이기 때문이다'는 서술어의 호응이 적절하지 않다. 서술어를 '~라는 것이다'로 고쳐야 한다.

■ **수정** 가장 큰 문제점은 아동안전 관련업무가 무려 13개 부처에 분산돼 있는데다 협조가 이뤄지지 않고, 통계도 제각각이어서 혼란만 주고 있다는 것이다.

원문 그 논들은 문자 그대로 고양이 이마만큼 작은 면적이었는데 이상한 점은 어떤 논이건 주위에 울짱을 치고 있었다.

〈팔묘촌〉, 2006, 시공사, 요코미조 세이시, 85쪽, 20-22째 줄

■ **분석** '이상한 점은'이라는 주어와 '울짱을 치고 있었다'는 서술어가 서로 호응하지 않는다. 예문의 주어는 서술어 '~라는 것이다'와 연결될 때 자연스럽다.

■ **수정** 그 논들은 문자 그대로 고양이 이마만큼 작은 면적이었는데 이상한 점은 어떤 논이건 주위에 울짱을 치고 있었다는 것이다.

원문 FTA에 대해 잘 알고 있지 못하는 시민을 위해 FTA 반대 의견을 알리려는 운동은 직접 시민들을 찾아가는 노력을 하고 있다.

〈성대신문〉, 2006. 9. 25, 「마로니에 공원에서 만난 괴물 –FTA 저지 운동을 다녀와서」

■ **분석** '운동'이 '노력을 하고 있다'는 표현은 자연스럽지 않다. 우리말에서는 무생물이 어떤 행위를 하는 주체로 나오는 것이 어색하다.

■ **수정** FTA에 대해 잘 알고 있지 못하는 시민을 위해 FTA 반대

의견을 알리려는 운동이 직접 시민들을 찾아가는 방식으로 행해지고 있다.

원문 CGV는 상하이 1호점(6개관)을 거점으로 중국 시장에 대한 노하우를 쌓은 뒤 주요 대도시 위주로 극장을 확대해 나간다는 전략이다.

〈중앙일보〉, 2007. 4. 3, (문화) 「'한국산 멀티플렉스' 대륙에 둥지 틀다」

■ **분석** 예문처럼 쓰면 'CGV' 자체가 전략이 되어 버린다. 문맥상 '전략을 세웠다'로 서술어를 바꾸는 것이 좋다.

■ **수정** CGV는 상하이 1호점(6개관)을 거점으로 중국 시장에 대한 노하우를 쌓은 뒤 주요 대도시 위주로 극장을 확대해 나간다는 전략을 세웠다.

원문 또 자식들을 키우면서 교육제도의 문제점을 폭넓게 알고 있었다.

〈중앙일보〉, 2007. 4. 14, (사회) 「3불 평준화 최대 피해자는 가난한 집 공부 잘하는 자식」

■ **분석** 서술의 주체가 '교육제도의 문제점'을 알게 된 것은 자식을 키우면서부터다. 예문처럼 하면 자식을 키우기 전에 이미 알고 있었다는 의미가 된다. 따라서 서술어를 '알게 되었다'로 고쳐 주어야 한다.

■ **수정** 또 자식들을 키우면서 교육제도의 문제점을 폭넓게 알게 되었다.

원문 하지만 이 단어를 안다고 '전적으로 확신한' 어떤 학생은 이 단어가 얇은 천으로 된 바지에서 무릎이 닳은 부분을 뜻한다는 생각이었다.

〈언어와 마음〉, 2006, 도서출판 역락, Jean Aitchison저, 홍우평 역, 23쪽, 11번째 줄

■ **분석** 예문처럼 쓰면 '학생'이 '생각' 자체가 되어 버린다. 학생이 어떤 생각을 가지고 있다는 뜻으로 서술어를 바꾸어야 한다.

■ **수정** 하지만 이 단어를 안다고 '전적으로 확신한' 어떤 학생은 이 단어가 얇은 천으로 된 바지에서 무릎이 닳은 부분을 뜻한다는 <u>생각을 하고 있었다</u>.

원문 명품업체들이 청소년들을 상대로 '짝퉁(명품 모조품) 근절 교육'에 본격 나서 화제다.

〈문화일보〉, 2007. 4. 10, (산업) 「짝퉁 쓰는 게 왜 나쁘냐면 …」

■ **분석** 명품업체 자체가 화제인 것이 아니다. 명품업체들이 '짝퉁 근절 교육' 캠페인을 한다는 사실이 화제이다. 서술어를 바꿔 주어와 호응을 이루게 하자.

■ **수정** 명품업체들이 청소년들을 상대로 '짝퉁(명품 모조품) 근절 교육'에 <u>본격적으로 나서 화제가 되고 있다</u>.

원문 이런 시설을 넣어달라고 결정되어 내려왔는데 소장님이 면사무소에 공중목욕탕을 짓자고 거꾸로 제안을 했어요.

〈한겨레21〉, 2007. 3. 27, 제652호, 64쪽, 「흙집을 지으리랏다」

■ **분석** 성분 간 연결이 자연스럽지 않아 의미 또한 정확하지 않다. '넣어달라'를 '결정'을 수식하는 관형사형으로 바꾸고 '결정'에 주격조사를 붙이는 것이 좋다.

■ **수정** 이런 시설을 넣어달라는 결정이 내려왔는데 소장님이 면사무소에 공중목욕탕을 짓자고 거꾸로 제안을 했어요.

원문 오늘 회견의 핵심은 노동당이 정권을 잡으면 민간 회사와 합작으로 초고속 인터넷망을 만들어 호주인들이 98%가 이용할 수 있도록 하겠다는 내용이었다.

〈연합뉴스〉, 2007. 3. 24, (국제-오세아니아) 「호주 의원, '이메일이 뭐야?'」

■ **분석** '핵심은 ~ 내용이었다'의 호응관계가 어색하다. 또한 안긴문장에서 '이용하다'의 주어는 98%인데 '호주인들'에게도 주격조사를 붙임으로써 어색한 문장이 되었다. 주어와 어울리게 서술어를 만들고 잘못 쓰인 조사도 바로 잡아 주어야 한다.

■ **수정** 오늘 회견의 핵심은 노동당이 정권을 잡으면 민간 회사와 합작으로 초고속 인터넷망을 만들어 호주인들의 98%가 이용할 수 있도록 하겠다는 것이다.

원문 1505년에 포르투갈 군대가 몸바사를 공격했다. 도시를 약탈하고 다수의 거주민이 학살당하고 문화유산이 파괴되었다.

〈이코노믹리뷰〉, 2007. 4. 12, (경제) 「몸바사 대반전」

■ **분석** 도시를 약탈한 주체(포르투갈 군대)와 학살을 당한 주체(몸바사의 거

주민)가 서로 다른데 '-고'라는 대등한 연결어미로 이어져 있어 부자연스럽다. 주어를 '포르투갈'로 일치시키고 '거주민'과 '문화유산'을 목적어로 만들면 주어와 서술어의 호응이 자연스러워진다.

■ **수정** 1505년에 포르투갈 군대가 몸바사를 공격했다. 도시를 약탈하고 다수의 거주민을 학살했으며 문화유산을 파괴하였다.

원문 김 씨가 미국인의 마음을 사로잡은 데는 1972년 도미(渡美)한 뒤 샌프란시스코 인근 대학에서 미국역사를 전공했기 때문에 가능했습니다.

〈조선일보〉, 2007. 4. 13, (경제) 「미국인 마음 휘어잡은 어느 한인 사업가」

■ **분석** 위 문장 '~데는 ~ 때문에 가능했다'는 문맥상 적절하지 않다. '~한 이유는 ~ 했기 때문이다'로 고쳐야 호응이 자연스럽다.

■ **수정** 김 씨가 미국인의 마음을 사로잡을 수 있었던 이유는(것은) 1972년 도미(渡美)한 뒤 샌프란시스코 인근 대학에서 미국역사를 전공했기 때문입니다.

원문 영국은 술을 마신 다음날 '개털(Hair of the Dog)'을 마신다.

〈서울신문〉, 2007. 4. 16, (사회) 「간밤의 알코올 잡는 우리의 속풀이법」

■ **분석** '영국'은 무엇인가를 마실 수 있는 생명체가 아니다. '영국인'으로 바꾸어 주면 자연스러운 문장이 된다.

■ **수정** 영국인들은 술을 마신 다음날 '개털(Hair of the Dog)'을 마신다.

원문 시내 거리는 지저분한 곳을 찾아보기 힘들고, 시민들의 차림새도 대체로 깔끔하다.

〈주간조선〉, 2007. 4. 10, (세계) 「남미의 모범국가 칠레의 오늘」

■ **분석** 거리를 찾아보기 힘든 것이 아니고 거리에서 찾아보기 힘든 것이다. '처격'을 써야 할 자리에 특수조사 '는'이 쓰여 호응을 이루지 못하는 문장이 되었다.

■ **수정** 시내 거리에서 지저분한 곳을 찾아보기 힘들고, 시민들의 차림새도 대체로 깔끔하다.

원문 그의 정신을 제대로 모르고 모두 그의 그림자만 쫒고 있는 듯하다.

〈경향신문〉, 2007. 4. 9, (칼럼) 「안재홍과 개마고원 감자꽃」

■ **분석** '제대로' 다음에는 '~하지 못하다'가 연결되어야 자연스러운 문장이 된다. '모르다'를 '~하지 못하다'의 형태로 바꿔 주어야 한다. 또한 '~을 따르다'의 의미는 '쫒다'가 아니라 '좇다'이다.

■ **수정** 그의 정신을 제대로 알지 못하고 모두 그의 그림자만 좇고 있는 듯하다.

원문 모든 처분은 날이 밝기를 기다리겠습니다.

〈오마이뉴스〉, 2007. 4. 14, (생활/문화) 「혁명군 최후의 통첩」

■ **분석** 예문의 의미는 '날이 밝기를' 기다리는 것이 아니다. '처분'을 기다리는데 그 시한이 날이 밝을 때까지라는 뜻이다. '밝기'를 목적어가 아

니라 부사어 형태로 바꾸어 주어야 한다.

■ **수정** 모든 처분은 날이 밝을 때까지 기다리겠습니다.

원문 모름지기 정당조직이란 국민의 의사를 대변하고 민심을 모으는 대의기관이다.

〈문화일보〉, 2007. 8. 24, (정치) 「자만과 괴리」

■ **분석** '모름지기'는 '반드시'라는 뜻을 가지고 있는 부사어로 '~이어야 한다'와 같은 당위를 나타내는 서술어와 호응 관계를 갖는다.

■ **수정** 모름지기 정당조직은 국민의 의사를 대변하고 민심을 모으는 대의기관이어야 한다.

원문 사자는 두 무용수가 사자의상을 입고 흉내를 내며, 거위를 타는 거만한 장군 모습도 연출이 되었다.

〈춤과 사람들〉, 2007. 9월호, 「에펠탑에서의 결혼식」

■ **분석** '사자'를 주어로 잡으면 '흉내를 내며'의 주체가 돼서 의미가 어색하다. 서술어와 호응을 이루게 주어를 바꿔 주자. 또한 '연출이 되었다'는 피동형 문장으로 '연출했다'와 같은 능동문으로 쓰는 것이 자연스럽다.

■ **수정** 두 무용수는 사자의상을 입고 사자 흉내를 내며, 거위를 타는 거만한 장군 모습도 연출했다.

원문 10여 일 동안 화왕산을 세밀하게 묘사하면서 화왕산이란 이름이 '기가 강한 산'이란 뜻으로 해석되었습니다.

〈중앙일보〉, 2007. 9. 14. (생화/문화) 「앉은 자리가 천하명당」

■ **분석** 화왕산이 '기가 강한 산'으로 해석되는 것이 아니라, 말하는 주체가 그렇게 해석하는 것이다. 그러므로 생략된 주어에 서술어를 맞춰야 한다.

■ **수정** 10여 일 동안 화왕산을 세밀하게 묘사하면서 화왕산이란 이름을 '기가 강한 산'이란 뜻으로 해석하였습니다.

원문 CMA가 재테크에 관심을 가진 사람들의 주목을 다시 받게 된 것은 체크카드와의 결합이 그 계기가 됐다.

〈중앙일보〉, 2007. 9. 18. (경제) 「CMA와 친구하기 … 생활재테크 달인 되다」

■ **분석** '~주목을 받게 된 것은' 뒤에는 그 원인을 나타내는 표현 '~때문(덕분)이다'가 나와야 한다. '계기'라는 단어를 사용하고 싶다면, 그 원인을 먼저 쓰고 '~주목을 받게 된 것'을 결과로 써야 한다.

■ **수정** CMA가 재테크에 관심을 가진 사람들의 주목을 다시 받게 된 것은 체크카드와의 결합 덕분이다./CMA는 체크카드와의 결합을 계기로 재테크에 관심을 가진 사람들의 주목을 다시 받게 됐다.

원문 하지만 두 기자회견이 혼란을 겪은 가장 큰 이유는 취재 아이디를 입수해 입장한 수십 명의 일본 팬들의 영향이 컸다.

〈마이데일리〉, 2007. 10. 7. (연예) 「일본 주부관광객, 부산서 기자로 둔갑!」

■ **분석** '이유는'을 주어로 잡았다면 서술어는 원인을 나타내는 '~때문이다'가 이어져야 자연스럽다. 예문에서는 '영향이 컸다'가 주어와 호응을 이루지 못하고 있다.

■ **수정** 하지만 두 기자회견이 혼란을 겪은 가장 큰 이유는 취재 아이디를 입수해 입장한 수십 명의 일본 팬들의 영향 때문이었다.

원문 이에 따라 장기국채 투자자들은 가격변동 위험을 효과적으로 분산시킬 수 있을 것으로 기대된다.

〈머니 투데이〉, 2007. 10. 3, (경제) 「내년 상반기 10년 국채선물 상장」

■ **분석** 주어인 '투자자들'은 기대되는 대상이 아니라 기대를 하는 주체이다. 따라서 '기대된다'를 '기대한다'로 고쳐야 한다.

■ **수정** 이에 따라 장기국채 투자자들은 가격변동 위험을 효과적으로 분산시킬 수 있을 것으로 기대한다.

원문 우리는 사회 구성원으로 지켜야 할 도덕적 기준들이 있다.

〈METRO〉, 2007. 10. 4, (20면) 「도덕적으로 살기란 쉽지 않다」

■ **분석** 예문은 우리가 도덕적 기준을 가지고 있는 것처럼 해석된다. 그러나 도덕적 기준은 개개인이 아니라 우리가 사는 사회 안에 속해 있는 일정한 기준들을 의미하는 것이다. 따라서 주어를 '우리'가 아닌 '우리 사회'로 바꾸어야 더욱 자연스러운 문장이 된다. 또한 '구성원'은 어떤 자격이나 신분을 갖춘 사람을 가리키므로 '-로서'라는 조사를 붙여 주는 것이 더 좋다.

■ **수정** 우리 사회에는 구성원으로서 지켜야 할 도덕적 기준들이 있다.

원문 대동강 홍수 조절과 농경지 확보, 항만개발 등을 위해 86년 완공된 다목적 방조제 서해갑문은 인근에 중고선박을 수리하는 공장과 현대화가 절실한 남포항이 있다.

〈노컷뉴스〉, 2007. 10. 5, (정치) 「盧 서해갑문 방명록에 '인민은 위대 …' 글 남겨」

■ **분석** 공장과 남포항은 '서해갑문' 그 자체가 아니라 서해갑문의 인근에 있는 것이다. 그런 의미가 되게 하기 위해선 '서해갑문의 인근'을 부사어로 만들어 주어야 한다.

■ **수정** 대동강 홍수 조절과 농경지 확보, 항만개발 등을 위해 86년 완공된 다목적 방조제 서해갑문의 인근에 중고선박을 수리하는 공장과 현대화가 절실한 남포항이 있다.

원문 신청 방법은 사이트를 방문해 신청서와 국가기관발급 증명서, 1학기 기말고사 성적표를 첨부해 접수하면 된다.

〈내일신문〉, 2007. 9. 28, (사회) 「온라인 교육사이트 '티치미' 제2회 장학생 모집」

■ **분석** 문맥상 '방법은 ~ 하는 것이다'로 써야 주어와 서술어의 호응이 어울린다.

■ **수정** 신청 방법은 사이트를 방문해 신청서와 국가기관발급 증명서, 1학기 기말고사 성적표를 첨부해 접수하는 것이다.

원문 평양 과기대의 설립 목적은 민족의 화해와 통일 및 경제 번영을 위해서다.

〈동아일보〉, 2007. 10. 5, (경제) 「남북 과학기술 협력이 공동번영 초석」

■ **분석** '목적은'이라는 주어에는 '~ 위한 것이다'는 서술어를 연결하는 것이 좋다.

■ **수정** 평양 과기대의 설립 목적은 민족의 화해와 통일 및 경제 번영을 위한 것이다.

원문 요점은 금융 산업은 고부가가치산업으로 양질의 고용을 창출하고 지식 기반 서비스업의 성장을 견인한다.

〈서울경제〉, 2007. 8. 12, (경제) 「규제개혁 없이 금융허브 없다」

■ **분석** '요점은 ~을 견인한다'는 어색한 문장이다. 주어와 호응을 이루기 위해서는 서술어 '~라는 것이다'로 고쳐야 한다. 또한 '-은'의 조사가 연이어 나옴으로써 문장이 매끄럽지 못하다. '금융산업'의 조사를 바꿔 주자.

■ **수정** 요점은 금융 산업이 고부가가치산업으로 양질의 고용을 창출하고 지식 기반 서비스업의 성장을 견인한다는 것이다.

원문 상금 1위와 세계랭킹 1위를 지키고 있는 로레나 오초아(멕시코)는 사상 첫 시즌상금 300만 달러 돌파를 시즌 일곱 번째 우승으로 자축하겠다는 야심이다.

〈매일경제〉, 2007. 10. 3, (스포츠) 「女골퍼 31명 우승도전」

■ **분석** 예문을 그대로 해석하면 '로레나 오초아가 야심이다'는 이상한 문장이 된다. '로레나 오초아'는 '야심'이 아니라 야심을 '품고 있는' 사람이다. 나타내고자 하는 의미가 전달되도록 서술어를 고쳐야 한다.

■ **수정** 상금 1위와 세계랭킹 1위를 지키고 있는 로레나 오초아(멕시코)는 사상 첫 시즌 상금 300만 달러 돌파를 시즌 일곱 번째 우승으로 자축하겠다는 야심을 품고 있다.

원문 더 놀라운 것은 4명의 가족 모두 베트남 국적을 포기하고 '한국사람'이라는 사실을 밝혔다.

〈동아일보〉, 2007. 9. 29, (연예) 「하이옌 '나는 한국사람, 하지은입니다'」

■ **분석** '~라는 것'이 주어일 때는 서술어도 '~라는 점(것)이다'로 써야 한다. 따라서 예문의 '밝혔다'는 서술어의 형태를 바꾸어야 한다.

■ **수정** 더 놀라운 것은 4명의 가족 모두 베트남 국적을 포기하고 '한국사람'이라는 사실을 밝혔다는 점이다.

원문 경찰에 따르면 김 씨는 이날 오전 8시40분께 인천시 남구 주안4동 모 편의점에 들어가 미리 준비한 흉기로 여종업원 김 모(20)씨를 위협해 현금 61만4천원과 휴대전화 1대를 빼앗아 도주한 혐의다.

〈동아일보〉, 2007. 9. 22, (사회) 「인천 경찰, 편의점서 강도짓 30대 검거」

■ **분석** 사람인 김 씨가 '혐의' 자체가 될 수는 없다. 김 씨가 '혐의자'라는 의미인데 서술어의 형태를 잘못 사용하여 주어와 호응을 이루지 못하

고 있다.

■ **수정** 경찰에 따르면 김 씨는 이날 오전 8시 40분께 인천시 남구 주안4동 모 편의점에 들어가 미리 준비한 흉기로 여종업원 김 모(20)씨를 위협해 현금 61만4천원과 휴대전화 1대를 빼앗아 도주한 혐의를 받고 있다.

성분 생략

원문 버스 음성광고는 강제적 광고 노출로 절대 광고를 회피할 수 없다.

〈대학내일〉, 2006, 342호, (27면) 「학교광고 천태만상」

■ **분석** '회피할 수 없다'의 주어가 생략되어 의미에 비약이 생겼다. 또한 '회피'라는 단어는 어떤 일을 꺼리는 상황에서 '의도성'을 내포하고 있다. 예문에서는 자신의 선택과는 상관없이 '듣게 되는' 상황이다. 따라서 다른 단어를 선택하는 것이 좋다. 더불어 반복되는 '광고'도 적절히 정리해 보자.

■ **수정** 버스 음성광고는 강제적인 노출이므로 승객들은 광고를 절대 피할 수 없다.

원문 죽음은 삶의 자연스러운 과정이라는 점을 인식시키면서 정신적·육체적 고통이 완화되도록 도움을 준다.

〈서울신문〉, 2006. 10. 3, (사회) 「품위 있는 죽음」

■ **분석** 누가 누구에게 인식시킨다는 것인지, 누구의 고통이 완화되도록 한다는 것인지 주어와 대상이 생략되어 있다. 예문의 앞 뒤 내용으로 미루어 '인식시키다'와 '도움을 준다'의 주어는 '호스피스'임을 알 수 있다. 또한 '정신적, 육체적 고통'의 소유자는 '환자'이므로 이를 넣어 주는 것이 의미상 분명하다.

■ **수정** (호스피스는) 죽음이 삶의 자연스러운 과정이라는 점을 인식시키면서 환자의 정신적·육체적 고통이 완화되도록 도움을 준다.

원문 결혼 직후 시댁에서 같이 살았을 때 시누 속옷 빨래까지 온갖 집안 잡일을 다 했는데 지금도 용서가 되지 않는다.

〈중앙일보〉, 2006. 10. 2, (사회) 「날마다 한가위만 같아라?」

■ **분석** 서술어 '용서가 되지 않는다'의 주어가 생략되어 있다. 문맥상 생략된 주어가 앞의 내용을 받고 있음을 알 수 있다.

■ **수정** 결혼 직후 시댁에서 같이 살았을 때 시누 속옷 빨래까지 온갖 집안 잡일을 다 했는데 그 일이 지금도 용서가 되지 않는다.

원문 다른 집에서는 '형' 혹은 '오빠'라고 부르지 않으면 꽤나 혼나는 모양이지만, 우리는 교수이신 아버지 때문에 어린 시절을 영국에서 보냈고, 영국 아이들처럼 형제를 이름으로 불러왔기 때문에 부모님은 특별한 제재를 가하지 않았다.

〈成均〉, 2006, 통권 75호, 성균관대학교 교지편집위원회, 제10회 심산문학상 소설부문 가작 「결혼 사진」

■ **분석** 누구에게 제재를 가하지 않았는지 대상이 생략되어 있다. 내용으로 보아 생략된 부사어가 '우리'임을 알 수 있다.

■ **수정** 다른 집에서는 '형' 혹은 '오빠'라고 부르지 않으면 꽤나 혼나는 모양이지만, 우리는 교수이신 아버지 때문에 어린 시절을 영국에서 보냈고, 영국 아이들처럼 형제를 이름으로 불러왔기 때문에 부모님은 <u>우리에게</u> 특별한 제재를 가하지 않았다.

원문 얼마 전 배를 이용해 중국에 여행을 왔는데, 인천국제여객터미널 면세점의 모습에 깜짝 놀랐다. 마치 큰 싸움이 벌어진 것 같은 착각이 들 정도로 난장판이었다.

〈조선일보〉, 2006. 9. 20, (사회)「무질서한 인천국제터미널 면세점」

■ **분석** 첫 번째 문장의 주어는 문맥상 '나'임을 알 수 있다. 우리말에서는 주어가 '나'일 때 생략해도 무방하다. 그러나 두 번째 문장의 주어는 내용상 '인천국제터미널 면세점'임을 알 수 있다. 이것은 이미 앞 문장에 사용된 단어이므로 대명사 형태인 '그곳'을 주어로 만들어 넣어 주는 것이 좋다.

■ **수정** 얼마 전 배를 이용해 중국에 여행을 왔는데, 인천국제여객터미널 면세점의 모습에 깜짝 놀랐다. <u>그곳은</u> 마치 큰 싸움이 벌어진 것 같은 착각이 들 정도로 난장판이었다.

원문 학생들은 학교에서 이 학원 저 학원으로 오로지 공부만을 위해 움직이는 공부 기계가 되었고, 부모들은 사교육비를 대기 위해 등골이 휘게 돈을 벌어야만 하는 고달픈 처지가 된 지 오래다.

〈경향신문〉, 2006. 8. 28, (사회) 「교육 양극화, 학교복지사업으로 풀자」

■ **분석** '이 학원에서 저 학원으로' 어떻게 한다는 것인지 서술어가 생략됨으로써 문장이 매끄럽지 못하다. 문맥상 '옮겨 다니다'를 서술어로 넣어 주는 것이 좋다.

■ **수정** 학생들은 학교에서 이 학원 저 학원으로 옮겨 다니며, 오로지 공부만을 위해 움직이는 공부 기계가 되었고, 부모들은 사교육비를 대기 위해 등골이 휘게 돈을 벌어야만 하는 고달픈 처지가 된 지 오래다.

원문 한국은 물론 만주와 북러시아를 망라하는 동북아의 민속자료를 상설 전시할 공간이다.

〈중앙일보〉, 2006. 9. 28, (사회) 「한국 풍습 알리려 온돌방도 꾸밀 것」

■ **분석** '상설 전시할 공간'이 어디인지 주어가 생략돼 의미 전달이 정확하지 않다. 이 문장의 경우에는 장소를 나타내는 대명사로 주어를 삼는 것이 자연스럽다.

■ **수정** 이곳은 한국은 물론 만주와 북러시아를 망라하는 동북아의 민속자료를 상설 전시할 공간이다.

원문 태산은 현재 유네스코 자연·문화유산으로 선정돼 보호되고 있었는데 단순히 경관이 수려하다기보다는 곳곳에 위치한 사원들 때문이 아닌지 하는 생각이 들었다.

〈성대신문〉, 2006. 8. 30

■ **분석** '때문'이라는 단어와 문맥상 의미 등을 따져볼 때 문장의 뒷부분이 '태산이 보호되는 이유'임을 알 수 있다. 이를 명확히 밝히기 위해서는 앞의 내용을 받는 주어를 '단순히' 앞에 넣어 주어야 한다. 그리고 '때문이'와의 자연스러운 연결을 위해 '수려하다기보다는'을 '수려해서라기보다는'으로 고치는 것이 좋다.

■ **수정** 태산은 현재 유네스코 자연·문화유산으로 선정돼 보호되고 있었는데 <u>그것은</u> 단순히 경관이 <u>수려해서라기보다는</u> 곳곳에 위치한 사원들 때문이라는 생각이 들었다.

원문 또 금년에 처음 진수한 214급(1800t급) 잠수함도 내년부터 단계적으로 종전 3척 건조 계획 외에 6척을 추가 확보, 총 9척을 보유하게 된다.

〈한겨레신문〉, 2006. 10. 2, (종합) 「국산 함대함 미사일 100基 추가생산」

■ **분석** 누가 보유하게 되는지 주어가 생략되어 있다. 내용으로 미루어 '정부', 또는 '국방부'를 주어로 잡는 것이 좋다. 또한 '잠수함도 ~ 보유하게 된다'에서 보듯 호응관계에도 문제가 있다.

■ **수정** 또 <u>국방부는</u> 금년에 처음 진수한 214급(1800t급) <u>잠수함 이외에도</u> 내년부터 단계적으로 종전 3척 건조 계획 외에 6척을 추가 확보, 총 9척을 보유하게 된다.

원문 정보당국은 이르면 조선노동당 창당일인 10일 핵 실험을 강행할 가능성도 있다고 분석하고 있는 것으로 알려졌다.

〈중앙일보〉, 2006. 10. 5, (정치) 「북 '미, 선제공격 쉽지 않다' 계산」

■ **분석** '핵 실험을 강행하는' 주체가 누구인지 나타나 있지 않다. '조선노동당' 등으로 미루어 '강행하다'의 주체가 북한임을 알 수 있다. 앞뒤 문맥이 분명하도록 주어 '북한이' 앞에 쉼표를 넣어주자.

■ **수정** 정보당국은 이르면 조선노동당 창당일인 10일, 북한이 핵 실험을 강행할 가능성도 있다고 분석하고 있는 것으로 알려졌다.

원문 유엔의 한 외교관은 속세의 교황이라는 별칭을 가지고 있는 유엔 사무총장은 개인자격으로 도전하는 것이지만 그 뒤에 정부 차원의 지원과 국제사회의 출신국에 대한 평가도 당연히 큰 영향을 미친다고 말했다.

〈중앙일보〉, 2006. 10. 4, (칼럼) 「세계 11위 한국브랜드의 힘」

■ **분석** 무엇에 큰 영향을 미치는 지에 대한 언급이 필요하다. 문맥으로 미루어 생략된 단어가 '사무총장의 선출'임을 알 수 있다. 부사어 형태로 만들어 삽입하면 '영향을 미친다'와 자연스럽게 연결된다. '외교관'이 전체의 주어이기에 '유엔 사무총장'뒤에는 주격조사 '-이'가 어울린다.

■ **수정** 유엔의 한 외교관은 속세의 교황이라는 별칭을 가지고 있는 유엔 사무총장이 개인자격으로 도전하는 것이지만 그 뒤에 정부 차원의 지원과 국제사회의 출신국에 대한 평가도 유엔 사무총장의 선출에 당연히 큰 영향을 미친다고 말했다.

원문 올해 들어 치러진 세계의 주요 선거는 박빙의 승부가 많았다. 멕시코도 그랬고, 이탈리아도 그랬다. 국력 차이가 있지만 체코와 코스타리카도 표차를 얘기하기가 어려울 정도의 승부였다.

〈동아일보〉, 2006. 9. 23. (세계) 「절대강자는 없다 … 지구촌 선거판 '살얼음 승부'」

■ **분석** '체코와 코스타리카' 자체가 표차를 얘기하기 어려운 승부였던 것이 아니다. 그런데 '선거'라는 단어를 생략함으로써 문장이 어색해졌다. '코스타리카' 다음에 '선거'를 넣어 주면 의미가 한결 분명하게 된다.

■ **수정** 올해 들어 치러진 세계의 주요 선거는 박빙의 승부가 많았다. 멕시코도 그랬고, 이탈리아도 그랬다. 국력 차이가 있지만 <u>체코와 코스타리카의 선거도</u> 표차를 얘기하기가 어려울 정도의 승부였다.

원문 학술지 발행기관이 영세한 경우(특히 대학연구소의 학술지) 논문 제출이 미진하여 논문 투고를 독려하는 경우가 많으면 외부에 발표된 논문을 교내 학술지에 다시 발표하는 사례도 많다. 선배 교수가 후배 교수에게 교육 홍보 차원에서 요청하면 거절하지 못하는 풍토 또한 그 당시 실정 ….

〈한겨레21〉, 2006. 8. 29. (44면) 「자기 표절은 사기」

■ **분석** 마지막 문장에서 무엇을 요청하면 거절하지 못하는지 목적어가 빠져 있다. 문맥을 살펴 볼 때 생략된 것이 '논문'임을 알 수 있다. 목적어 형태로 '요청하다' 앞에 넣어 주자.

■ **수정** 학술지 발행기관이 영세한 경우(특히 대학연구소의 학술

지) 논문 제출이 미진하여 논문 투고를 독려하는 경우가 많으면, 외부에 발표된 논문을 교내 학술지에 다시 발표하는 사례도 많다. 선배 교수가 후배 교수에게 교육 홍보 차원에서 논문을 요청하면 거절하지 못하는 풍토 또한 그 당시 실정 ….

원문 학교 운동장을 매개로 시간대별로 이루어지는 아이들, 시민, 가족들의 생활 활동 패턴을 한번이라도 현장 조사해 봤다면 운동장을 주차장화 하는 것이 시민의 입장에서 더 효율적이라고 주장하지는 못할 것이다.

〈과천마을신문〉, 2006. 9. 22, (4면) 「시민제안-시대착오적 행정, 학교 운동장을 주차장으로」

■ **분석** '누가' 조사를 해보고, '누가' 주장을 하지 못하는지 주체가 나타나 있지 않아 의미 전달이 분명하지 않다. 출처를 참고해 볼 때 '과천시(관계자)'를 주어로 잡는 것이 적절하다.

■ **수정** 과천시(관계자)가 학교 운동장을 매개로 시간대별로 이루어지는 아이들, 시민, 가족들의 생활 활동 패턴을 한번이라도 현장 조사해 봤다면 운동장을 주차장으로 만드는 것이 시민의 입장에서 더 효율적이라고 주장하지는 못할 것이다.

원문 물론 정파의 이익이 아니라 국익을 실현하는 쪽으로 행사돼야 한다는 전제가 붙는다.

〈한겨레〉, 2006. 8. 5, (사설) 「여권의 한심한 '인사권 충돌'」

■ **분석** '무엇'이 행사되어야 하는지, 문장의 주어가 빠져 있다. '기사 제목'을 참고로 하여 유추하면 '인사권'을 주어로 잡는 것이 좋다.

■ **수정** 물론 정파의 이익이 아니라 국익을 실현하는 쪽으로 <u>인사권이</u> 행사돼야 한다는 전제가 붙는다.

원문 가난한 나라, 가난한 살림으로 어린이들을 위한 학교가 너무나 부족한 상황이라는 선교사님의 말씀을 듣고, 오빠와 함께 온 중 몇 분은 학교 지어주기를 하나님 앞에 결단하셨단다.

〈섬기는 사람들〉, 2006. 10. 1, 15쪽

■ **분석** 필요한 성분이 생략됨으로써 '결단한' 사람이 누구인지 알 수 없는 문장이 되어 버렸다. 예문대로 해석하면 중(스님) 몇 분이 하나님 앞에 결단한 것이 된다. 그러나 앞 뒤 내용으로 미루어 전달하고자 하는 의미가 그런 것이 아님을 알 수 있다. '온'이 꾸미는 대상을 문맥에 맞게 삽입해야 한다.

■ **수정** 가난한 나라, 가난한 살림으로 어린이들을 위한 학교가 너무나 부족한 상황이라는 선교사님의 말씀을 듣고, 오빠와 <u>함께 온 분들 중 몇 분은</u> 학교 지어주기를 하나님 앞에 결단하셨단다.

원문 어느 날 밤, 꿈을 꾸었다. 꿈에서 인형들은 유창하게 말했으며 그들과 대화하며 어린 아이다운 신나는 시간을 보냈다.

〈대학내일〉, 2006. 9. 24, (76면) 「살아있는 인형들의 환상적인 몸짓」

■ **분석** '인형들과 유창하게 대화한' 주체가 빠져 있는 문장이다. 문맥상 생략된 주어가 '나'임을 알 수 있다. 하지만 자칫하면 '인형'들이 제삼자인 '또 다른 그들'과 대화한 것으로 해석할 수 있다. 이럴 때는 주어를 분명히 밝혀 주는 것이 좋다.

■ **수정** 어느 날 밤, 꿈을 꾸었다. 꿈에서 인형들은 유창하게 말했으며 나는 그들과 대화하며 어린아이다운 신나는 시간을 보냈다.

원문 중국 한림대학 측은 한국 기업의 중국 진출이 늘어나는 등 한·중 교류가 확대됨에 따라 재학생들의 국제 경쟁력을 강화하기 위한 한국어 교육과정이 필요했고, 이에 평소 교류해온 동의과학대에 한국어 교육을 담당할 인재 추천을 타진해 이뤄졌다.

〈매일경제〉, 2006. 9. 13, (People 사람들) 「한국 대학생 2명 중국 교수 된다」

■ **분석** 무엇이 이루어진 것인지 주어가 생략되어 어색하다. 문맥을 고려해 볼 때 '이루어지다'의 주어는 앞에 언급된 내용임을 알 수 있다. 이미 이루어진 것을 다시 서술하는 것이므로 대명사의 형태로 삽입하는 것이 좋다.

■ **수정** 중국 한림대학 측은 한국 기업의 중국 진출이 늘어나는 등 한·중 교류가 확대됨에 따라 재학생들의 국제 경쟁력을 강화하기 위한 한국어 교육과정이 필요했고, 이에 평소 교류해온 동의과학대에 한국어 교육을 담당할 인재 추천을 타진해 이번 일이 이뤄졌다.

원문 구명조끼는 매년 500여개가 분실되고 이중 대부분이 국내선에서 사라지고 있는 실정이어서 대한항공은 이달 29일부터 한 달간 국내선에서 시범 운영할 계획이다.

〈연합뉴스〉, 2006. 9. 28, (사회) 「기내 구명조끼 슬쩍하면 '망신살'」

■ **분석** '무엇을 운영할지'에 대한 정보가 빠져 있다. 기사의 앞 내용을 참고로 하여 목적어를 보충해 주어야 한다.

■ **수정** 구명조끼는 매년 500여개가 분실되고 이중 대부분이 국내선에서 사라지고 있는 실정이어서 대한항공은 이달 29일부터 한 달간 국내선에서 전자 태그 제도를 시범 운영할 계획이다.

원문 그래서 전문가들은 파견노동자 보호를 위해 제정된 파견법을 유명무실하게 만드는 결정이라고 지적한다.

〈한겨레신문〉, 2006. 9. 29, (사설) 「비정규직 여성노동자 두 번 배반한 노동부」

■ **분석** '파견법을 유명무실하게 만드는 결정'이 무엇인지, 안긴문장의 주어가 빠져 있다. 내용으로 미루어 생략된 주어가 '결정'임을 알 수 있다. 안긴문장의 주어를 '결정'이라고 하면 뒤에 나오는 '결정'은 빼야 한다.

■ **수정** 그래서 전문가들은 이번 결정이 파견노동자 보호를 위해 제정된 파견법을 유명무실하게 만드는 것이라고 지적한다.

원문 김윤진은 미국 인기 시리즈물 '위기의 주부들'의 제임스 덴통과

'그레이스 아나토미'의 이제이아 워싱턴, 컨트리 가수 사라 에반스 등과 함께 출연해 파트1과 파트2로 나누어 두 번에 걸쳐 촬영했다.

〈스타뉴스〉, 2006. 9. 30, (연예) 「김윤진 美 전역에 한국어로 공익광고」

■ **분석** 어디에 출연하고 무엇을 촬영했는지 관계되는 부사어와 목적어가 생략돼 부정확한 문장이 되었다. 출처의 기사 제목으로 미루어 생략된 단어가 '공익광고'임을 알 수 있다. '출연해'와 연결되게 '공익광고'를 부사어 형태로 만들어 삽입하는 것이 의미 전달을 자연스럽게 한다.

■ **수정** 김윤진은 미국 인기 시리즈물 '위기의 주부들'의 제임스 덴통과 '그레이스 아나토미'의 이제이아 워싱턴, 컨트리 가수 사라 에반스 등과 함께 공익광고에 출연해 파트1과 파트2로 나누어 두 번에 걸쳐 촬영했다.

원문 대기업 생산현장에 '젊은 피'가 수혈되지 않고 평균연령이 해마다 높아지고 있다.

〈경향신문〉, 2006. 10. 2, (종합) 「생산라인 젊은 피가 안 돈다」

■ **분석** 누구의 평균연령이 높아지고 있다는 것인지, 높아지고 있는 평균연령의 주체가 나타나 있지 않다. 내용으로 미루어 생략된 단어 '근로자'를 넣고 문맥상 속격조사 '-의'를 붙이는 것이 좋다.

■ **수정** 대기업 생산현장에 '젊은 피'가 수혈되지 않고 있어 근로자의 평균연령이 해마다 높아지고 있다.

원문 흑인 노예들은 온 종일 힘든 노동과 고향에 대한 그리움, 배고

픔의 고통을 잊기 위해 그들의 고향에서 즐겼던 노래와 춤을 추었다.

〈전교학신문〉, 2007. 3. 2, 「삶의 고통 잊고 춤 속에서 하나가 된다」

■ **분석** '춤'을 출 수는 있지만 '노래'를 출 수는 없다. '추었다'는 서술어 하나에 성격이 다른 두 개의 단어가 연결되어 어색한 문장이 되었다. '노래'에 맞는 서술어를 삽입하여 자연스럽게 만들어 주는 것이 좋다.

■ **수정** 흑인 노예들은 온 종일 힘든 노동과 고향에 대한 그리움, 배고픔의 고통을 잊기 위해 그들의 고향에서 즐겼던 노래를 부르고 춤을 추었다.

원문 하버드대는 그런 기부금을 종자돈 삼아 적립기금을 26조원으로 키워 놓았다. 예일대는 15조원이다.

〈조선일보〉, 2007. 4. 16, (사회) 「묻는 방법 바꿨더니 찬성이 많아진 기여 입학제」

■ **분석** 문장대로 해석하면 예일대가 15조 원이 되어 버린다. 예문은 그런 내용을 전달하려는 것이 아니다. 앞의 문장으로 보아 뒤의 문장에 주어가 생략되어 있음을 알 수 있다. 생략된 것을 찾아 넣어 보자.

■ **수정** 하버드대는 그런 기부금을 종자돈 삼아 적립기금을 26조 원으로 키워 놓았다. 예일대의 적립기금은 15조 원이다.

원문 이들은 압수물품과 김 씨를 현행범으로 검찰로 호송하던 중 김 씨의 형에게 사건을 무마해달라는 전화를 받고 지방 검찰청 뒤 아파트 주차장으로 가 현금이 담긴 쇼핑백을 받고 김 씨를 그

자리에서 풀어주었다.

〈동아일보〉, 2007. 4. 9, (사회) 「검찰 직원, 뇌물 받고 현행범 풀어줘」

■ **분석** '호송'의 대상이 사람인 '김 씨'는 되지만 무생물체인 '압수품'은 될 수 없다. 하나의 서술어에 성격이 다른 두 개의 대상이 연결됨으로써 어색하게 되었다. 적절한 단어를 보충해 문장을 자연스럽게 만들어 주어야 한다. 또한 수식어 '현행범'은 '김 씨' 앞으로 이동하여야 한다.

■ **수정** 이들은 <u>압수물품을 가지고 현행범인 김 씨를</u> 검찰로 호송하던 중 김 씨의 형에게 사건을 무마해달라는 전화를 받고 지방 검찰청 뒤 아파트 주차장으로 가 현금이 담긴 쇼핑백을 받고 김 씨를 그 자리에서 풀어주었다.

원문 여성마케팅 전문가 김미경 씨는 '여성마케팅'이란 저서에서 여성 고객의 특징을 '여성들은 쇼핑을 할 때 물건만 사는 것이 아니라 눈에 보이지 않는 부분까지도 고려한다'

〈Campus Herald〉, 2007. 3. 5, (특별기획) 「된장녀부터 알파걸까지, 2007년 한국 여대생」

■ **분석** 주어가 말한 내용은 나오는데 그 내용을 뒷받침할 서술어가 생략되어 있다. '여성들은 ~ 고려한다'는 간접 인용이므로 '~고 말하다' 또는 '~고 설명하다' 따위의 서술어가 들어가야 한다.

■ **수정** 여성마케팅 전문가 김미경 씨는 '여성마케팅'이란 저서에서 여성 고객의 특징을 여성들은 쇼핑을 할 때 물건만 사는 것이 아니라 눈에 보이지 않는 부분까지도 고려한다<u>고 설명한다</u>.

원문 인터넷과 잡지를 통해 맛집을 스크랩하고, 좋은 사람들을 만나면 가본다고 한다.

〈신디 더 퍼키〉, 2007. 4월호, Planet82, 86쪽

■ **분석** '어디'로 간다는 건지, 장소를 나타내는 부사어가 생략되어 있다. 문맥상 앞에 나온 '맛집'에 가 본다는 뜻임을 알 수 있다. 생략된 부사어는 중복을 피하기 위해 장소를 나타내는 대명사로 바꾸어 삽입하는 것이 좋다.

■ **수정** 인터넷과 잡지를 통해 맛집을 스크랩하고, 좋은 사람들을 만나면 <u>그 곳에</u> 가본다고 한다.

원문 이들은 소말리아, 발칸, 아이티에 미군을 파병했고, 지금은 이라크에 주둔하고 있다.

〈모래의 제국〉, 2006. 1, 로버트 W.메리 지음, 최원기 옮김, 20쪽, 10째 줄

■ **분석** 예문의 '이들'은 문맥상 미국의 고위급 관료들을 의미한다는 것을 알 수 있다. 그런데 뒤의 문장에 필요한 성분이 생략됨으로써 전체 주어인 '이들'이 이라크에 가서 주둔하고 있는 것처럼 보인다. 지금 이라크에 주둔하고 있는 것은 '이들'이 아니라 '미군'임을 나타내 주도록 고쳐야 한다.

■ **수정** 이들은 소말리아, 발칸, 아이티에 미군을 파병했고, 지금은 <u>미군이</u> 이라크에 주둔하고 있다.

원문 "왜 이리 시끄러워"하고 외치면서도 막상 어떤 원리로 소음이 발생하고 줄일 수 있는지에 대한 답을 찾기란 쉽지 않다.

〈중앙일보〉, 2007. 4. 9, (경제) 「노들길 옆 나무는 왜 심었을까 '소음과 진동이야기'」

■ **분석** 필수 성분이 빠진 채로 앞 문장과 대등하게 연결되어 어색한 문장이 되었다. '줄일 수 있는지'에 적합한 목적어를 넣어주어야 의미 전달이 자연스럽다. 또한 '어떤'과 균형을 맞출 수 있는 의문부사도 목적어 앞에 함께 넣어주어야 한다.

■ **수정** "왜 이리 시끄러워." 하고 외치면서도 막상 어떤 원리로 소음이 발생하고 어떻게 소음을 줄일 수 있는지에 대한 답을 찾기란 쉽지 않다.

원문 차 음료는 지금까지 물 대용의 마실 거리였다. 그러나 올해 2400억 원대로 지난해보다 41% 확대될 전망이다.

〈중앙일보〉, 2007년. 4. 5, (스타일&라이프) 「톱스타는 차를 마시네」

■ **분석** 무엇이 확대될 전망인지, 뒷문장의 주어가 빠져있다. 문맥상 '차'의 매출액이 생략된 주어임을 알 수 있다.

■ **수정** 차 음료는 지금까지 물 대용의 마실 거리였다. 그러나 올해 예상 매출은 2400억 원대로 지난해보다 41% 확대될 전망이다.

원문 긍정적인 생각과 적극적인 태도가 결합했을 때 세상을 변화시키는 강력한 에너지와 열정이 생기고 그 열정은 성공의 열쇠가 된다.

〈직장인을 위한 긍정의 힘〉, 2007, '성공편' 뒤의 표지

■ **분석** 첫 문장에서 세상을 변화시키는 것이 강력한 '에너지와 열정'이라고 하였다. 따라서 성공의 열쇠가 되는 것은 '열정'만이 아니라 강력한 '에너지'와 '열정'이다. 즉 '성공의 열쇠'는 '에너지'와 '열정'이라는 것이다. 그런데 예문에서는 '열정'만을 언급하고 있어 의미상 불완전한 문장이 되었다. '에너지'와 '열정'을 포함하는 대명사를 주어 형태로 삽입해야 한다.

■ **수정** 긍정적인 생각과 적극적인 태도가 결합했을 때 세상을 변화시키는 강력한 에너지와 열정이 생기고 그것들은 성공의 열쇠가 된다.

원문 특히 대민 접촉이 거의 없는 상수도, 전기 통신, 기계 등 기능직 영역은 누구나 비슷하기 때문에 무능력과 불성실함의 잣대로 퇴출자를 가려내는 일이 쉽지 않습니다.

〈주간동아〉, 2007. 4. 3, 제579호, 26쪽, 「장애인·임산부라서 퇴출?」

■ **분석** 대민 접촉은 기능직 영역이 아니라 기능직 영역의 사람들이 하는 것이다. 또한 비슷한 것이 무엇인지 생략되어 있어 문장이 매끄럽지 못하다. '기능직 영역'에 사람을 추가하고 '비슷한 것'의 의미상 주어를 삽입해야 한다.

■ **수정** 특히 대민 접촉이 거의 없는 상수도, 전기 통신, 기계 등 기능직 영역의 사람들은 누구나 기술이(능력이) 비슷하기 때문에 무능력과 불성실함의 잣대로 퇴출자를 가려내는 일이 쉽지 않습니다.

원문 2002년 노무현 당시 대통령 후보도 텔레비전 토론에 나와 버금가는 무책임한 소리로 표를 모았었다.

〈중앙일보〉, 2007. 4. 10, (사설 · 칼럼) 「정치인도 수입하자」

■ **분석** 버금가는 대상이 누구인지 생략되어 어색한 문장이 되었다. 구체적으로는 알 수 없으나 무책임한 소리를 했다는 것으로 보아 대상이 사람임을 알 수 있다. '버금가는'의 기준이 될 수 있는 사람이 누구인지 대명사로 넣어 주는 것이 좋다.

■ **수정** 2002년 노무현 당시 대통령 후보도 텔레비전 토론에 나와 <u>그에</u> 버금가는 무책임한 소리로 표를 모았었다.

원문 하나의 공연물에는 많은 권리(저작권 혹은 저작인접권)가 발생하고 관계된다.

〈저작권문화〉, 2007. 3, 저작권심의조정위원회, 「명확한 관리가 필요한 공연물의 저작권 관리」

■ **분석** 서술어 '관계된다'에 해당하는 주어를 '권리가'로 본다면 '권리가 관계된다'는 문장이 되어 어색하다. 올바른 주어를 보충하고, '관계된다' 또한 적절한 표현으로 바꿔 주어야 한다.

■ **수정** 하나의 공연물에는 많은 권리(저작권 혹은 저작인접권)가 발생하고 <u>그 권리들은 서로 관련되어 있다</u>.

원문 아주 짧은 시간에 일어난 일이어서 교통 장애인들은 자신의 현실을 받아들이기 어렵고 적응해 나가기도 힘들다.

〈신호등〉, 2007. 4월호, (특집 칼럼) 「교통안전 선진국이 되는 길」

■ **분석** 어디에 적응해 나가기 힘들다는 것인지, 필요한 문장성분이 생략되어 의미가 정확하지 않다. 예문의 앞 내용을 참고로 할 때 생략된 단어가 '현실'임을 알 수 있다. 관련 서술어가 '적응하다'이므로 부사어인 '현실에'를 넣어 주는 것이 좋다.

■ **수정** 아주 짧은 시간에 일어난 일이어서 교통 장애인들은 자신의 현실을 받아들이기 어렵고 현실에 적응해 나가기도 힘들다.

원문 한국과 미국이 FTA를 맺으면서 미국시장에서 중국산 제품의 급속한 추격을 어느 정도 따돌릴 수 있는 여력이 생겼다고 평가하는 시각이 있는 것 같다.

〈한국경제〉, 2007. 4. 12, (경제) 「자신감 생긴 中 기술력」

■ **분석** 중국산 제품을 따돌릴 수 있는 것이 무엇인지, '따돌리다'의 주어가 나와 있지 않다. 내용으로 미루어 생략된 주어를 '한국제품'으로 써 주는 것이 좋다.

■ **수정** 한국과 미국이 FTA를 맺으면서 한국제품이 미국시장에서 중국산 제품의 급속한 추격을 어느 정도 따돌릴 수 있는 여력이 생겼다고 평가하는 시각이 있는 것 같다.

원문 차를 타고 길을 가다보면 정말 멋진 스타일의 소녀들을 볼 수 있었다. 가발 살 돈이 없어 머리는 그냥 분홍 꽃무늬 두건으로 대충 동여맸다.

〈스타일북〉, 장윤주, 2006, 시공사, 171쪽, 18-20째 줄

■**분석** 머리를 대충 동여 맨 것이 누구인지, 문장만으로 보면 해석이 다양하게 될 수 있다. 의미의 혼란이 없도록 주어를 명확하게 넣어 주어야 한다. 내용으로 미루어 앞 문장의 '소녀'들이 머리를 동여맨 주체임을 알 수 있다.

■**수정** 차를 타고 길을 가다보면 정말 멋진 스타일의 소녀들을 볼 수 있었다. <u>그 소녀들은</u> 가발 살 돈이 없어 머리는 그냥 분홍 꽃무늬 두건으로 대충 동여맸다.

원문 바츨라프 2세는 바로 이 성당 문 앞에서 자신을 시기하는 이복동생들의 칼에 맞아 죽임을 당했다고 한다. 살해당하기 직전 성당 문고리를 잡고 있는 그의 모습이 새겨져 보는 이의 마음을 숙연하게 한다.

〈퍼펙트 프라하〉, 2006, 안그라픽스, 최미선, 74쪽, 15-19째 줄

■**분석** 어디에 그 모습이 새겨져 있는지, 처소를 나타내는 부사어가 생략되어 있다. 앞 문장의 내용으로 미루어 '새겨져' 있는 곳이 '성당 문'임을 알 수 있다.

■**수정** 바츨라프 2세는 바로 이 성당 문 앞에서 자신을 시기하는 이복동생들의 칼에 맞아 죽임을 당했다고 한다. <u>성당 문에는</u> 살해당하기 직전 성당 문고리를 잡고 있는 그의 모습이 새겨져 있어 보는 이의 마음을 숙연하게 한다.

원문 발표자가 프레젠테이션을 제대로 준비하지 않으면 결국 프레젠테이션을 통해 드러나게 된다.

〈MBA에서도 가르쳐주지 않는 프레젠테이션〉, 2006. 7, 비즈니스북스, 다이앤 디레스터 지음, 심재우 옮김, 30쪽, 7–9째 줄

■ **분석** 무엇이 드러나는지, 서술어의 내용을 받쳐 줄 성분이 생략되어 있다. 앞 문장의 내용을 요약한 것이 '드러나다'의 주어로 들어가면 한결 매끄러운 문장이 된다.

■ **수정** 발표자가 프레젠테이션을 제대로 준비하지 않으면 결국 프레젠테이션을 통해 준비를 소홀히 한 것이 드러나게 된다.

원문 대학 시절에는 클래식 감상실의 마니아들이 멋있어 보였는데 자꾸 졸리운 바람에 포기했습니다.

〈좋은 생각〉, 2007, 좋은 생각 사람들, 20쪽, 「나도 껌 소리를 잘 내고 싶었다」

■ **분석** 서술어 '포기했다'의 목적어가 빠져 있다. 무엇을 포기했는지, 예문의 내용에 맞게 생략된 것을 넣어 주어야 한다. 앞의 내용으로 미루어 '클래식 듣기'를 생략된 목적어로 볼 수 있다. 또한 문맥상 '-는데'라는 연결어미보다는 '그러나'를 쓰는 것이 의미 전달에 더 효과적이다. 문장도 끊어서 간결한 느낌이 전해지도록 하자. '졸리운'도 '졸린'의 잘못된 표기이므로 고쳐야 한다.

■ **수정** 대학 시절에는 클래식 감상실의 마니아들이 멋있어 보였습니다. 그러나 자꾸 졸린 바람에 클래식 듣기를 포기했습니다.

원문 지금부터 한국의 국가적 과제의 하나는 이 '비보통'의 '보통국가' 일본을 어떻게 바라보고 어떻게 지내야 할 것인가 하는 문

제다.

〈조선일보〉, 2007. 4. 15, (사설) 「'보통국가' 일본은 결코 '보통'이 아니다」

■ **분석** '어떻게 바라보고'의 목적어 '일본을'이 '어떻게 지내야 할 것인가'까지 걸려 있어 의미 전달이 자연스럽지 않다. 이럴 땐 '어떻게 지내야 할 것인가'에 어울리는 문장성분을 보충해 주어야 한다.

■ **수정** 지금부터 한국의 국가적 과제의 하나는 이 '비보통'의 '보통국가' 일본을 어떻게 바라보고 일본과 어떻게 지내야 할 것인가 하는 문제다.

원문 은행 간 과당경쟁으로 은행원 노동 강도가 살인적일 정도로 은행원이 과로사하는 경우도 있다.

〈중앙일보〉, 2007. 4. 10, (종합) 「은행 '영업 1시간 단축' 추진에 반발 확산」

■ **분석** '살인적일 정도로' 뒤에 나와야 할 피수식어가 생략됨으로써 의미 전달이 분명하지 못하다. 앞의 '노동 강도'라는 주어로 미루어 업무가 증가했다는 의미의 단어가 서술어로 들어가야 한다.

■ **수정** 은행 간 과당경쟁으로 은행원 노동 강도가 살인적일 정도로 증가하여 은행원이 과로사하는 경우도 있다.

원문 그리고 기계음과 새가 보이면서 큰 나무가 쓰러진다.

〈춤과 사람들〉, 2007. 10월호, 102쪽, 「모래와 안개의 집」

■ **분석** '기계음'은 보이는 게 아니라 들리는 것이다. '보이면서'라는 하나의

서술어에 두 개의 성분이 호응하여 불완전한 문장이 되었다. '기계음'에 알맞은 서술어를 보충해 주어야 자연스러운 문장이 된다.

■ **수정** 그리고 기계음이 들리고 새가 보이면서 큰 나무가 쓰러진다.

원문 미리미리 피부 관리에 시간을 투자해야 아름다운 신랑 신부 또는 성공적으로 면접을 볼 수 있다.

〈연합뉴스〉, 2007. 10. 6, (사회) 「결혼, 취업 시즌 '전략적인 미(美)테크'가 필요하다」

■ **분석** 서술어 '볼 수 있다'에 두 개의 문장성분이 어울려 있다. 두 성분이 각기 다른 서술어를 필요로 하는 것이므로 '신랑 신부'에 맞는 서술어를 만들어 주어야 한다.

■ **수정** 미리미리 피부 관리에 시간을 투자해야 아름다운 신랑 신부가 되거나 성공적인 면접을 볼 수 있다.

원문 이 단체는 "노무현 대통령이 아동학대 논란이 일고 있는 북의 체제선전용 집단체조 '아리랑'을 관람키로 한 것은 북한의 인권유린을 눈감겠다는 처사"라며 주장했다.

〈한국일보〉, 2007. 9. 28, (사회) 「찬물 끼얹고 … 불씨 살리고 …」

■ **분석** 무엇을 주장하는지 '주장했다'는 서술어에 알맞은 목적어가 나타나 있지 않다. 문맥상으로 볼 때 '북한 인권 개선'과 관련된 것이 목적어가 되어야 자연스럽다.

■ **수정** 이 단체는 "노무현 대통령이 아동학대 논란이 일고 있는 북의 체제선전용 집단체조 '아리랑'을 관람키로 한 것은 북

한의 인권유린을 눈감겠다는 처사"라며 북한의 인권 개선을 위해 노력할 것을 주장했다.

원문 "개정안이 통과되면 국민통합과 국가발전 의식을 고취하는데 도움이 될 것"이라고 덧붙였다.

〈조선일보〉, 2007. 9. 28, (정치) 「정갑윤 의원 '광복절→건국절로 개칭하자'」

- **분석** '국민통합'과 '국가발전 의식'을 대등하게 연결하여 '고취하다'는 하나의 서술어에 연결하였다. '의식'은 고취할 수 있지만 '통합을 고취한다'는 표현은 어색하다. 따라서 '국민통합'과 연결할 서술어를 따로 사용하여야 한다. '이루다'와 같은 서술어가 이에 해당한다.
- **수정** "개정안이 통과되면 국민통합을 이루고 국가발전 의식을 고취하는데 도움이 될 것"이라고 덧붙였다.

원문 반면, 이스트로는 경기 스코어뿐만 아니라 내용에서 완벽하게 밀리며 1승 3패 승점 -5, 리그 10위로 떨어지고 말았다.

〈네이버뉴스〉, 2007. 10. 3, (종합) 「르까프, 이스트로 완파하며 후기리그 3연승 질주」

- **분석** '1승 3패, 승점 -5' 에 호응하는 서술어가 없다. '1승 3패'와 '승점 -5' 에 어울리는 서술어를 각각 보충해 주어야 자연스러운 문장이 된다.
- **수정** 반면, 이스트로는 경기 스코어뿐만 아니라 내용에서 완벽하게 밀리며 1승 3패를 하고 승점 -5를 기록, 리그 10위로 떨어지고 말았다.

원문 불교계는 아주 조심성 있게 다뤄져야 한다.

〈중앙일보〉, 2007. 9. 22, (사회) 「사찰 지원 합법적 … 불교계 조심해 다뤄야」

■ **분석** 의미상 '불교계'가 다루어지는 것이 아니라 '불교계 문제'를 다루는 것이다. '불교계' 다음에 적절한 단어를 보충해야 의미 전달이 자연스럽다. 또한 '다뤄져야 한다'는 피동형의 번역 투 문장이므로 능동형으로 고쳐 주는 것이 좋다.

■ **수정** 불교계의 문제는 아주 조심성 있게 다루어야 한다.

원문 지난달 민주당 박상천 대표는 기자간담회에서 광주시장으로 당선시켜준 민주당을 배신하고 탈당하자 "중앙정치를 하려면 시장으로 출마를 않해야 했다."고 비난하고 주민소환제까지 검토할 것이라고 밝힌 바 있다.

〈데일리안〉, 2007. 8. 6, (정치) 「박광태 시장 공약이행 '전국 꼴찌', 통합에만 몰두하나」

■ **분석** 누가 탈당했는지 주체가 빠져 있어 의미 전달이 명확하지 못하다. 내용으로 미루어 '광주시장인 박광태'를 주어로 잡아야 한다. 더불어 '하다'를 부정하려면 어간인 '않'이 아니라 부사인 '안'을 써야 한다.

■ **수정** 지난달 민주당 박상천 대표는 기자간담회에서 광주시장인 박광태가 시장으로 당선시켜준 민주당을 배신하고 탈당하자 "중앙정치를 하려면 시장으로 출마를 안 해야 했다."라고 비난하고 주민소환제까지 검토할 것이라고 밝힌 바 있다.

원문 나사는 유인 우주선을 다시 달에 착륙시키는 한편, 화성 유인 탐사 등 태양계 탐험의 거점으로 삼겠다는 야무진 계획을 세워 놓고 있다.

〈한겨레신문〉, 2007. 10. 10, (세계) 「우주복의 진화」

■ **분석** 목적어가 빠져있는 문장이다. 무엇을 거점으로 삼겠다는 것인지가 나타나야 한다. 문맥상 거점으로 삼겠다는 것이 '달'임을 알 수 있다.

■ **수정** 나사는 유인 우주선을 다시 달에 착륙시키는 한편, 달을 화성 유인탐사 등 태양계 탐험의 거점으로 삼겠다는 야무진 계획을 세워놓고 있다.

중복

원문 지난달 제주지역에 사상 최대 피해를 남긴 태풍 '나리'는 우도 지역 주산물인 땅콩에 큰 피해를 입히면서 주민들을 울렸다.

〈조선일보〉, 2007. 10. 8, (사회) 「태풍 '나리'에 울던 우도, 고가 해초 밀려와 '횡재'」

- **분석** '피해(被害)'는 '생명이나 신체, 재산, 명예 따위에 손해를 입음'의 뜻이므로 '피해를 입다'라고 하면 '입다'의 의미가 중복된다. 따라서 '입다'를 '주다'나 '끼치다'로 바꾸는 것이 자연스럽다.
- **수정** 지난달 제주지역에 사상 최대 피해를 남긴 태풍 '나리'는 우도 지역 주산물인 땅콩에 <u>큰 피해를 주면서(끼치면서)</u> 주민들을 울렸다.

원문 한 가지 조언 하나 더하면 세상을 살아가면서 알아두면 좋은 지인들의 직업은 법조인, 세무사, 경찰, 병원근무자 그리고 또 하나가 Banker이다.

〈Campus Herald〉, 2006. 9. 26, (4면) 「은퇴계획을 세워라」

■ **분석** 한 가지 조언이라고 해도 되고 조언 하나라고 해도 되는데, 의미가 중복되었다. 앞의 '한 가지'를 탈락시키는 것이 문맥상 자연스럽다.

■ **수정** 조언 하나 더하면 세상을 살아가면서 알아두면 좋은 지인들의 직업은 법조인, 세무사, 경찰, 병원근무자 그리고 또 하나가 Banker이다.

원문 인사동과 종로, 청계천의 한 가운데 위치하여 국내인들은 물론 외국 관광객들도 쉽게 접하며 공연을 즐길 수 있도록 위치하였다.

〈대학경제신문〉, 2006. 9. 15, (엔터테인먼트) 「세계가 열광했다」

■ **분석** 앞에 이미 어디에 위치해 있는지 설명하고 나서 또다시 '위치하였다'라는 서술어를 중복 사용하고 있다. 문맥상 뒤의 '위치하였다'를 생략하는 것이 좋다.

■ **수정** 인사동과 종로, 청계천의 한 가운데 위치하여 국내인들은 물론 외국 관광객들도 쉽게 접하며 공연을 즐길 수 있도록 하였다.

원문 7,656명이 참여한 이번 설문조사에서 '왕의 남자'가 아닌 '플라이 대디'로 후보에 오른 이준기는 과반수가 넘는 52.4% (4,015명)의 지지로 1위에 올랐다.

〈뉴스엔〉, 2006. 9. 25, (방송연예) 「네티즌 뽑은 2006 영화계 최고 신인 …」

■ **분석** '과반수(過半數)'에 이미 '반을 넘다'라는 의미가 있다. 뒤에 다시 '넘는'을 쓸 필요가 없다.

■ **수정** 7,656명이 참여한 이번 설문조사에서 '왕의 남자'가 아닌 '플라이 대디'로 후보에 오른 이준기는 과반수인 52.4%(4,015명)의 지지로 1위에 올랐다.

원문 이들 요인은 태생적으로 이익을 남기려는 속성을 가진 외국계 자본 입장에서 볼 때 우호적이지 못한 팩터들이다.

〈매일경제신문〉, 2006. 10. 2, (사설) 「英美자본 한국을 떠나는 까닭」

■ **분석** 한자어 '요인'과 영어 '팩터(factor)'는 동일한 의미를 가지고 있다. 뒤의 '팩터'를 생략해야 문장의 어색함을 피할 수 있다.

■ **수정** 이들 요인은 태생적으로 이익을 남기려는 속성을 가진 외국계 자본 입장에서 볼 때 우호적이지 못하다.

원문 괴 소문의 진위 여부 파악을 위해 전 남자친구로 추정되는 인물의 가족들과 인터뷰를 시도해 봤다.

〈레이디 경향〉, 2006. 9. 26, 「노현정 아나운서 양가 어머니가 밝힌 '초고속 결혼의 진짜 이유'」

■ **분석** 여부(與否)는 '그러함과 그러하지 아니함'이라는 뜻이다. 따라서 '여부' 앞에 상반된 개념을 한꺼번에 가진 단어를 쓰면 안 된다. 예를 들어, 생사(生死), 진위(眞僞), 성패(成敗) 같은 단어 뒤에는 '여부'를 쓰지 말아야 한다. 생사, 진위, 성패라는 단어가, 이미 살거나 죽거나, 사실이거나 아니거나, 성공하거나 실패하거나란 뜻을 담고 있는데, 그 뒤에 또 '여부'를 써서 뜻을 덧붙일 필요가 없다.

■ **수정** 괴 소문의 진위 파악을 위해 전 남자친구로 추정되는 인물의 가족들과 인터뷰를 시도해 봤다.

원문 오늘날 그래피티는 과거와 달리 개인의 창의력과 자기표현을 절대적인 기준이 없는 공공의 미적 코드에 감추지 않고 오히려 현장에 들어가 함께 공존하고 사회와 소통하려 한다.

〈성대신문〉, 2006. 9. 14, 3면

■ **분석** '공존'은 '두 가지 이상의 사물이나 현상이 함께 존재함'이라는 뜻이므로 이미 '함께'라는 의미가 포함되어 있다. 따라서 앞의 '함께'라는 단어는 생략해도 의미 전달에 무리가 없다. 또한 '-고'라는 형태보다는 '-며'라는 활용형이 뒤의 내용을 더 자연스럽게 연결해 준다.

■ **수정** 오늘날 그래피티는 과거와 달리 개인의 창의력과 자기표현을 절대적인 기준이 없는 공공의 미적 코드에 감추지 않고 오히려 현장에 들어가 공존하며 사회와 소통하려 한다.

원문 게다가 현재 자동차의 납품가 조정과 현대자동차 파업 등으로 노현정 부모가 운영하는 사업체가 상당한 어려움을 겪어오다 이번 결혼으로 한 숨 돌렸다는 근거 없는 낭설까지 나돌았다.

〈일요신문〉, 2006. 9. 1, (연예) 「노현정 결혼 둘러싼 의문 셋」

■ **분석** '낭설'의 의미가 '근거가 없다'는 뜻이다. 그러므로 '근거 없는 소문'으로 고치거나 '근거 없는'이라는 부분을 없애는 것이 적절하다.

■ **수정** 게다가 현재 자동차의 납품가 조정과 현대자동차 파업 등으로 노현정 부모가 운영하는 사업체가 상당한 어려움을 겪어오다 이번 결혼으로 한숨 돌렸다는 근거 없는 소문까지 나돌았다.

원문 우리는 그 뒤로도 더 많은 대화를 나눴다. 이제까지 영화로 보여줄 수 있는 혁신적인 시도는 허다하게 많았다.

〈필름 2.0〉, 2006. 9. 29, 7쪽 「개울가에서 잠수함을 띄운다」

■ **분석** '허다하다'에 이미 '많다'라는 뜻이 들어가 있다. '수없이 많았다'나 '허다했다' 등으로 고치는 것이 좋다.

■ **수정** 우리는 그 뒤로도 더 많은 대화를 나눴다. 이제까지 영화로 보여줄 수 있는 혁신적인 시도는 수없이 많았다.

원문 모공을 좁히기 위해 과거에는 박피로 피부를 벗겨내기도 했으나 박피로 인해 얇아진 피부에 잔주름이 자글자글하게 생겨 나이 들어 보이고 지저분한 또 다른 증상의 원인으로 작용하게 된다.

〈AM7〉, 2006. 9. 27, (건강기획) 「가을 하늘처럼 맑고 투명한 호감 가는 얼굴 만들기」

■ **분석** '박피'의 뜻이 피부를 벗겨내는 것이므로 '피부를 벗겨내다'를 또 다시 쓸 필요가 없다. 또한 문장의 뒷부분은 박피의 단점을 말하는 것이다. 그런데 그냥 '작용하게 된다'로 문장을 끝냄으로써 의미 전달이 어색하게 되고 말았다. '단점'을 삽입하여 서술어를 만들어 주면 매끄러운 문장이 된다.

■ **수정** 모공을 좁히기 위해 과거에는 피부를 벗겨내기도 했으나 박피로 인해 얇아진 피부에 잔주름이 자글자글하게 생겨 나이 들어 보이고 지저분한 또 다른 증상의 원인으로 작용하는 단점이 있었다.

원문 아직도 우리 뇌리 속에 선명하게 남아있는 대형 건설 사고들이다.

〈시민의 신문〉, 2006. 9. 16, (사회) 「건설현장 감리 무용지물」

■ **분석** '뇌리'는 '머리 속'을 뜻한다. 따라서 '속'이라는 단어는 따로 쓰지 않아도 된다.

■ **수정** 아직도 우리 뇌리에 선명하게 남아있는 대형 건설 사고들이다.

원문 김 위원장의 가장 최근 공개 활동은 지난달 14일 조선중앙통신이 전선시찰의 길에 금강산을 방문했다고 보도한 것.

〈서울경제〉, 2006. 10. 4, (정치) 「北 '핵실험 선언' 이후 모습 감춘 김정일」

■ **분석** '최근'에 이미 '가장'이라는 의미가 들어가 있다. '가장'은 생략하는 것이 좋다.

■ **수정** 김 위원장의 최근 공개 활동은 지난달 14일 조선중앙통신이 전선 시찰의 길에 금강산을 방문했다고 보도한 것.

원문 스물아홉 살이 되도록 나 혼자 스스로 큰 줄 알고 까불었던 게 참으로 부끄럽습니다.

〈좋은 생각〉 2006. 8. 1, 29쪽, 「부모님과 나의 자식 사랑」

■ **분석** '나 혼자'와 '스스로'는 '제 힘으로'라는 똑같은 의미를 내포하고 있다. 둘 중 하나는 생략해야 한다.

■ **수정** 스물아홉 살이 되도록 나 혼자 큰 줄 알고 까불었던 게 참으로 부끄럽습니다.

원문 조선일보 방우영 명예회장이 의정부시 선산에서 추모예배를 마치고 돌아오다 20대 괴한 2명으로부터 백주 대낮에 테러를 당했다.

〈조선일보〉, 2006. 9. 30, (사회) 「괴한 2명에 대낮 피습」

■ **분석** 한자어 '백주(白晝)'는 '대낮'과 동의어이다. 흔히 쓰이는 '역전앞' 등과 같은 의미중복의 오류이다. 또한 '테러'라는 외래어보다는 '폭행(폭력)'이라는 단어를 사용하는 것이 좋다.

■ **수정** 조선일보 방우영 명예회장이 의정부시 선산에서 추모예배를 마치고 돌아오다 20대 괴한 2명으로부터 대낮에 폭행을 당했다.

원문 귀성, 귀경 길의 장거리 운전이나 가사일, 친지들 선물준비 등으로 인한 명절 스트레스는 건강이나 피부를 위협한다.

〈데일리안〉, 2006. 9. 26, (생활/문화) 「추석 명절, 피부와 건강 지키기」

■ **분석** '가사(家事)'에는 '일'이라는 의미가 이미 포함되어 있다. 하나를 생략하자.

■ **수정** 귀성, 귀경 길의 장거리 운전이나 가사, 친지들 선물준비 등으로 인한 명절 스트레스는 건강이나 피부를 위협한다.

원문 용산공업고 성동여자실업고 서서울생활과학고 등은 각각 '용공모터스' '성동여실' '서서울베이커리' 등 별도의 학교 기업명을 따로 갖고 있다.

〈국민일보〉, 2006. 10. 2, (사회) 「실습하며 생산 · 판매 … 실업고 '학교기업' 확산」

■ **분석** '별도(別途)'에는 '따로'라는 의미를 포함하고 있으므로 서술부에 '따로'를 쓸 필요가 없다.

■ **수정** 용산공업고 성동여자실업고 서서울생활과학고 등은 각각 '용공모터스', '성동여실', '서서울베이커리' 등 별도의 학교기업명을 갖고 있다.

원문 당시 보도내용을 간단히 요약하자면 '한국고대사는 중국에 다 빼앗길 판'이라는 것이었다.

〈연합뉴스〉, 2006. 9. 8, (사회) 「한-중 역사분쟁과 '동북공정', 동북아역사재단」

■ **분석** '요약'이란 말에 '간단히'의 의미가 들어가 있다. '요약하다' 혹은 '간단히 정리하다'로 고치는 것이 좋다.

■ **수정** 당시 보도내용을 간단히 정리하자면 '한국고대사는 중국에 다 빼앗길 판'이라는 것이었다.

원문 沈 지사는 민선도지사로 11년 동안 재임하면서 충남 도정 발전을 위하여 인본행정과 경영행정을 바탕으로 '4천만이 살고 싶은 충남 건설'이라는 도정 구호 아래 200만 도민을 선도하고 이끌어 오면서 크고 작은 많은 업적을 남겼다.

〈연합뉴스〉, 2006. 3. 24, (보도자료, 충청남도청) 「심대평 도지사 이임식 가져」

■ **분석** '선도하다'는 앞장서서 이끌거나 안내한다는 뜻이다. 따라서 '이끌다'를 따로 쓸 필요가 없다.

■ **수정** 沈 지사는 민선도지사로 11년 동안 재임하면서 충남 도정 발전을 위하여 인본행정과 경영행정을 바탕으로 '4천만이 살고 싶은 충남 건설'이라는 도정 구호 아래 200만 도민을 선도해 오면서 크고 작은 많은 업적을 남겼다.

원문 이 소설을 읽는 독자는 질문 앞에 선다. 당신은 어떤 사랑을 하는가? 소설을 읽는 동안 독자는 한시도 이 질문에서 놓여나지 못한다.

〈조선일보〉, 2006. 9. 9, (문화) 「책 읽는 즐거움이 보인다」

■ **분석** '독자'라는 단어 안에 '읽다'는 뜻이 포함되어 있다. '읽는'을 쓰지 않아도 된다.

■ **수정** 이 소설의 독자는 질문 앞에 선다. 당신은 어떤 사랑을 하는가? 소설을 읽는 동안 독자는 한시도 이 질문에서 벗어나지 못한다.

원문 이미 지나온 과거의 수치이기는 하지만 인플레이션에 대한 FRB의 우려를 증명해 주는 결과다.

〈연합인포맥스〉, 2006. 7. 31, (경제) 「美GDP 랠리의 파장은」

■ **분석** '지나온' 것은 과거의 뜻을 포함하고 있다. '지나온'을 생략하여도 의미 전달에 무리가 없다.

■ **수정** 이미 과거의 수치이기는 하지만 인플레이션에 대한 FRB의 우려를 증명해 주는 결과다.

원문 섭씨 1600도의 쇳물이 쏟아내는 열기 때문에 근로자들은 방열복에 보안경을 쓰고 긴 작업봉으로 일을 하는데도 고로 가까이 접근하는 데 어려움을 겪었다.

〈서울신문〉, 2006. 10. 5, (경제) 「용광로 불 끄고 쉴 순 없잖아요」

■ **분석** '접근'에 이미 '가까이'라는 의미가 포함되어 있다. '가까이'를 생략하고 '고로'를 '접근하는'이 필요로 하는 부사어로 만들어 주면 자연스러운 문장이 된다.

■ **수정** 섭씨 1600도의 쇳물이 쏟아내는 열기 때문에 근로자들은 방열복에 보안경을 쓰고 긴 작업봉으로 일을 하는데도 고로에 접근하는 데 어려움을 겪었다.

원문 눈을 떴지만 모자이크 같은 형체가 보일 뿐이었다. 또 차량에 화재가 발생해 뜨거운 열기가 느껴졌다.

〈한국일보〉, 2006. 10. 3, (사회) 「'서해대교 연쇄추돌' 30대 義人 덕 신속한 구조」

■ **분석** '열기'는 '뜨거운 기운'이라는 뜻이다. 그러므로 '뜨거운 기운'이라고 쓰거나 '열기가 느껴졌다'로 써서 의미의 중복을 피하는 것이 좋다.

■ **수정** 눈을 떴지만 모자이크 같은 형체가 보일 뿐이었다. 또 차량에 화재가 발생해 열기가 느껴졌다.

원문 이같은 예방효과로 지난해는 절도 발생률이 37%나 감소한 것으로 나타났으며, 본격적인 농번기철을 맞아 농촌지역 빈집털이 예방 순찰활동도 병행할 방침이다.

〈뉴시스〉, 2007. 2. 27, (사회) 「문경 동부지구대, 무선경보 비상벨 설치」

■ **분석** '농번기'에서 '기(期)'는 '시기'나 '철(계절)'을 나타내므로 의미의 중복을 보이고 있다. '철'을 빼는 것이 좋다. 또한 뒤의 문장에서 언제 순찰활동을 병행할 방침인지 시기가 나타나 있지 않다. 앞에서 '지난해'가 나왔으므로 의미상 그와 대등하게 문장을 끌어갈 수 있는 '올해'를 추가하는 것이 좋다.

■ **수정** 이같은 예방효과로 지난해는 절도 발생률이 37%나 감소한 것으로 나타났으며, 올해에는 본격적인 농번기를 맞아 농촌지역 빈집털이 예방 순찰활동도 병행할 방침이다.

원문 그러나 박진영 측은 한국에서 먼저 자신의 자리를 잡는 것이 우선이라는 생각에 이를 모두 거절했다.

〈스타뉴스〉, 2007. 4. 15, (연예) 「god 박진영, 할리우드 러브콜」

■ **분석** '먼저'와 '우선'은 동일한 뜻을 지닌 단어이다. 문맥상 '우선'을 생략하는 것이 자연스럽다.

■ **수정** 그러나 박진영 측은 한국에서 자신의 자리를 잡는 것이 먼저라는 생각에 이를 모두 거절했다.

원문 과거 한국이 상업적 체제의 거점으로 부상할 기회를 잡지 못한 이유에 대해 설명하고, 한국이 다가올 미래에 강력한 세력으로 성장하기 위해 해결해야 할 과제를 제시한다.

〈서울경제〉, 2007. 4. 13, (경제) 「20년 후 미국 쇠락하고 한국 강대국으로 부상」

■ **분석** '미래(未來)'에는 이미 '앞으로 다가올 때'라는 의미가 포함되어 있다. 따라서 '다가올'을 따로 쓸 필요가 없다.

■ **수정** 과거 한국이 상업적 체제의 거점으로 부상할 기회를 잡지 못한 이유에 대해 설명하고, 한국이 미래에 강력한 세력으로 성장하기 위해 해결해야 할 과제를 제시한다.

원문 '개인별 업무 관리표'는 직원들이 하루 일과를 15분 간격으로 나눠 자신의 업무를 기록하고 해당 업무에 대해 스스로 '낭비'나 '핵심' 등으로 평가하도록 하는 제도다.

〈조선닷컴〉, 2007. 4, 6, (생활/문화) 「15분 간격 기록하는 '개인별 업무 관리표' 업무 능률 효과 있을까?」

■ **분석** '일과'는 '날마다 규칙적으로 하는 일정한 일'이라는 뜻이다. 즉 이미 '하루'라는 의미가 내포되어 있다고 할 수 있다. 따라서 '하루'는 생략해도 관계없다.

■ **수정** '개인별 업무 관리표'는 직원들이 일과를 15분 간격으로 나눠 자신의 업무를 기록하고, 해당 업무에 대해 스스로 '낭비'나 '핵심' 등으로 평가하도록 하는 제도다.

원문 따라서 받침이 틀리기 쉬운 낱말을 중심으로 미리 예습을 하게 되면 좋은 점수를 받을 수 있다.

〈경향신문〉, 2007. 2. 27, (어린이·유아)「낱말 눈여겨보며 정확히 발음」

■ **분석** '예습(豫習)'이 '배울 것을 미리 익힘'을 뜻하므로 '미리'를 쓸 필요가 없다.

■ **수정** 따라서 받침이 틀리기 쉬운 낱말을 중심으로 예습을 하게 되면 좋은 점수를 받을 수 있다.

원문 백화점·할인점업계는 올 4월 예년보다 강력한 황사 예보로 소비자들이 바깥 외출을 자제할 것이라며 걱정하는 분위기다.

〈파이낸셜 뉴스〉, 2007. 4. 3, (경제)「황사 때문에 홈쇼핑 '특수' 백화점 '울상'」

■ **분석** '외출'이란 단어에 이미 '바깥'의 개념이 들어가 있다. 문맥상 '바깥'을 생략하는 것이 좋다.

■ **수정** 백화점·할인점업계는 올 4월 예년보다 강력한 황사 예보로 소비자들이 외출을 자제할 것이라며 걱정하는 분위기다.

원문 총회에서 등록금과 수업권 등 교육권 문제에 대한 문제가 제기됐다.

〈성대신문〉, 2007. 4. 9, (3면)「경제학부 학생총회 정족수 미달로 무산」

■ **분석** '문제'라는 단어가 연이어 나옴으로써 부자연스러운 문장이 되었다. '교육권' 바로 뒤에 나오는 '문제'를 생략하자.

■ **수정** 총회에서 등록금과 수업권 등 교육권에 대한 문제가 제기됐다.

원문 특히 조 실장은 "북미간 '평화협정 체결'은 쉽게 풀기 어려운 난제"라고 여겼다.

〈데일리 서프라이즈〉, 2007. 4. 3, (정치) 「남북미정상, 7 · 27 판문점서 종전 선언 가능하다」

■ **분석** '난제(難題)'에 이미 '어렵다'는 뜻이 들어가 있다. '어려운 문제'라고 하는 것이 문맥상 자연스럽다.

■ **수정** 특히 조 실장은 "북미간 '평화협정 체결'은 쉽게 풀기 어려운 문제"라고 여겼다.

원문 법이 상당한 실효를 거두고 운전 중인 자동차 운전자 폭행이라는 범죄행위가 완전히 근절되기 위해서는 대중교통을 이용하는 시민들의 안전의식이 무엇보다 필요하다.

〈쿠키뉴스〉, 2007. 4. 9, (사회) 「운전 중인 기사 폭행 근절해야」

■ **분석** '근절(根絕)'은 뿌리째 없애는 것이므로 '완전히'라는 뜻을 내포하고 있다. '완전히'는 생략해도 내용 전달에 무리가 없다.

■ **수정** 법이 상당한 실효를 거두고, 운전 중인 자동차 운전자 폭행이라는 범죄행위가 근절되기 위해서는 대중교통을 이용하는 시민들의 안전의식이 무엇보다 필요하다.

원문 더위를 피해 헐떡거리며 천막 속으로 들어온 나그네를 위해 한 잔의 차와 더불어 오아시스에서 길어온 시원한 냉수 한 잔을 준비하는 것만큼 더 고마운 선물이 또 무엇이 있을까.

〈오마이뉴스〉, 2007. 2. 21, (세계) 「푸틴 대통령이 얼굴을 찌푸린 이유는?」

■ **분석** '냉수'가 이미 '시원한'이라는 의미를 포함하기 때문에 '시원한'은 생략해도 된다. 또한 '차'와 '시원한 물'이 다른 어떤 것보다 고맙다는 의미를 전달하기위해선 '-만큼'이라는 조사보다 비교를 나타내는 '-보다'라는 조사를 사용하는 것이 좋다.

■ **수정** 더위를 피해 헐떡거리며 천막 속으로 들어온 나그네를 위해 차 한잔과 더불어 오아시스에서 길어온 냉수(또는 시원한 물) 한 잔을 준비하는 것보다 더 고마운 선물이 또 무엇이 있을까.

원문 특히 한국의 경우, 전후 베이비붐 세대가 이미 은퇴시점에 이르렀고, 이들에게 은퇴란 먼 훗날의 막연한 대상이 아닌 현재 눈앞에 닥친 당면 과제가 됐다.

〈매경 ECONOMY〉, 2007. 4. 11, (뷰포인트) 「노후 준비는 시작이 반」

■ **분석** '당면'은 '일이 바로 눈앞에 닥침'을 뜻하는 단어이다. 그러므로 '눈앞에 닥친'과 의미가 중복된다. 문맥상 '당면'이란 단어를 생략하는 것이 좋다.

■ **수정** 특히 한국의 경우, 전후 베이비붐 세대가 이미 은퇴시점에 이르렀고, 이들에게 은퇴란 먼 훗날의 막연한 대상이 아닌 현재 눈앞에 닥친 과제가 됐다.

원문 각각 결혼생활 5년차, 2년차, 그리고 6개월째인 세 쌍의 커플을 서울 광희동 우즈베키스탄 음식점 부하라에서 만나 살아가는 이야기를 들어 봤다.

〈일간스포츠〉, 2007. 3. 18, (사회) 「백인 여성과 사는 한국 남편의 애환」

■ **분석** '쌍'과 '커플'은 같은 의미이다. 문맥상 '부부', '쌍'으로 쓰는 것이 자연스럽다.

■ **수정** 각각 결혼생활 5년차, 2년차, 그리고 6개월째인 세 부부를 서울 광희동 우즈베키스탄 음식점 부하라에서 만나 살아가는 이야기를 들어 봤다.

원문 인사수석실은 주로 후보자를 추천한 사유를 중심으로 각 후보별 강·약점을 설명한다.

〈청와대 국정브리핑〉, 2007. 3. 19, 제669호「청와대 고위공직자 인사검증 이야기 452명이 탈락하기까지」

■ **분석** '주로'와 '중심으로'는 문맥상 같은 의미를 담고 있고 관형사 '각'과 접미사 '-별'도 의미가 겹치고 있다. '주로'와 '각'을 생략하면 간결한 문장이 된다.

■ **수정** 인사수석실은 후보자를 추천한 사유를 중심으로 후보별 강·약점을 설명한다.

원문 개정판 작업은 원칙적으로 모든 저자가 자신이 쓴 글을 다시 다듬어야 하겠지만, 초판에서 발생했던 문제를 다시 반복할 수도 있다는 판단에서 다른 저자들의 위임을 받아 필자와 박정심이 나누어 맡아 일을 진행했다.

〈한국철학 스케치1〉, 2007, 한국철학사상연구회, 풀빛, 8쪽, 8-10째 줄

■ **분석** 반복 자체가 '같은 일을 되풀이함'을 뜻하는데, 여기에 '다시'가 붙어 뜻이 중복되었다. '다시'는 생략하는 것이 좋다.

■ **수정** 개정판 작업은 원칙적으로 모든 저자가 자신이 쓴 글을 다시 다듬어야 하겠지만, 초판에서 발생했던 문제를 반복할 수도 있다는 판단에서 다른 저자들의 위임을 받아 필자와 박정심이 나누어 맡아 일을 진행했다.

원문 그러나 이동하는데 걸리는 시간도 오래 걸려 그러한 노력이 서럽기 그지없다.

〈성대신문〉, 2007. 4. 9, (여론/칼럼란) 「스터디룸의 개선을 바란다」

■ **분석** 한 문장에 '걸린다'는 단어를 특별한 의도 없이 두 번 사용하는 것은 좋지 않다. 앞에 나오는 '걸리는'을 생략하는 것이 문장을 매끄럽게 만든다.

■ **수정** 그러나 이동하는데 시간도 오래 걸려 그러한 노력이 서럽기 그지없다.

원문 세법의 테두리 안에서 합법적으로 세금을 줄이는 절세도 한 방법이다.

〈중앙일보〉, 2007. 4. 2, (경제) 「세금 국민의 복지와 안전을 위해 꼭 필요하죠」

■ **분석** '절세(節稅)'는 세법(稅法)을 잘 알고 있어 세금(稅金)을 절약(節約)한다는 의미이다. 즉, 우리말로 '세금을 줄인다'를 의미한다. '절세'를 대명사로 받으면 한결 문장이 매끈하게 된다.

■ **수정** 세법의 테두리 안에서 합법적으로 세금을 줄이는 것도 한 방법이다.

원문 지구 온난화의 주범인 석탄과 석유 등 화석연료를 대체할 대안 에너지를 연구하면서 화석연료 없이는 제조가 불가능한 건축 자재에도 관심을 기울였다.

〈한겨레21〉, 2007. 3. 27, 64쪽, 「흙집을 지으리랏다」

■ **분석** '대안에너지'에 이미 '대체할'이라는 의미가 들어가 있다. '대체'와 '대안에너지'를 '대체에너지'로 바꾸면 의미의 중복도 피하면서 자연스러운 문장을 만들 수 있다.

■ **수정** 지구 온난화의 주범인 석탄과 석유 등 화석연료의 대체에너지를 연구하면서 화석연료 없이는 제조가 불가능한 건축 자재에도 관심을 기울였다.

원문 그런데 투구를 벗었다는 표현은 죽기를 각오하고 결사적으로 싸우는 장면을 표현할 때 썼던 관용적인 표현으로 봐야할 듯싶다.

〈한겨레21〉, 2007. 2. 7, 「충무공 이순신을 바로 잡습니다」

■ **분석** '죽기를 각오하고'와 '결사적'은 같은 뜻이다. '결사적으로'를 생략하는 것이 문맥상 자연스럽다. 또한 '표현'이란 단어도 하나는 다른 형태로 쓰는 것이 문장을 매끄럽게 한다.

■ **수정** 그런데 투구를 벗었다는 표현은 죽기를 각오하고 싸우는 장면을 나타낼 때 썼던 관용적인 표현으로 봐야할 듯싶다.

원문 흔히 알려진 납중독의 증세로는 식욕부진, 만성피로 등의 증세가 나타나며 어린이는 주의력 저하나 청각 장애, 더딘 성장 등의 증세를 나타낸다.

〈뉴시스〉, 2006. 9. 26, (사회) 「납중독 '쥐도 새도 모르게 온다'」

■ **분석** '증세'라는 단어가 너무 많이 쓰이고 있으며 문장 연결도 자연스럽지 않다. 가운데에 나오는 '증세'를 생략하는 것이 좋다. 또한 '나타나며'도 뒤의 서술어에 다시 쓰이고 있으므로 '있으며'로 바꾸는 것이 표현의 중복을 피할 수 있게 한다.

■ **수정** 흔히 알려진 납중독의 증세로는 식욕부진, 만성피로 등이 있으며 어린이는 주의력 저하나 청각 장애, 더딘 성장 등의 증상이 나타난다.

원문 상임이사인 박원순 변호사는 범여권의 대선 전망을 묻는 질문에 "(통합신당처럼) 그렇게 해서 과연 경쟁력 있는 후보가 탄생할 수 있겠느냐."고 반문했다.

〈한겨레〉, 2007. 10. 8, (정치) 「싸늘한 민심, 이대로 가면 다 망한다」

■ **분석** '질문'에 이미 '묻는다'의 뜻이 들어 있다. '묻는'을 생략해도 문제가 없다.

■ **수정** 상임이사인 박원순 변호사는 범여권의 대선 전망의 질문에 "(통합신당처럼) 그렇게 해서 과연 경쟁력 있는 후보가 탄생할 수 있겠느냐."라고 반문했다.

원문 '2단계 행동 계획이 명시된 합의문이 6자간 집중적인 협의를 거쳐서 문안이 극적으로 타결됐다'고 말했다.

〈포커스신문〉, 2007. 10. 1, (휴대폰 NATE 최신속보) 「신고 · 불능화 시한 명시」

- **분석** '합의문'에 '문안'이란 뜻이 내포되어 있으므로 뒤의 '문안'은 생략하는 것이 자연스럽다.
- **수정** '2단계 행동 계획이 명시된 합의문이 6자간 집중적인 협의를 거쳐서 극적으로 타결됐다'고 말했다.

원문 도토리와 밤 등의 열매를 공원을 찾는 탐방객과 지역 주민들이 무분별하게 채취하게 되면 야생동물이 겨울철 먹이를 구하는데 큰 어려움을 겪게 되고 심한 경우에는 굶어 죽는 경우가 발생하기 때문이다.

〈조선닷컴〉, 2007. 9. 28, (사회) 「다람쥐에게 도토리를 돌려주세요」

- **분석** '경우'라는 단어를 연속으로 사용하여 문장이 어색하다. 뒤의 '경우'를 의미가 같은 다른 형태로 나타내 보자.
- **수정** 도토리와 밤 등의 열매를 공원을 찾는 탐방객과 지역 주민들이 무분별하게 채취하게 되면 야생동물이 겨울철 먹이를 구하는데 큰 어려움을 겪게 되고 심한 경우에는 굶어 죽을 수도 있기 때문이다.

원문 장학우 씨의 부인인 배우 메이 로는 필리핀 담당 영사에게 울면서 철회를 읍소했으나 필리핀 측의 분노를 막을 수 없었다고 홍콩 사우스차이나 모닝포스트가 27일 보도했다.

〈조선일보〉, 2007. 9. 28, (연예) 「홍콩배우 장학우 '가정부들의 공적' 찍혀」

■ **분석** '읍소'의 사전적 의미가 '눈물을 흘리며 간절히 하소연함'이므로, '울면서'를 굳이 반복해 쓸 필요가 없다.

■ **수정** 장학우 씨의 부인인 배우 메이 로는 필리핀 담당 영사에게 철회를 읍소했으나 필리핀 측의 분노를 막을 수 없었다고 홍콩 사우스차이나 모닝포스트가 27일 보도했다.

원문 제주도 골프 협회는 개장한 골프장 21곳 중 일부 골프장의 시설물 일부가 파손됐지만 대부분 복구가 끝나 라운딩엔 아무런 문제가 없다고 21일 발표했다.

〈중앙일보〉, 2007. 9. 22, (사회) 「태풍에도 관광, 골프 괜찮수다 추석 연휴엔 제주로 옵소예」

■ **분석** '일부 골프장의 시설물 일부'에 단어가 반복되어 문장이 어색하다. 앞의 '일부'를 문맥에 맞게 다른 단어로 고치는 것이 좋다.

■ **수정** 제주도 골프 협회는 개장한 골프장 21곳 중 몇몇 골프장의 시설물 일부가 파손됐지만 대부분 복구가 끝나 라운딩엔 아무런 문제가 없다고 21일 발표했다.

원문 이날 행사는 순국선열들의 광복활동을 담은 사진전과 무궁화꽃 전시회, 태극기·무궁화 페이스페인팅 등 다채로운 경축 이벤트 행사가 함께 진행됐다.

〈강원일보〉, 2007. 8. 16, (사회) 「친일청산 깨끗이 매듭짓자」

■ **분석** '이벤트'는 우리말의 '행사'와 같은 의미를 지닌다. 따라서 '이벤트'는 생략해도 무방하다. 더불어 '행사'의 조사는 주격보다 '함께'라는 뜻

을 지닌 공동격조사를 붙이는 것이 자연스럽다.

■ **수정** 이날 행사는 순국선열들의 광복활동을 담은 사진전과 무궁화 꽃 전시회, 태극기·무궁화 페이스페인팅 등 다채로운 경축 행사와 함께 진행됐다.

원문 LG가 올해 들어 세계 걸작의 명화와 LG 제품을 PPL 형태로 결합한 광고를 선보인 데 이어 ….

〈뉴시스〉, 2007. 9. 17, (사회) 「김홍도의 '대장간' 작품 속 LG전자 '휘센' 에어컨」

■ **분석** '세계걸작의 명화'에서 '걸작'은 '명화'와 같은 의미이다. 하나를 생략해도 문맥에 무리가 없다.

■ **수정** LG가 올해 들어 세계 명화와 LG 제품을 PPL 형태로 결합한 광고를 선보인 데 이어 ….

원문 오는 11일 정례 금통위를 앞둔 한국은행이 진퇴양난의 상황에 처한 모습이다.

〈연합뉴스〉, 2007. 10. 7, (경제) 「샌드위치 신세 된 한국은행 콜금리 동결 유력」

■ **분석** '진퇴양난'은 이러기도 어렵고 저러기도 어려운 매우 난처한 처지에 놓여 있는 상황을 의미한다. 따라서 뒤의 '상황'은 다시 쓰지 않아도 의미 전달에 아무 문제가 없다.

■ **수정** 오는 11일 정례 금통위를 앞둔 한국은행이 진퇴양난에 처한 모습이다.

원문 상위계층 소득 증가를 감안하여 새로이 상위 과표 구간을 신설하는 것이 옳다.

〈프레시안〉, 2007. 8. 23, (정치) 「심상정 후보 '부자와 미국에 굴복한 정부의 세제개편안'」

■ **분석** '신설(新設)'에 이미 '새로이'라는 의미가 포함되어 있다. 따라서 의미 중복을 피하기 위해서는 '신설했다'로 하든가 '새로이 건설했다'로 써야 한다.

■ **수정** 상위계층 소득 증가를 감안하여 상위 과표 구간을 신설하는 것이 옳다.

원문 12일 밤 방송된 MBC '유재석 김원희의 놀러와'에 출연한 현영은 실제 나이를 밝힌 사연을 전하며 그 이후 에피소드를 전한 가운데 정형돈과 어색했던 사연을 전했다.

〈야후미디어〉, 2007. 10. 14, (연예) 「현영 '2살 오빠' 정형돈, 나이공개 후 어색」

■ **분석** 불필요하게 '전했다'는 표현이 반복하고 있다. 마지막의 '전했다'를 문맥에 맞게 다른 단어로 쓰는 것이 좋다.

■ **수정** 12일 밤 방송된 MBC '유재석 김원희의 놀러와'에 출연한 현영은 실제 나이를 밝힌 사연과 그 이후 에피소드를 전한 가운데 정형돈과 어색했던 사연을 공개했다.

원문 교장선생님의 훈화 말씀과 담임선생님의 말씀을 들은 뒤, 방학 과제물을 제출했다.

〈소년조선〉, 2007. 8. 28, (경기 중탑초 개학식) 「친구야, 반가워」

■ **분석** '훈화'라는 단어 안에 '말씀'이라는 의미가 들어 있다. '말씀'을 생략하여 의미의 중복을 피하자.

■ **수정** 교장선생님의 훈화와 담임선생님의 말씀을 들은 뒤, 방학 과제물을 제출했다.

원문 공정위 직원들의 끝없는 탈선을 막으려면 공정위에 왜 더 높은 도덕성과 윤리 기준이 필요한가를 스스로 자각하는 내부 혁명이 있어야 한다.

〈조선일보〉, 2007. 9. 27, (사설) 「직원들의 넋 빠진 탈선 행진곡」

■ **분석** '스스로'라는 의미에 '자각(自覺)'의 의미가 들어가 있다. 따라서 '스스로'는 생략하는 것이 좋다.

■ **수정** 공정위 직원들의 끝없는 탈선을 막으려면 공정위에 왜 더 높은 도덕성과 윤리 기준이 필요한가를 자각하는 내부 혁명이 있어야 한다.

원문 그는 아우슈비츠가 과거의 일이지만 그 과거는 지금과 다르지 않은 인간에 의해 저질러진 일이므로 앞으로 다시 재현될 수 있다고 경고했다.

〈경향신문〉, 2007. 8. 5, (생화/문화) 「시대의 증언자, 쁘리모 레비를 찾아서」

■ **분석** '재현(再現)'의 '재(再)'는 '다시, 거듭'이라는 의미를 가지고 있는데,

앞에 '다시'를 사용하여 의미가 중복되고 있다. 문맥상 '다시'를 빼는 것이 좋다.

■ **수정** 그는 아우슈비츠가 과거의 일이지만 그 과거는 지금과 다르지 않은 인간에 의해 저질러진 일이므로 앞으로 재현될 수 있다고 경고했다.

원문 남은 여생이 얼마 남지 않았다는 절박감이 좋은 결과를 가져온 것이다.

〈한겨레〉, 2007. 9. 8, (생활/문화) 「정말 노력하면 안되는 게 없는 것 같아」

■ **분석** '여생(餘生)'의 '여(餘)'에는 '남다, 여분'이라는 의미가 있다. 앞에 '남은'을 다시 사용할 필요가 없다.

■ **수정** 여생이 얼마 남지 않았다는 절박감이 좋은 결과를 가져온 것이다.

원문 남북한 간에 평화가 잘 되고 경제도 잘 되려면 빠뜨릴 수 없는 일이 있다.

〈동아일보〉, 2007. 10. 3, (정치) 「'김위원장 건강을 위하여' 즉석 건배사」

■ **분석** '잘 되다'라는 형태가 중복되어 있다. 앞의 '잘 되고'를 문맥에 맞게 다른 단어로 바꾸는 것이 좋다. 또한 뒤의 '되려면'은 어떤 것이 잘 이루어지게 하는 목적을 담고 있으므로 활용 형태를 바꾸어야 한다. '되게 하려면'으로 고치면 서술어와도 호응이 자연스럽게 된다.

■ **수정** 남북한 간에 <u>평화가 정착되고 경제가 잘 되게 하려면</u> 빠뜨릴 수 없는 일이 있다.

원문 이제까지 참고 인내하며 지켜봐 준 국민의 거의 무한대에 가까운 인내심 앞에 무엇보다 겸허해야 한다는 것을 ….

〈중앙일보〉, 2007. 8. 18, (칼럼) 「하늘이 두 쪽 나도 …」

■ **분석** '참는다'는 '인내하다'와 같은 의미를 갖고 있다. '참고 지켜봐 준 국민'이나 '인내하며 지켜봐 준 국민'으로 바꾸는 것이 좋다.

■ **수정** 이제까지 <u>참고 지켜봐 준</u> 국민의 거의 무한대에 가까운 인내심 앞에 무엇보다 겸허해야 한다는 것을 ….

접속 관계

원문 투병 체험은 생명에 대한 소중함을 느끼는 계기이기도 하지만 의사로서 환자에 대한 새로운 사명감을 가져다 준 기회이기도 했다.

〈동아일보〉, 2006. 9. 25, (사회) 「단 1%의 희망만 있어도 … 암! 사형선고 아닙니다」

■ **분석** 예문의 앞, 뒤 내용이 모두 어떤 깨달음을 준 것에 대한 이야기이다. 따라서 전환관계보다는 두 가지 이상의 사실을 대등하게 벌여 놓는 연결어미인 '-하고'가 더 적절하다. 또한 '사명감을 가져다 주었다'는 구성은 자연스럽지 못하다. 우리말에서는 무생물이 어떤 행위를 하는 행동주로 나오는 것이 어색하기 때문이다. 아울러 '계기'는 '기회'라는 단어와 동일한 의미이므로 다르게 고치는 것이 좋다.

■ **수정** 투병 체험은 생명에 대한 소중함을 느끼게 하고 의사로서 환자에 대한 새로운 사명감을 갖게 한 기회이기도 했다.

원문 한국 축구팀은 불확실한 패스워크와 수비가 불안하여 스위스 팀에 패배하였다.

〈스포츠조선〉, 2006. 6. 24, (스포츠) 「한국 대 스위스 G조 마지막 결전」

■ **분석** '-와/과'라는 조사는 서로 대등한 성분끼리 이어질 때 쓰인다. 하지만 패배 원인으로 열거된 두 가지는 동등한 자질이 아니다. 명사구와 부사구가 '-와'로 이어져 어색한 문장이 되었다. 연결 형태를 문법적인 면에서 동일하게 만들어 주어야 한다.

■ **수정** 한국 축구팀은 패스워크가 불확실하고 수비가 불안하여 스위스 팀에 패배하였다./한국 축구팀은 불확실한 패스워크와 불안한 수비로 스위스 팀에 패배하였다.

원문 처음 설명은 필기를 해가며 열심히 듣다가 나중에 일정한 주기로 '지구의 축이 기울어졌다 바로 섰다 한다' 하는 부분은 나로서는 이해하기가 어려웠다.

〈캠퍼스헤럴드〉, 2006. 9. 16, (74면) 「대학생기자의 증산도 도장 재방문기」

■ **분석** '-다가'라는 연결어미의 쓰임이 어색하다. 문맥상 앞말을 시인하면서 뒷말에 의문이나 불가능을 나타낼 때 쓰이는 어미인 '-지만'으로 쓰는 것이 자연스럽다.

■ **수정** 처음 설명은 필기를 해가며 열심히 들었지만 나중에 일정한 주기로 '지구의 축이 기울어졌다 바로 섰다 한다'는 부분은 나로서는 이해하기가 어려웠다.

원문 그때 알게 된 기자 분들과 가끔씩 연락도 하고 각종 문서나 인터뷰 기사 작성 시 그 때의 글쓰기 경험이 많이 도움이 된다.

〈Campus Herald〉, 2006. 9. 25, (57면) 「문화 홍보 전문가를 꿈꾸며」

■ **분석** 전체적인 문장으로 보아, 앞뒤의 내용이 동등하게 이어지지 않는다. 병렬관계로 해석하면 기자 분들과 연락도 하고 그와 동시에 다른 무언가도 한다는 식의 글의 전개가 옳다. 뒤 절에서 어떤 일을 설명하거나 묻거나 시키거나 제안하기 위하여 그 대상과 상관되는 상황을 미리 말할 때에 쓰는 연결어미인 '-는데'를 쓰는 것이 의미 전달상 자연스럽다.

■ **수정** 그때 알게 된 기자 분들과 가끔씩 <u>연락도 하는데</u> 각종 문서나 인터뷰 기사 작성 시 그 때의 글쓰기 경험이 많이 도움이 된다.

원문 우리는 왜 여기 있으며 이 지구에서 무엇을 원하는가? 〈로스트〉는 블록버스터 형식으로 그것을 보여 주고 있다. 하지만 근본적인 물음을 던지고 있다.

〈GOLF FOR WOMEN〉, 2006. 9월호 잡지, 107쪽, 11-13째 줄

■ **분석** 첫 번째 문장이 세 번째 문장의 '근본적인 물음'이 될 수 있다. 또한 두 번째 문장에서 '그것'이라고 지칭하고 있는 것은 첫 번째 문장이라고 볼 수 있다. 따라서 두 번째 문장과 세 번째 문장을 연결하는 '하지만'이라는 접속어는 잘못 사용된 것이다. 두 번째와 세 번째 문장을 한 문장으로 만들어 주면 훨씬 자연스럽다.

■ **수정** 우리는 왜 여기 있으며 이 지구에서 무엇을 원하는가? 〈로스트〉는 <u>블록버스터 형식으로 우리에게 근본적인 물음을 던지고 있다</u>.

원문 대학 입시에서 논술이 강화되며 학원은 물론 학교에서도 '퍼니'를 교재로 논술강좌 개설을 원하는 곳이 잇따르고 있다.

〈중앙일보〉, 2006. 9. 25, (사회) 「통합 교과형 논술 월간지 '퍼니' 초등학교 3곳서 채택」

■ **분석** 문맥상 앞의 내용이 뒤의 내용에 원인이 된다. 이럴 때는 연결어미 '-며'보다 '면서'를 사용하는 것이 자연스럽다.

■ **수정** 대학 입시에서 논술이 강화되면서 학원은 물론 학교에서도 '퍼니'를 교재로 논술강좌 개설을 원하는 곳이 잇따르고 있다.

원문 지금 돌이켜보니 디카란게 참 편하기도 하지만 대중들에게 보다 쉽게 사진이란 취미를 가질 수 있도록 도와줬다고 생각한다.

〈성대신문〉, 2006. 9. 11, 4면

■ **분석** '하지만'이란 접속어 뒤에 긍정적 요소의 전개가 어색하다. 예문은 '디카'의 장점을 나열하는 것이므로 '-하고' 또는 '-면서'를 쓰는 것이 의미 전달을 쉽게 한다.

■ **수정** 지금 돌이켜보니 디카란게 참 편하면서 대중들에게 보다 쉽게 사진이란 취미를 가질 수 있도록 도와줬다고 생각한다.

원문 이는 영화의 다양성을 무시한 처사이자 독립영화시장은 아직도 열악한 상황이라며 적극 반발에 나서고 있다.

〈성대신문〉, 2006. 7. 10, 3면

■ **분석** '처사이자'는 '무엇이자 동시에 무엇'이라는 식으로, 어떤 한 사물의

여러 가지 자격이나 특징을 함께 나타낼 때 쓴다. 그런데 여기선 '다양성을 무시한 처사'와 상관없는 내용이 추가되고 있다. 문맥상 원인을 나타내는 '-로'가 쓰여야 자연스러운 문장이 된다. 서술어도 호응관계에 맞춰 바꾸어 주자.

■ **수정** (영화인들은) 이는 영화의 다양성을 무시한 처사로 독립영화시장은 아직도 열악한 상황이라며 적극 반발하고 있다.

원문 그러나 정부가 외교관행을 무기로 정보 공개를 꺼려 의혹만 증폭될 뿐 정확히 아는 사람이 없다. 이에 국민의 생활 전반에 관여하는데도 불구하고 국민적 합의는 물론 이익단체들과 사전 협의도 없어 정부의 일방적 졸속 추진이라 지적 받고 있다.

〈성대신문〉, 2006. 9. 25, (5면) 「심산의 터 한미 FTA 우리의 내일을 결정하는 출발선」

■ **분석** '이에'는 앞 문장에 대한 결과를 언급할 때 적합한 부사이다. 예문에서는 앞의 내용에 계속 의미를 더해 가는 서술 형태이므로 첨가의 기능을 가진 부사를 써 주어야 한다.

■ **수정** 그러나 정부가 외교관행을 무기로 정보 공개를 꺼려 의혹만 증폭될 뿐 정확히 아는 사람이 없다. 게다가 국민의 생활 전반에 관여하는데도 불구하고 국민적 합의는 물론 이익단체들과 사전 협의도 없어 정부의 일방적 졸속 추진이라 지적 받고 있다.

원문 국회의원들은 1년 뒤 총선을 치러야 한다. 목소리 큰 FTA 반대 세력과 농민 표의 눈치를 보고 있는 것이다.

〈조선일보〉, 2007. 4. 6, (사설) 「한 · 미 FTA 비준 동의 맡고 나설 당 하나 없으니」

■ **분석** 두 문장 사이의 의미 연결이 자연스럽지 못하다. 내용으로 볼 때 앞의 문장이 뒷문장의 원인이 되고 있다. 따라서 인과관계를 나타내는 연결어 '그래서'나 '따라서'를 넣어 주는 것이 적절하다.

■ **수정** 국회의원들은 1년 뒤 총선을 치러야 한다. <u>그래서</u> 목소리 큰 FTA 반대 세력과 농민 표의 눈치를 보고 있는 것이다.

원문 고민 끝에 그는 유학을 결심했다. 어려운 가정에 쉽지 않은 결정과 부모님의 도움이 있었기에 그는 물러설 수 없었다.

〈대학내일〉, 2006. 9. 25, 343호, 19면

■ **분석** 열거하는 대상이 동등하지 않다. '어려운 가정', '쉽지 않은 결정' 등과 같이 부정의 의미를 나타내는 개념이 열거되다가 '부모님의 도움'이라는 긍정적인 개념이 연결되어 어색하다. 따라서 첨가의 기능보다 전환의 기능을 가진 연결어를 쓰는 것이 좋다.

■ **수정** 고민 끝에 그는 유학을 결심했다. 어려운 가정에 <u>쉽지 않은 결정이었지만</u>, 부모님의 도움이 있었기에 그는 물러설 수 없었다.

원문 우리의 경쟁상대는 폴란드의 보로츠와프와 모로코의 탕해르이지만 현재까지는 우리가 우위에 서 있는 것으로 보고 있다.

〈한국일보〉, 2007. 4. 14, (사회) 「다함께-여수엑스포!」

▪ **분석** '-지만'은 앞말을 시인하면서 뒷말에 의문이나 불가능을 나타낼 때 쓰이는 어미라 여기서는 어울리지 않는다. 문맥상 다음을 끌어내기 위해 어떤 사실을 미리 말할 때 쓰는 연결어미 '-ㄴ데'가 적절하다.

▪ **수정** 우리의 경쟁상대는 폴란드의 보로츠와프와 모로코의 탕해르인데 현재까지는 우리가 우위에 서 있는 것으로 보고 있다.

원문 염증이 심하지 않은 초기에는 물리치료와 염증을 가라앉히는 약을 먹거나 주사로도 치료가 가능하다.

〈쿠키뉴스〉, 2007. 4. 11, (생활/문화) 「어깨 통증 '충돌증후군', 컴퓨터 오래 해도 위험 …」

▪ **분석** '-하거나'는 여러 가지를 나열하고 그 중 하나를 선택할 때 쓰는 연결어미이다. 여기서는 '약을 먹다'라는 목적어와 서술어 뒤에 '주사'라는 체언을 연결함으로써 자연스럽지 못한 접속이 되었다. 양쪽 문장성분의 균형을 맞춰 주는 것이 좋다.

▪ **수정** 염증이 심하지 않은 초기에는 물리치료나 염증을 가라앉히는 약 또는 주사로도 치료가 가능하다.

원문 그런데도 정부는 전매제한을 강화하고 청약가점제 도입 등으로 실수요자를 선별하면 된다고 인식하는 듯하다.

〈한국경제〉, 2007. 4. 8, (경제) 「이유 있는 로또식 청약과열」

▪ **분석** '-고'라는 연결어미는 접속되는 성분이 대등할 때 사용한다. 여기서는 '전매제한을 강화하다'는 절의 구성과 '청약가점제 도입'이라는 명사구가 연결되어 매끄럽지 못하다. '청약가점제'와 동등한 형태가 되

도록 '강화하고'를 명사형으로 바꾸어야 한다.

■ **수정** 그런데도 정부는 전매제한 강화와 청약가점제 도입 등으로 실수요자를 선별하면 된다고 인식하는 듯하다.

원문 앞으로 용산 기지 터에 공원이 조성되면 환경적 이익도 막대하지만 우리 경제에 대한 미군의 기여도를 잊어선 안 된다.

〈동아일보〉, 2007. 4. 16, (경제) 「軍부대까지 님비의 대상인 세상」

■ **분석** '-지만'은 앞을 부정하거나 문제될 수 있는 다른 측면을 언급할 때 사용한다. 예문은 긍정적인 문장이 앞 내용의 결과로 이어지는 것이므로 인과 관계의 연결어를 사용해야 한다. 또한 '막대하지만' 다음에 '경제적 이익이 크다'는 내용의 절이 들어가는 것이 문맥상 자연스럽다.

■ **수정** 앞으로 용산 기지 터에 공원이 조성되면 환경적 이익도 막대하지만 경제적 이익도 커지게 된다. 그러므로 우리 경제에 대한 미군의 기여도를 잊어선 안 된다.

원문 너무 당연해서 별 의미 없는 말처럼 들릴 수도 있겠지만 모든 취재원은 정확한 기사를 쓰는 언론인을 신뢰한다. 특히 결정적인 순간 결정적인 사실을 평소 신뢰하던 언론인에게 털어놓는다.

〈기자, 그 매력적인 이름을 갖다〉, 2006년, 인물과 사상사, 91쪽, 15-17째 줄

■ **분석** 두 개의 문장을 연결하는 접속어가 없어서 의미 전달이 명확하지 못하다. 앞 문장이 뒤의 내용에 원인 역할을 하므로 인과 관계를 나타

내는 접속어를 사용하는 것이 적절하다. 또한 '순간' 다음에 적합한 조사를 추가하면 한결 매끄러운 문장을 만들 수 있다.

■ **수정** 너무 당연해서 별 의미 없는 말처럼 들릴 수도 있겠지만 모든 취재원은 정확한 기사를 쓰는 언론인을 신뢰한다. 그래서 특히 결정적인 순간에 결정적인 사실을 평소 신뢰하던 언론인에게 털어놓는다.

원문 신경생리학적 접근을 취하는 연구들에서는 인간의 마음과 행동이 신경생리적 요인들에 의해서 영향을 받는다고 가정한다. 그러나 이 관점을 크게 두 종류로 나누어 볼 수 있다.

〈인간의 마음과 행동〉, 2007, 박영사, 성균관대학교 응용심리연구소 10쪽, 15–17째 줄

■ **분석** 문맥상 역접을 나타내는 접속어를 사용하면 어색하다. 서술 관점이 바뀌는 것이므로 전환 관계를 보여주는 접속어가 적합하다. 또한 '관점을'은 '관점은'이라는 주어로 고치는 것이 자연스럽다.

■ **수정** 신경생리학적 접근을 취하는 연구들에서는 인간의 마음과 행동이 신경생리적 요인들에 의해서 영향을 받는다고 가정한다. 그런데 이 관점은 크게 두 종류로 나누어 볼 수 있다.

원문 직원들의 출퇴근 시간은 물론 업무 배정과 임금 액수 결정, 회사 의료보험 지급 수준, 휴가일 배정, 그리고 직원들에게 언제 벌을 내리고 언제 상을 내릴지도 경영진이 결정한다.

〈칭찬〉, 2006, 북플래너, 에이드리언 고스틱·체스터 엘튼 지음,
안진환 옮김, 22쪽, 16–18째 줄

■ **분석** 명사구 '출퇴근 시간', '업무 배정', '임금 액수 결정'과 부사구 '직원들에게 언제 벌을 내리고 언제 상을 내릴지도'가 대등하게 연결되어 있다. 대등하지 않은 요소가 결합되어 있으면 문장이 자연스럽지 못하다. 뒷부분의 부사구를 명사구로 바꾸면 문장의 어색함을 피할 수 있다.

■ **수정** 직원들의 출퇴근 시간은 물론 업무 배정과 임금 액수 결정, 회사 의료보험 지급 수준, 휴가일 배정, 그리고 직원들에게 내릴 벌과 상의 시기도 경영진이 결정한다.

원문 조상의 토지 상속이나 증여받은 토지는 여전히 알박기가 가능하다.

〈매일경제〉, 2007. 2. 22, (경제) 「'알박기 대박' 환상을 버려라」

■ **분석** '조상의 토지 상속'과 '증여받은 토지'가 대등하게 연결되기는 어렵다. 알박기가 가능한 것은 '토지 상속'이 아닌 '상속받은 토지'이기 때문이다.

■ **수정** 조상에게 상속받은 토지나 타인에게 증여받은 토지는 여전히 알박기가 가능하다.

원문 짜게 먹거나 지나친 육류 중심의 식사도 문제다.

〈중앙일보〉, 2007. 9. 14, (원포인트 헬스) 「갑자기 칼슘 양 늘어나면 결석 · 동맥석회화」

■ **분석** 동사인 '먹다'와 명사인 '식사'가 병렬 관계를 나타내는 연결어미 '-(이)거나'를 사이에 두고 연결되어 있다. 접속어를 중심으로 양쪽은 같은 형태가 되어야 하므로 명사나 동사로 형태를 통일시킨다.

■ **수정** 짠 음식이나 지나친 육류 중심의 식사도 문제다.

원문 농업 외 소득이 연 3500만 원 이상이거나 부재 지주는 직불금 대상에서 제외할 방침이다.

〈중앙일보〉, 2007. 9. 22, (경제) 「정부 규제가 만들어낸 농어촌 '황당 비즈니스'」

■ **분석** 앞말과 뒷말의 내용이 서로 다름을 나타내는 연결어미 '-(이)나'로 연결해야 한다. 또한 '소득이 연 3500만 원 이상'과 '부재 지주'는 문법상 대등하지 않은 요소이다. 따라서 문맥상 '소득이 연 3500만 원 이상인 사람'으로 바꾸어 주는 것이 좋다.

■ **수정** 농업 외 소득이 연 3500만 원 이상인 사람이나 부재 지주는 직불금 대상에서 제외할 방침이다.

원문 상사의 명령이 민주주의 원칙에 위배되는 경우나, 민주주의에 반대되는 대통령의 지시를 거부할 수 있는 '조직의 가치'가 중요하다.

〈중앙일보〉, 2007. 9. 22, (정치) 「노 대통령 '국정원 일도 일정부분 노출돼야'」

■ **분석** '상사의 ~ 위배'와 '민주주의에 ~ 지시'는 서로 다른 문장 형태이다. 그런데도 대등한 것을 연결하는 '-(이)나'와 이어져 어색한 문장이 되

었다. 앞의 문장을 뒤의 것처럼 명사화하여 연결하는 것이 좋다.

■ **수정** 민주주의 원칙에 위배되는 상사의 명령이나, 민주주의에 반대되는 대통령의 지시를 거부할 수 있는 '조직의 가치'가 중요하다.

원문 가족이 모이면 갈등이 생길 수도 있고 가족도 남이라고 인정해 상처받을 말을 하지 않아야 한다.

〈중앙일보〉, 2007. 9. 23, (생활/문화) 「명절 피로가 '감정 뇌' 자극 일단 말조심이 상책」

■ **분석** 문맥상 두 가지 이상의 성질이나 사실 등을 대등하게 나타내는 어미 '-고'는 어색하다. 어떤 사실이나 내용을 시인하면서 그에 반대되는 내용을 말하거나 조건을 붙여 말할 때에 쓰는 연결어미 '-지만'이 자연스럽다.

■ **수정** 가족이 모이면 갈등이 생길 수도 있지만 가족도 남이라고 인정해 상처받을 말을 하지 않아야 한다.

번역 투 및 순화 대상어

원문 우리나라의 대표적인 석유화학단지로 꼽히는 여수석유화학단지와 울산석유화학단지는 항만시설이 잘 갖추어져 있는 바닷가에 위치하고 있습니다.

〈오마이뉴스〉, 2006. 9. 27, (경제) 「공업지, 비용절약이 많아야 합니다」

■ **분석** '~에 위치하고 있다'는 'be situated(located) in'의 번역 투이다. 우리말의 '~에 있다'로 쓰는 것이 표현상 자연스럽다.

■ **수정** 우리나라의 대표적인 석유화학단지로 꼽히는 여수석유화학단지와 울산석유화학단지는 항만시설이 잘 갖추어져 있는 바닷가에 있습니다.

원문 인류의 머리에는 원자력 이용에 따르는 결과물인 방사성 폐기물의 안전성에 대한 두려움이 자리잡고 있는게 사실이다.

〈동아일보〉, 2010. 4. 6, A33면 (오피니언)

■ **분석** '~게 사실이다'는 'It is true that ~'의 번역 투이다. 우리말의 '~고 있다' 정도로 바꿔 쓰는 것이 좋다.

■ **수정** 인류의 머리에는 원자력 이용에 따르는 결과물인 방사성 폐기물의 안전성에 대한 두려움이 자리잡고 있다.

원문 일본의 아베 신조 신임총리가 오는 8~9일 베이징과 서울을 잇달아 방문해 중·일, 한·일 연쇄 정상회담을 갖는다고 교도통신이 1일 보도했다.

〈AM 7〉, 2006. 10. 2, (세계) 「아베 日총리 8~9일 베이징·서울 연쇄방문」

■ **분석** '회담을 갖는다'는 'have a meeting'을 그대로 직역한 번역 투이다. '~을 한다'는 우리말 표현으로 바꾸는 것이 좋다. 또한 언중들이 많이 사용하는 '자선 콘서트를 갖는다' 역시 '자선 콘서트를 연다'로 바꾸어 주는 것이 자연스럽다.

■ **수정** 일본의 아베 신조 신임총리가 오는 8~9일 베이징과 서울을 잇달아 방문해 중·일, 한·일 연쇄 정상회담을 한다고 교도통신이 1일 보도했다.

원문 2차 대전 때까지만 해도 국가 간 분쟁은 대부분 무력을 동원한 전쟁을 통해 해소됐다.

〈중앙일보〉, 2007. 4. 3, (사회) 「프로이센-분수대 밤샘 협상」

■ **분석** '~을 통해'라는 형태는 영어 전치사 'through'를 그대로 번역한 표현이다. 우리말의 '-으로'라는 조사를 붙여 쓸 수 있다. 더불어 서술

어의 피동형도 능동형으로 바꿔 주는 것이 자연스럽다.

■ **수정** 2차 대전 때까지만 해도 국가 간 분쟁은 대부분 무력을 동원한 전쟁으로 해소했다.

원문 리치의 보유론적 선교의 노력은 그의 후계자들에 의해 파리에서 사서 가운데 맹자를 제외한 나머지 경서의 번역을 포함하여 〈중국 철학자 공자〉(1687)로 발간되었다.

〈지금, 여기의 유학〉, 2006. 2. 20, 성균관대학교 출판부, 163쪽, 20-22째 줄

■ **분석** '~에 의해 ~ 되었다'는 표현은 영어의 수동태를 번역한 형태이다. 우리말의 능동형으로 만들기 위해 '후계자'를 주어 형태로 만들고 서술어 '발간되었다'와 호응을 이루게 해야 한다. 또한 문장의 전체 주어인 '노력'에 어울리는 서술어를 보충해 주는 것이 좋다.

■ **수정** 리치의 보유론적 선교의 노력은 그의 후계자들이 파리에서 사서 가운데 맹자를 제외한 나머지 경서의 번역을 포함하여 〈중국 철학자 공자〉(1687)를 발간함으로써 빛을 보게 되었다.

원문 이런 점에서 반 장관의 책무는 아무리 강조해도 지나치지 않다.

〈중앙일보〉, 2006. 10. 4, (사설) 「첫 한국인 유엔 사무총장 내정을 환영 한다」

■ **분석** '아무리 ~ 해도 지나치지 않다'는 영어 'too ~ to'를 직역한 표현이다. 우리말의 '아주(매우) 중요하다' 따위로 고치는 것이 좋다.

■ **수정** 이런 점에서 반 장관의 책무는 아주(매우) 중요하다.

원문 이밖에도 이병헌, 수애 주연의 '여름이야기'가 남면 가천마을에서, 박해일, 박솔미 주연의 '극락도 살인사건'이 삼동면 물건방조어부림에서 촬영할 예정으로 있다.

〈뉴시스〉, 2006. 10. 1, (사회) 「남해 드라마 · 영화 촬영지로 각광」

■ **분석** '~예정으로 있다'는 영어 'be supposed to'의 번역 투이다. '여름이야기', '극락도 살인사건'을 목적어로 바꾸면서 서술어도 우리말 표현인 '예정이다'로 고치는 것이 좋다.

■ **수정** 이밖에도 이병헌, 수애 주연의 '여름이야기'를 남면 가천마을에서, 박해일, 박솔미 주연의 '극락도 살인사건'을 삼동면 물건방조어부림에서 촬영할 예정이다.

원문 서해대교 연쇄 추돌 사고로 숨진 사람들의 대부분은 추돌 사고를 낸 화물트럭에서 떨어져 나간 엔진이 폭발하면서 발생한 화재에 희생된 것으로 조사됐다.

〈경향신문〉, 2006. 10. 4, (사회) 「서해대교 희생자 대부분 화재에 희생」

■ **분석** '~의 대부분'은 영어 'most of the people'의 번역 투이다. 우리말 표현은 '대부분'보다 중심 의미를 지닌 '사람들'이 주어로 오는 것이다.

■ **수정** 서해대교 연쇄 추돌 사고로 숨진 대부분의 사람들은(사람들은 대부분) 추돌 사고를 낸 화물트럭에서 떨어져 나간 엔진이 폭발하면서 발생한 화재에 희생된 것으로 조사됐다.

원문 그럼에도 불구하고 지금껏 정부와 업계의 대응은 미미하기 짝이 없다.

〈세계일보〉, 2006. 9. 21, (경제)「중국산 짝퉁 범람 … 산업계 비상」

■ **분석** '~에도 불구하고'는 영어 'in spite of'를 직역한 표현이다. 예문에서는 '불구하고'를 빼거나 '그런데도'라는 우리말 표현으로 바꿀 수 있다.

■ **수정** 그럼에도(그런데도) 지금껏 정부와 업계의 대응은 미미하기 짝이 없다.

원문 불매운동을 하자는 것이 아니며, 그렇다고 빡빡한 도시생활에 한 잔의 커피가 주는 여유를 포기하자는 것도 아니다.

〈경향신문〉, 2006. 9. 6, (경제칼럼)「프리미엄 커피와 가계 부채」

■ **분석** '한 잔의 커피'는 영어 'a cup of coffee'를 직역한 표현이다. '커피 한 잔'이라고 쓰는 것이 바른 표현이다.

■ **수정** 불매운동을 하자는 것이 아니며, 그렇다고 빡빡한 도시생활에 커피 한 잔이 주는 여유를 포기하자는 것도 아니다.

원문 사건 관계자나 목격자가 법정에서 증언할 때에도 주의를 요한다.

〈한국일보〉, 2006. 9. 28, 「수사단계 진술거부 악용 땐 '큰 코'」

■ **분석** '요한다'는 국립국어연구원에서 지정한 순화 대상 한자어이다. 순화한 형태인 '하(시)기 바랍니다'로 쓰는 것이 바르다.

■ **수정** 사건 관계자나 목격자가 법정에서 증언할 때에도 주의하기 바랍니다.

원문 하루 종일 엄마와 같이 시간을 보내는 아이들은 자칫 아빠에 대한 거리감을 느끼기 쉽다.

〈오마이뉴스〉, 2006. 9. 30, (생활/문화) 「동물이 나오는 예쁜 그림책을 보여 주세요」

■ **분석** '~에 대한'은 일상생활에서 자주 등장하는 번역 투이다. '-와'라는 조사를 붙여 자연스런 우리말 표현으로 쓰는 것이 좋다.

■ **수정** 하루 종일 엄마와 같이 시간을 보내는 아이들은 자칫 아빠와 거리감을 느끼기 쉽다.

원문 지난 30년 동안 '우울'을 연구해 온 그는 "왜 모든 문화권에서 구매력이 늘어나고 전쟁에 의한 사망률도 줄어듦에도 불구하고 행복 지수는 더 이상 늘어나지 않는 것일까"란 의문을 가지게 됐다.

〈조선일보〉, 2006. 9. 23, (문화) 「행복지수 늘지 않는 이유는 … 아이스크림 먹듯 富를 잘못 사용한 탓」

■ **분석** 문장에서 '왜'가 먼저 나오는 것은 영어식 표현이다. 예를 들면 우리말에서는 '왜 우리는 그렇게 하는가?'가 아니라 '우리는 왜 그렇게 하는가?'로 써야 한다. 아울러 '사망률도'에서 보이는 적절치 못한 조사도 문맥에 맞게 고쳐 주어야 한다.

■ **수정** 지난 30년 동안 '우울'을 연구해 온 그는 "모든 문화권에서 구매력이 늘어나고 전쟁에 의한 사망률이 줄어듦에도 불구하고 행복 지수는 왜 더 이상 늘어나지 않는 것일까."란 의문을 가지게 됐다.

원문 강남 집값 잡겠다는 부동산 규제가 되레 강남 집값을 뛰게 만든 것처럼 과외 부담 줄여주겠다며 교육 규제의 몽둥이를 휘둘러 온 이 정권의 대입정책도 학부모의 비명만 키우고 있다.

〈조선일보〉, 2006. 9. 25, (사설) 「2008년 대입, 예정된 실패 코스 밟아간다」

■ **분석** '~하게 만들다'는 영어 번역 투 표현이다. 우리말 '~하게 하다'로 쓰는 것이 좋다. 일상생활에서 자주 쓰이는 '먹게 만들다' 역시 '먹게 하다'로 고쳐 쓰는 것이 자연스럽다.

■ **수정** 강남 집값 잡겠다는 부동산 규제가 되레 강남 집값을 뛰게 한 것처럼 과외 부담 줄여주겠다며 교육 규제의 몽둥이를 휘둘러 온 이 정권의 대입정책도 학부모의 비명만 키우고 있다.

원문 늦둥이인 나와 10년이나 터울 졌던 손끝 야무진 언니는 코흘리개 동생 앞에서 황홀한 솜씨로 종이 인형을 만들어 주었었다. 5, 6학년이 되었을 무렵엔 나도 어느새 반에서 알아주는 종이 인형 만들기의 달인이 되어 있었다.

〈조선일보〉, 2006. 9. 28, (문화) 「오늘, 종이인형 만들어 볼까?」

■ **분석** '~었었다'는 영문법에 있는 과거완료형을 우리말로 직역한 결과이다. 이러한 표현은 과거형인 '~했다' 또는 '~한 적이 있다'로 바꾸어야 한다.

■ **수정** 늦둥이인 나와 10년이나 터울 졌던 손끝 야무진 언니는 코흘리개 동생 앞에서 황홀한 솜씨로 종이 인형을 만들어 주

었다. 5, 6학년이 되었을 무렵엔 나도 어느새 반에서 알아 주는 종이 인형 만들기의 달인이 되어 있었다.

원문 내집 마련, 재테크 등, 금융 관련 정보들이 늘어나면서 엄마 아빠로부터 금융 교육을 받는 아이들이 늘고 있다.

〈스포츠서울닷컴〉, 2007. 4. 16, (경제) 「돈 밝히는 아이, 돈 밝게 하라」

■ **분석** '-로부터'는 영어 전치사 'from'을 생각나게 한다. 이는 '-에게(서)', '-한테' 등으로 고쳐 써야 한다. 이 예문에서는 '-에게서'를 쓰는 것이 좋을 듯하다(또 다른 예 '매출은 다른 지역으로부터 나올 것'은 '매출은 다른 지역에서 나올 것'으로 수정할 수 있다).

■ **수정** 내집 마련, 재테크 등, 금융 관련 정보들이 늘어나면서 엄마 아빠에게서 금융 교육을 받는 아이들이 늘고 있다.

원문 이런 의미에서 한중관계는 과거보다는 미래에 더 큰 비중이 주어져야 한다.

〈중앙일보〉, 2007. 4. 10, (정치) 「한중관계 50년을 내다보자」

■ **분석** '주어져야 한다'는 무리한 피동형 표현으로 영어의 수동태와 같은 느낌을 준다. 이 경우 '비중을 두어야 한다'로 표현하면 우리말다운 자연스러운 문장이 된다.

■ **수정** 이런 의미에서 한중관계는 과거보다는 미래에 더 큰 비중을 두어야 한다.

원문 이제야 '밤바람이 건들거리듯 불어오고 별눈이 뜰 때'라고 자연스레 읽히게 된다.

〈중앙일보〉, 2007. 4. 2, (생활/문화) 「나란히 소월시집 펴냈다」

■ **분석** 피동접사 '-히'와 '-게 되다'의 구성으로 이중피동이 쓰인 예문이다. 이것은 일본어와 영어 등을 우리말로 번역하는 과정에서 생겨난 어색한 표현이다. 이중피동형은 피하는 것이 좋다.

■ **수정** 이제야 '밤바람이 건들거리듯 불어오고 별눈이 뜰 때'라고 자연스레 읽힌다.

원문 1996년 그는 클린턴 대통령 정부의 국무 차관이었던 수잔 라이스에 의해 아프리카를 위해 고용됐다.

〈GQ KOREA〉, 2007. 1월호, 278쪽, 「Good will hunting」

■ **분석** 영어 문장에서 흔히 보이는 수동태를 그대로 번역해 놓았다. '수잔 라이스'를 주어로 바꾸면 우리말 투로 표현할 수 있다. 또한 서술어를 능동형으로 바꾸면서 '그'라는 대명사를 서술어의 목적어가 되게 고치는 것이 좋다.

■ **수정** 1996년 클린턴 대통령 정부의 국무 차관이었던 수잔 라이스는 아프리카를 위해 그를 고용했다.

원문 비, 바람, 안개, 파도 등이 여러 가지로 사람을 귀찮게 만들었다.

〈무비위크〉, 2007. 4. 10, (커버스토리) 「'극락도 살인사건' 박해일-나를 안다고 말하지 마라」

■**분석** '~하게 만들다'는 표현은 영어 'make'를 그대로 번역한 느낌을 준다. 우리말 표현인 '-하게 하다'로 고치는 것이 맞다.

■**수정** 비, 바람, 안개, 파도 등이 여러 가지로 사람을 귀찮게 했다.

원문 UAE전에서 관심을 갖고 지켜볼 것 중의 하나는 '올림픽호 새내기'들의 활약 여부다.

〈한국일보〉, 2007. 3. 8, (스포츠) 「올림픽 축구대표 '집합! 공격 앞으로'」

■**분석** '것 중의 하나'는 영어의 'one of the most'를 직역한 표현이다. 예문에선 '지켜볼 하나는'으로 써도 무리가 없다.

■**수정** UAE전에서 관심을 갖고 지켜볼 하나는 '올림픽호 새내기'들의 활약 여부다.

원문 용산공원을 만들어 가는 절차가 역시 중요하다.

〈동아일보〉, 2007. 4. 16, (사설) 「용산공원 거닐 날이 기다려진다」

■**분석** '만들어 가는'이라는 표현은 영어 번역 투이다. 우리말에서 현재 진행 중인 상황을 나타낼 때는 '-하는'을 사용하면 된다.

■**수정** 용산공원을 만드는 절차가 역시 중요하다.

원문 경조사 소식을 듣게 되면 보통의 직장인은 두 가지 번민에 빠지게 된다.

〈동아일보〉, 2007. 4. 12, (생활/문화) 「오늘과 내일」

■ **분석** '-되다, -(어)지다' 등의 피동 형태는 영어 번역문의 영향으로 볼 수 있다. 우리말의 능동형으로 표현하는 것이 좋다.

■ **수정** 경조사 소식을 들으면 보통의 직장인은 두 가지 번민에 빠진다.

원문 프리드먼 씨는 마틴 루서 킹 목사가 사람들에게 '내 연설을 내려 받아 세상을 바꾸자'고 하지는 않았다며 '세상을 직접 맞닥뜨려 문제를 해결하는 것이 필요하다'고 호소했다.

〈동아일보〉, 2007. 10. 12, (세계) 「온라인에만 갇힌 美 20대는 Q세대」

■ **분석** '내려 받다'는 영어 'download'라는 동사의 번역 투로 보인다. 이는 인터넷에서 자주 쓰이는 단어이기 때문에 쉽게 지나칠 수 있다. 또한 '세상'에 쓰인 조사도 문맥에 맞게 고쳐야 한다. '세상을' 맞닥뜨릴 수는 없기 때문이다.

■ **수정** 프리드먼 씨는 마틴 루서 킹 목사가 사람들에게 '내 연설을 듣고 세상을 바꾸자'고 하지는 않았다며 '세상에 직접 맞닥뜨려 문제를 해결하는 것이 필요하다'고 호소했다.

원문 손 후보의 남북정상회담 인식이 한나라당의 그것과 별반 다르지 않은 것 같다.

〈조선일보〉, 2007. 9. 4, (정치) 「孫, 靑.鄭 협공에 반격」

■ **분석** '그것'이란 영어에서의 'that of' 또는 'those of'에서 온 번역 투이다. 앞에서 나온 '인식'의 반복을 피하려고 쓴 것이므로 의미가 같은 다른 단어로 쓰는 것이 좋다.

■ **수정** 손 후보의 남북정상회담 인식이 한나라당의 생각과 별반 다르지 않은 것 같다.

원문 그런데 가만 생각하니 당장 시간에 쫓겨 사는 가락동 시장생활이 맞지 않다는 결론에 도달했다.

〈오마이뉴스〉, 2008. 1. 5, (생활/문화) 「장사요? 봉사활동의 연장」

■ **분석** '결론에 도달하다'는 영어 'reach(come to) a conclusion'의 번역투이다. '결론에 이르다'로 고치는 것이 좋다. 또한 무엇에 맞지 않은지 기준이 되는 단어가 나와 있지 않다. 기사 제목으로 미루어 '봉사활동'을 부사어 형태로 넣어 주는 것이 적절하다.

■ **수정** 그런데 가만 생각하니 당장 시간에 쫓겨 사는 가락동 시장생활이 봉사활동에 맞지 않다는 결론에 이르렀다.

원문 북한의 핵실험은 그런 점에서 사전에 완벽하게 차단돼야 하고, 기어코 핵실험을 강행할 경우 강력한 경제·군사적 대응책이 모색되지 않으면 안 된다.

〈세계일보〉, 2006. 10. 4, (사설) 「한미 공조로 북 핵실험 차단해야」

■ **분석** '~지 않으면 안 된다'는 일본어 'しなければならない'의 번역 투이다. 이럴 때는 '~해야 한다'로 바꾸는 것이 좋다. 또한 피동형의 표현은 될수록 능동형으로 바꿔 사용해야 한다.

■ **수정** 북한의 핵실험은 그런 점에서 사전에 완벽하게 차단해야 하고, 기어코 핵실험을 강행할 경우 강력한 경제·군사적 대응책을 모색해야 한다.

원문 이와 연관해 최근 김근태 열린우리당 의장이 제기한 "작은 미국(little America)이냐, 큰 스웨덴(big Sweden)이냐"의 의제는 주목에 값한다.

〈조선일보〉, 2006. 9. 3, (시론) 「한국식 발전 모델 만들어야」

■ **분석** '주목에 값하다'는 표현은 일본어의 '注目た 値すみ'를 직역한 것이다. 우리말의 '~할 만하다'나 '~할 만큼 가치가 있다' 등으로 바꾸는 것이 좋다. 조사 '-의'도 직접 인용의 조사로 바꾸어 주자.

■ **수정** 이와 연관해 최근 김근태 열린우리당 의장이 제기한 "작은 미국(little America)이냐, 큰 스웨덴(big Sweden)이냐."라는 의제는 <u>주목할 만하다</u>.

원문 "이제 깔딱 고개를 하나 넘었는데 좀 평탄한 길을 걷다가 산에 올랐으면 좋겠다"는 김 의장의 말에는 앞에 수많은 깔딱 고개가 놓여있음을 예감하고 있다는 반증에 다름 아니다.

〈문화일보〉, 2006. 8. 3, (정치) 「與, 사실상 靑과 결별 채비」

■ **분석** '~에 다름 아니다'는 일본어의 '~に ほかない(に ほかはない)'를 직역한 것이다. 이 경우 우리말 표현인 '~이다', '~에 불과하다' 등으로 바꾸는 것이 좋다. 또한 '말'에 특수조사 '-은'을 연결하는 것이 문맥상 자연스럽다.

■ **수정** "이제 깔딱 고개를 하나 넘었는데 좀 평탄한 길을 걷다가 산에 올랐으면 좋겠다."라는 김 의장의 말은 앞에 수많은 깔딱 고개가 놓여있음을 예감하고 있다는 <u>반증이다</u>.

원문 표가 많이 나지 않는 시술임에는 틀림없습니다.

〈쎄씨〉, 2007. 3월호, 212쪽

■ **분석** '~임에는 틀림없다'는 일본어 'に ちがいない'를 직역한 것이다. '~이 틀림없다'가 자연스러운 우리말이다.

■ **수정** 표가 많이 나지 않는 시술이 틀림없습니다.

원문 그런 뒤 그는 "이번 정상회담은 양국의 동맹이 강력하다는 것을 재확인한 점에서나 전시 작전통제권 같은 민감한 사안에 있어서 지극히 생산적이었다."며 회담의 성과를 평가했다.

〈조선일보〉, 2006. 9. 21, (종합) 「버시바우, 한미정상회담 성과 강조」

■ **분석** '~에 있어서'는 일본어 'において'를 직역하면서 생겨난 표현이다. 이것은 '~에서' 등으로 고치는 것이 좋다.

■ **수정** 그런 뒤 그는 "이번 정상회담은 양국의 동맹이 강력하다는 것을 재확인한 점에서나 전시 작전통제권 같은 민감한 사안에서 지극히 생산적이었다."라며 회담의 성과를 평가했다.

원문 진로 하 사장과 두산의 한 사장이 '순한 소주' 전쟁의 2라운드에서 진검 승부를 펼치고 있다.

〈한겨레〉, 2006. 8. 22, (경제) 「'순한 소주' 전쟁, 독한 한판 승부」

■ **분석** '진검 승부'는 일본어 'しんけんしょうぶ'에서 온 한자어이다. 우리말 '승부를 걸다'로 쓰는 것이 자연스럽다.

■ **수정** 진로 하 사장과 두산의 한 사장이 '순한 소주' 전쟁의 2라운드에서 승부를 걸고 있다.

원문 곤색의 경찰제복을 멋스럽게 차려 입은 수사반장 백윤식의 모습이 머리끝부터 발끝까지 경찰로서의 간지를 제대로 살려 줬다.

〈마이데일리〉, 2007. 3. 14, (엔터테인먼트, 영화) 「백윤식, '이번엔 경찰이되 비리형사!'」

■ **분석** '곤색'은 일본어 발음인 'kon[紺]'에 '색(色)'이 붙은 것이다. 따라서 우리말의 '감색'으로 바꾸어야 한다. 그리고 '간지'는 일본어인 'kangji[感じ]'에서 나온 형태이다. 우리말 '멋'이나 '느낌' 등으로 쓰는 것이 바람직하다.

■ **수정** <u>감색</u>의 경찰제복을 멋스럽게 차려 입은 수사반장 백윤식의 모습이 머리끝부터 발끝까지 경찰의 <u>멋</u>을 제대로 살려 줬다.

원문 이 때문에 4월 임시국회에서의 로스쿨 법안 처리 역시 쉽지 않을 것으로 보인다.

〈뷰스앤뉴스〉, 2007. 4. 13, (사회) 「한나라 '로스쿨 대안' 당론 확정 실패」

■ **분석** '-에서의'에서 '-의'는 일본어 투(일본어 조사 'の')의 잔재라 할 수 있다. 우리말에서는 '-에서'로 쓰면 된다. 또한 자연스러운 의미 전달을 위해 '임시국회'와 '로스쿨' 사이에 '다루다'는 단어를 넣는 것이 좋다(다른 용례 : 문화공동체로의 발걸음 → <u>문화공동체로 가는</u> 발걸음, 민주주의 사회로의 진입을 이루지 않으면 → 민주주의 사회로 진입하지 않으면).

■ **수정** 이 때문에 4월 <u>임시국회에서</u> <u>다룰</u> 로스쿨 법안 처리 역시 쉽지 않을 것으로 보인다.

원문 그렇다면 뉴욕대 나온 이서진이나 한국에서 학교 다닌 나나 삐까삐까 쌤쌤 아니겠어?

〈YTN〉, 2007. 8. 16, (연예)「하드보일드 매치 맞짱 이서진 VS 이동건」

■ **분석** '삐까삐까'는 일본어 'ぴかぴか'에서 온 것이다. 우리말에선 '번쩍번쩍'으로 나타내는데 예문은 서로 '비슷하다'의 의미로 쓰였다. 실력이나 상황이 비슷할 때 흔히 '삐까삐까'라는 형태를 사용하는데 이것은 일본어로, 우리말에 맞지 않는 표현이다. 또한 '쌤쌤'도 영어를 그대로 쓴 표현이다. 예문에서는 문맥상 '같다' 등으로 고치는 것이 좋다.

■ **수정** 그렇다면 뉴욕대 나온 이서진이나 한국에서 학교 다닌 나나 같지 않겠어?

원문 주공의 분양원가 공개 지연 등에 대해 상급기관인 건설교통부로서도 자유롭지 못한 상황이다.

〈파이낸셜 뉴스〉, 2007. 9. 30,「주공, 분양원가 공개 지연」

■ **분석** '-로서도'는 일본어 'としても'의 번역 투 표현이다. 우리말의 '-도'로 고치는 것이 바람직하다.

■ **수정** 주공의 분양원가 공개 지연 등에 대해 상급기관인 건설교통부도 자유롭지 못한 상황이다.

원문 "오늘 검찰의 수사 발표는 진실과 동떨어진 수사를 발표하는 순간 법치주의의 종말을 고하는 날로 기록될 것이라 생각한다."며 "적법절차에 반하는 검찰의 수사 결과를 받아들일 수 없다."고 목소리를 높였다.

〈뉴시스〉, 2007. 12. 5, (정치) 「신당, BBK 수사결과 맹비난 … 해결책 마련 고심」

■ **분석** '종말을 고하다'는 일본어 '終を告げる'의 번역 투이다. '끝나다'는 뜻의 우리말을 사용하는 것이 좋다.

■ **수정** "오늘 검찰의 수사 발표는 진실과 동떨어진 수사를 발표하는 순간 <u>법치주의가 끝나는 날</u>로 기록될 것이라 생각한다."라며 "적법절차에 반하는 검찰의 수사 결과를 받아들일 수 없다."라고 목소리를 높였다.

원문 전남 신안군이 갈 곳 없는 나무를 재활용하겠다며 조성한 '나무 고아원'이 제대로 운영되지 않아 전시행정이라는 빈축을 사고 있다.

〈연합뉴스〉, 2007. 12. 11, (사회) 「신안군 '나무 고아원' 전시행정 빈축」

■ **분석** '빈축을 사다'는 'ひんしゅくをかう'라는 일본어 관용구를 그대로 번역한 말이다. '비난을 받다' 등의 표현으로 고치는 것이 좋다. 또한 '운영되지 않아'라는 피동형도 능동형으로 고쳐 주자.

■ **수정** 전남 신안군이 갈 곳 없는 나무를 재활용하겠다며 조성한 '나무 고아원'을 제대로 운영하지 않아 전시행정이라는 <u>비난을 받고 있다</u>.

원문 한·미 FTA 비준동의안이 이번 임시국회에서 처리가 안 되면 당분간 표류할 운명에 처한다.

〈중앙일보〉, 2008. 1. 30, (칼럼) 「17대 국회의 마지막 애국 기회」

■ **분석** '당분간'은 일본어 'とうぶんかん'에서 온 한자어이다. 우리말의 '얼마 동안'으로 고쳐 쓰는 것이 좋다.

■ **수정** 한·미 FTA 비준동의안이 이번 임시국회에서 처리가 안 되면 얼마 동안 표류할 운명에 처한다.

원문 눈을 의심하게 하는 고화질의 그래픽과 다양한 공간으로 구성된 넓은 '파라다이스 시티'를 마음껏 달릴 수 있다는 특징을 가지고 있다.

〈동아일보 IT〉, 2008. 1. 25, (리뷰) 「한층 강화된 속도와 충돌로 돌아온 '번아웃파라다이스'」

■ **분석** '눈을 의심케 한다'는 일본어 '目を疑う'에서 온 표현이다. 우리말의 다른 표현으로 쓰는 것이 좋다.

■ **수정** 높은 수준의 고화질 그래픽과 다양한 공간으로 구성된 넓은 '파라다이스 시티'를 마음껏 달릴 수 있다는 특징을 가지고 있다.

원문 장기적으로 IPO 시장에서 완벽한 강자가 될 것이다. 통과율이나 시장점유율 면에서 타의 추종을 불허하는 증권사를 만들 계획이다.

〈머니투데이〉, 2008. 1. 29, (경제), 「한국證 'IPO 시장 1위 아닌 절대강자로'」

■ **분석** '타의 추종을 불허하다'는 일본어 '他の追随を許さない'에서 온 표현이다. 우리말의 '뛰어나다'를 써도 의미 전달에 어려움이 없다.

■ **수정** 장기적으로 IPO 시장에서 완벽한 강자가 될 것이다. 통과율이나 시장점유율 면에서 어떤 회사보다도 뛰어난 증권사를 만들 계획이다.

원문 서울대학교, 미국 하버드대학교, 일본 도쿄대학교 등에서 교편을 잡으며 세계적인 석학들과 어깨를 나란히 한 '경제통'이기도 하다.

〈뉴시스〉, 2008. 1. 28, (정치) 「'관운 좋은 영국신사' 한승수는 누구」

■ **분석** '어깨를 나란히 하다'는 일본어 '肩を並べる'를 번역한 표현이다. '실력이 비슷하다'는 뜻의 우리말을 사용하는 것이 좋다.

■ **수정** 서울대학교, 미국 하버드대학교, 일본 도쿄대학교 등에서 교편을 잡으며 세계적인 석학들과 대등하게 실력을 겨룬 '경제통'이기도 하다.

원문 김태희, 문근영, 김주혁 등 기라성 같은 스타 30여명이 소속돼 있는 나무액터스와 얼마전 계약을 체결, 연기자로서의 핑크빛 미래도 기대된다.

〈스포츠조선〉, 2008. 1. 29, (생활/문화) 「뮤지컬 '그리스' 주인공 유현수, 꽃미남에 가창력 겸비」

■ **분석** '기라성(綺羅星)'은 일본식 한자어이다. 이는 '빛나는 별'로 순화하였다. 여기서는 '스타'란 단어가 이를 대신하고 있어 빼도 큰 문제가 없

다. 또한 '연기자로서의'에서 '-의'는 일본어 투의 잔재이다. 생략하는 것이 좋다.

■ **수정** 김태희, 문근영, 김주혁 등 스타 30여명이 소속돼 있는 나무액터스와 얼마 전 계약을 체결, 연기자로서 핑크빛 미래도 기대된다.

원문 하지만 "삼수는 안 된다.", "어차피 도토리 키재기"라며 이 전 총재의 출마를 회의적인 시각으로 보는 누리꾼도 있었습니다.

〈일간스포츠〉, 2007. 11. 7, (정치) 「이회창 출마설에 인터넷이 들썩」

■ **분석** '도토리 키재기'는 일본어 'どんぐりの背比べ'에서 온 것이다. '서로 비슷하다'는 뜻의 우리말을 사용하는 것이 좋다.

■ **수정** 하지만 "삼수는 안 된다.", "어차피 서로 비슷하다."라며 이 전 총재의 출마를 회의적인 시각으로 보는 누리꾼도 있었습니다.

원문 우즈베키스탄 원정에서 0-1로 패색이 짙다 후반 45분에 터진 박주영의 동점골도 월드컵 6회 연속 진출을 위한 귀중한 골로 기억에 남는다.

〈스포츠서울〉, 2008. 2. 18, (스포츠) 「한국축구, 후반 인저리타임 골의 추억」

■ **분석** '패색이 짙다'는 일본어 '敗色が濃い'의 번역 투이다. 예문에서는 '지고 있다'는 뜻의 단어를 사용하는 것이 좋다.

■ **수정** 우즈베키스탄 원정에서 0-1로 지고 있다가 후반 45분에 터진 박주영의 동점골도 월드컵 6회 연속 진출을 위한 귀중한 골로 기억에 남는다.

원문 "시장 엿 먹이기인가, 손바닥 뒤집듯 왔다리 갔다리", "머리 밀고 혈서 쓰고 눈물을 쏟던 우리들은 뭐냐?" 등 다양한 반응을 쏟아내고 있다.

〈네이버 뉴스〉, 2007. 2. 6, (사회) 「'하남 광역화장장 포기 왜 지금에야 …' 의혹의 시선」

■ **분석** '왔다리 갔다리'는 일본어 '行ったり来たり'를 '行ったり'와 '来たり'의 순서만 바꿔 번역한 것이다. 우리말 '왔다갔다'로 쓸 수 있는 것을 굳이 '-리'까지 붙여 쓰는 것은 옳지 않다.

■ **수정** "시장 엿 먹이기인가, 손바닥 뒤집듯 왔다갔다 (한다).", "머리 밀고 혈서 쓰고 눈물을 쏟던 우리들은 뭐냐?" 등 다양한 반응을 쏟아내고 있다.

원문 김태균은 이때 숨을 죽이다 이대호의 기세가 한풀 꺾일 시점에 방망이를 뜨겁게 달구며 홈런(10) 타점(31)에서 선두로 치고 나갔다.

〈스포츠서울〉, 2007. 5. 14, (스포츠) 「김태균-이대호 '엇박자 라이벌'」

■ **분석** '숨을 죽이고'는 일본어 '息を殺して'의 번역 투이다. 우리말의 '숨을 가다듬다' 또는 '숨을 고르다'로 쓰는 것이 좋다.

■ **수정** 김태균은 이때 숨을 고르다 이대호의 기세가 한풀 꺾일 시점에 방망이를 뜨겁게 달구며 홈런(10) 타점(31)에서 선두

로 치고 나갔다.

원문 결혼한 친구에게 "부인이 정말 미인이시군요"라고 말하거나, 이미 사 버린 물건에 대해서는 무조건 칭찬하라는 것이다. 자신의 이익을 위해서가 아니라는 점에서, '새빨간 거짓말'과는 다르다.

〈한겨레〉, 2008. 2. 4, (사회) 「설이 즐거워지는 하얀 거짓말」

■ **분석** '새빨간 거짓말'은 일본어 'まっ赤なうそ'과 관련이 있다. '새빨갛다'를' 우리말의 '터무니없다' 등으로 표현하는 것이 바람직하다.

■ **수정** 결혼한 친구에게 "부인이 정말 미인이시군요."라고 말하거나, 이미 사 버린 물건에 대해서는 무조건 칭찬하라는 것이다. 자신의 이익을 위해서가 아니라는 점에서, '터무니없는 거짓말'과는 다르다.

원문 1988년 서울 올림픽 직전 1등서기관으로 다시 찾은 한국은 흥분의 도가니였다.

〈서울신문〉, 2008. 1. 26, (사회) 「한국생활 활기에 반했고 즐길거리에 빠졌죠」

■ **분석** '흥분의 도가니'는 일본어 '興奮の坩堝'에서 온 번역 투이다. '흥분으로 들떠 있음' 정도로 표현하는 것이 좋다.

■ **수정** 1988년 서울 올림픽 직전 1등서기관으로 다시 찾은 한국은 흥분으로 들떠 있었다.

원문 전국언론노동조합은 김 대표의 이날 발언이 맹목적인 '묻지마 한미 FTA 체결'을 위한 마각을 노골적으로 드러낸 것으로 규정한다.

〈전국언론노동조합〉, 2006. 12. 18, 「정부, 마침내 한미 FTA '묻지마 체결' 마각을 드러내다」

■ **분석** '마각을 드러내다'는 일본어 '馬脚をあらわす'의 번역 투이다. 예문에서는 '속셈을 드러내다'로 쓰는 것이 적절하다.

■ **수정** 전국언론노동조합은 김 대표의 이날 발언이 맹목적인 '묻지마 한미 FTA 체결'을 위한 속셈을 노골적으로 드러낸 것으로 규정한다.

기타 부적절한 구성

원문 진심으로 감동한 것은 한국 분들의 서명에 함께 적힌 다음의 문장이었습니다.

〈한겨레〉, 2007. 9. 28, (칼럼) 「한국 국민 여러분, 고맙습니다」

■ **분석** 문장대로 따지면 '진심으로 감동'한 것의 주체가 '다음의 문장'이 된다. 그러나 문맥상 의미로 보면 글쓴이가 주체이고 '문장'은 감동의 원인임을 알 수 있다. '문장'은 감동을 할 수 있는 인격체가 아니기 때문이다. 원인인 '문장' 관련 부분을 앞으로 보내고 결과인 '감동' 부분을 뒤로 보내면 문맥에 무리가 없다. 더불어 서명에 문장이 적힐 수는 없으므로 '서명에'의 조사를 '-과'로 바꾸도록 한다.

■ **수정** (저는) 한국 분들의 서명과 함께 적힌 다음의 문장 때문에 진심으로 감동했습니다.

원문 이와 같은 소소한 승리는 더 큰 전략적인 대의를 띠고 있었다. 그렇다고 해도 만약 그리스가 전투에서 페르시아를 격파하지 못했다면 아무런 의미가 없었을 것이다.

〈전쟁의 기술〉, 2007, 웅진, 로버트 그린 지음,
안진환 · 이수경 옮김, 228쪽, 11째 줄

■ **분석** '더 큰'과 '대의'는 중복된 표현이다. '대의'를 '의미'로 바꾸는 것이 좋다. 또한 의미 전달상 앞의 내용을 비판하거나 부정하는 듯한 어감의 '그렇다고 해도'라는 연결어는 적절하지 않다. 예문에선 앞의 내용을 인정하면서 혹시 생길지도 모르는 문제를 제기하는 느낌의 접속어가 어울린다. 뒤의 문장에서 생략된, '의미가 없다'를 받쳐줄 주어도 만들어 주면 한결 매끄러운 문장이 된다.

■ **수정** 이와 같은 소소한 승리는 더 큰 전략적인 의미를 띠고 있었다. 그렇지만 만약 그리스가 전투에서 페르시아를 격파하지 못했다면 그것은 아무런 의미가 없었을 것이다.

원문 변화와 개혁을 부르짖었던 노 대통령이 교육과 관련하여 3불 정책을 포기할 수 없다는 입장을 밝혔다. 대학 본고사와 고교 등급제, 그리고 기여입학제 금지라는 3불 정책이 무너지면 우리 교육의 위기가 온다는 진단까지 하셨다.

〈조선일보〉, 2007. 4. 12, (사회) 「3不과 관계없이 우리 교육은 위기다」

■ **분석** 같은 주어에 연결되는 서술어가 하나는 평서문으로 쓰였고 하나는 높임말로 쓰였다. 한 문장에서는 같은 어투로 통일하는 것이 중요하다.

■ **수정** 변화와 개혁을 부르짖었던 노 대통령이 교육과 관련하여 3불 정책을 포기할 수 없다는 입장을 밝혔다. 또한 대학 본고사와 고교 등급제, 그리고 기여입학제 금지라는 3불 정책이 무너지면 우리 교육의 위기가 온다고 진단까지 하였다.

원문 LG텔레콤이 추구하는 컨버전스는 단지 이종산업끼리의 융합이나 단순히 디지털산업에서의 융합이 아닌 고객(사용자)의 입장에서 불편한 사항들을 찾아내어 그것을 고객의 생활 속에서 더욱 편리하고 단순하게 만드는 작업을 진정한 컨버전스다.

〈대학경제신문〉, 2006. 10. 1, (경제) 「컨버전스하면 LGT 아닌가요」

■ **분석** '컨버전스는 ~ 컨버전스다'로 끝나 어색한 문장이 되었다. 주어와 서술어의 호응관계가 적절하도록 고쳐 주어야 한다. 또한 문장이 길어 의미 전달이 빨리 되지 않는다. 두 개의 문장으로 끊는 것이 좋다.

■ **수정** LG텔레콤이 추구하는 컨버전스는 단지 이종산업끼리의 융합이나 단순히 디지털산업에서의 융합이 아니다. 고객(사용자)의 입장에서 불편한 사항들을 찾아내어 그것이 고객의 생활 속에서 더욱 편리하도록 단순하게 만드는 작업이다.

원문 라이스가 동북아 방문을 마치고 워싱턴으로 돌아가서 부시의 힘을 빌려 6자 회담 재개에 필요한 만큼의 양보를 재무부로부터 받아내려면 북한이 북미 회담이 먼저라는 고집을 버리고 6자 회담의 틀 안에서 열리는 북·미 회담에서 위조달러 문제를 논의할 생각이 있음을 밝혀야 한다.

〈동아일보〉, 2006. 9. 29, (세계) 「북핵 해결의 마지막 기회」

■ **분석** 주어인 '북한이' 앞에 너무 많은 내용이 들어가 있어 의미를 파악하기 힘들다. 주어 앞에 나오는 내용을 하나의 문장으로 먼저 끊고 적절한 연결어로 뒤를 연결하자. '재무부로부터'의 '-로부터'도 바꿔주고 자연스러운 의미 전달을 위해 '북한'에 '-은'이라는 조사를 붙이도록 하자.

■ **수정** 라이스가 6자 회담의 재개를 위해 동북아 방문 후 워싱턴으로 돌아가서 부시의 힘을 빌려 필요한 만큼의 양보를 재무부에서 받아야 한다. 그러기 위해서 북한은 북·미 회담이 먼저라는 고집을 버리고, 6자 회담의 틀 안에서 열리는 북미 회담에서 위조달러 문제를 논의할 생각이 있음을 밝혀야 한다.

원문 우리 대학은 세계 100대 연구중심대학으로 도약하기 위하여 4대 역점 프로그램과 5대 전략과제를 추진하고자 2004년에 VISION 2010+를 선포하고, 올해는 VISION 2010+의 추진 성과를 중간평가하고 실현가능성을 높이기 위하여 VISION 2010+ 평가위원회'를 운영하고 있으며, 중간평가 결과를 게시하고 학내 구성원들의 의견을 수렴하고자 최근 학교 홈페이지 메인에 'VISION 2010+ 중간평가/의견수렴방'이란 메뉴를 만들었다.

〈성대신문〉, 2006. 10. 2, (사설) 「VISION 2010+ 중간평가」

■ **분석** 문장의 길이는 50자 정도가 바람직하다. 그러나 예문은 여러 가지 내용을 한 문장에 담고 있어 내용 파악이 쉽지 않다. 몇 개의 문장으로 끊어 주고 문장 연결에 필요한 접속어도 추가하는 것이 좋다.

■ **수정** 우리 대학은 세계 100대 연구중심대학으로 도약하기 위하여 4대 역점 프로그램과 5대 전략과제를 추진하고자 2004년에 VISION 2010+를 선포하였다. 올해는 VISION 2010+의 추진 성과를 중간평가하고 실현가능성을 높이기 위하여 'VISION 2010+ 평가위원회'를 운영하고 있다. 또

한 중간평가 결과를 게시하고 학내 구성원들의 의견을 수렴하고자 최근 학교 홈페이지 메인에 'VISION 2010+ 중간평가/의견수렴방'이란 메뉴를 만들었다.

원문 현재 분양중인 클럽 휘닉스파크의 회원이 되면 설악, 산정호수, 대천, 경주, 제주 등 한화리조트 전국 12개 직영 콘도를 회원자격으로 이용할 수 있으며, 입회 서비스로 제주도 봉개프라자골프장, 설악워터피아 등 부대시설이용료 30~50% 혜택도 주어지는데, 주변에는 오대산과 동강 뿐만 아니라 스키장, 영화세트장 등 각종 관광지가 풍부하고, 회원에게 기 체험, 요가 등 다양한 체험프로그램을 함께 제공하는 PO프로그램을 올해 최초로 도입해 온 가족이 즐길 수 있게 했다.

〈AM7〉, 2006. 9. 27, (생활/문화) 「프리미엄 리조트 골프혜택까지」

■ **분석** 회원이 되면 받을 수 있는 혜택을 나열하다 보니 문장의 길이가 지나치게 길어졌다. 몇 개의 문장으로 끊고 적합한 접속어로 연결해야 한다.

■ **수정** 현재 분양중인 클럽 휘닉스파크의 회원이 되면 설악, 산정호수, 대천, 경주, 제주 등 한화리조트 전국 12개 직영 콘도를 회원자격으로 <u>이용할 수 있다</u>. <u>또한</u> 입회 서비스로 제주도 봉개프라자골프장, 설악워터피아 등 부대시설이용료 30~50% 혜택도 <u>주어진다</u>. 주변에는 오대산과 동강 뿐만 아니라 스키장, 영화세트장 등 각종 관광지가 풍부하고, 회원에게는 기 체험, 요가 등 다양한 체험프로그램을 함께 제공하는 PO프로그램을 올해 최초로 도입해 온 가족이 즐길 수 있게 했다.

원문 그러나 기아가 부실기업으로 전락한 데는 김 회장의 경영능력에 문제가 있으며 김 회장은 이에 따른 책임을 져야 한다는 데 채권단이 공감하고 있기 때문에 '자구 노력이 미흡할 경우 포기각서를 행사 한다'는 전제를 달더라도 이는 사실상의 '김 회장 퇴진'을 촉구하는 것과 크게 다르지 않다는 시각이다.

〈국제신문〉, 2006. 7. 31, (사회) 22번째 줄

■ **분석** '채권단'을 문장 앞으로 옮기고 '공감한다'를 서술어로 만든다. 뒤의 내용도 하나의 문장으로 만들어 접속어로 앞과 연결한다.

■ **수정** 그러나 채권단은 기아가 부실기업으로 전락한 데는 김 회장의 경영 능력에 문제가 있으므로 그가 책임을 져야 한다는 데 공감한다. 따라서 '자구 노력이 미흡할 경우 포기각서를 행사한다'는 전제를 달더라도 이는 사실상 '김 회장 퇴진'을 촉구하는 것과 크게 다르지 않다는 시각이다.

원문 태권도와 이순신 장군의 얼굴모형을 바탕으로 한 대한민국 고유의 정의와 사랑 그리고 우정을 그린 애니메이션을 만들고 싶었다는 김청기 감독의 제작 의도에서 알 수 있듯이, 마징가 Z는 도저히 흉내 내지 못했던 유려한 이단 옆차기와 벽돌 깨기 모션은 대한민국 순수 토종 캐릭터의 자존심을 세워주기에 충분했다.

〈GOLF FOR WOMEN〉, 2006. 9월호, 48쪽, 12-16째 줄

■ **분석** 너무 긴 문장이라 전달력이 떨어진다. 또한 누가 도저히 흉내 내지 못했다는 것인지 분명하지 않다. 몇 개의 문장으로 나누고 생략된 문

장성분도 추가해야 한다.

■ **수정** 태권도와 이순신 장군의 얼굴모형을 바탕으로 한 대한민국 고유의 정의와 사랑 그리고 우정을 그린 애니메이션을 만들고 싶었다는 것이 김청기 감독의 제작 의도였다. 감독의 의도에서 알 수 있듯이 다른 애니메이션이 도저히 흉내 내지 못했던 마징가 Z의 유려한 이단 옆차기와 벽돌 깨기 모션은 대한민국 순수 토종 캐릭터의 자존심을 세워주기에 충분했다.

원문 당장 철거하라고 했어도 그동안 잘 사용한 것을 생각하며 비웠겠지만 10일 동안 어차피 비어있을 사물함이니 철거일 하루 전에서야 사물함에 갔지만 이미 사물함 자물쇠는 절단기에 끊어져 있었고 대학원 총학생회로 방문해서 소지품을 수령해가라는 안내문이 붙어 있는 상태였다.

〈성대신문〉, 2006. 9. 11, 7면

■ **분석** 문장이 길고 내용이 긴밀하지 못해서 이해하기 힘들다. 의미 별로 문장을 끊고 적절한 접속어로 연결한다. 또한 '끊어져'도 잘못 사용되었다.

■ **수정** 당장 철거하라고 했어도 그동안 잘 사용한 것을 생각하며 비웠을 것이다. 하지만 10일 동안 어차피 비워있을 사물함이어서 철거일 하루 전에 사물함에 갔다. 그랬더니 이미 사물함 자물쇠는 절단기에 끊겨 있었고 대학원 총학생회로 방문해서 소지품을 수령해가라는 안내문이 붙어 있는 상태였다.

원문 당신의 할아버지가 진짜 할아버지가 아니라고 누가 옆에서 이상한 논리 나부랭이를 들고 시끄럽게 떠드는 게 귀찮기도 하고, 나 같은 평민 입장에선 그 떠드는 놈을 그저 한대 패주기도 싶은 마음이지만, 이런 생각만 가지고는 저들을 이길 수 없는 것이기에 나름대로 이에 대한 대응법을 여러분과 같이 얘기해 보고자 한다.

〈네이버〉, 2006. 9. 7, (국제정세)「중국에서 본 동북공정 대처 방안」

■ **분석** 많은 내용들이 하나의 문장으로 이어져 의미가 흐려졌다. 문장을 끊어 주고 적절한 연결어로 이어 주자. '나름대로'는 빼는 것이 자연스럽다.

■ **수정** 당신의 할아버지가 진짜 할아버지가 아니라고 누가 옆에서 이상한 논리 나부랭이를 들고 시끄럽게 떠드는 게 귀찮기도 하다. 그래서 나 같은 평민 입장에선 그 떠드는 놈을 그저 한 대 때려주고 싶은 마음이다. 그렇지만 이런 생각만 가지고는 저들을 이길 수 없는 것이기에 이에 대한 대응법을 여러분과 같이 얘기해 보고자 한다.

원문 기존에 단지 보형물에 의하여 기타 재료를 사용하여 콧대와 코끝의 모양을 만들어 주게 되면 수술 직후에는 코끝이 제법 날씬하고 오똑하게 보이지만 몇 개월만 지나면 다시 코끝이 통통해져 버리거나 코끝이 주저앉은 모양으로 변하게 된다.

〈Campus+〉, 2006. 10, (98면)「변형되지 않는 코 수술, 콧대 코끝 분리 코 성형」

■ **분석** 조사의 잘못된 사용, 지나치게 긴 문장 등이 의미 전달을 어렵게 하고 있다. 문맥에 맞게 조사를 바로 잡으면서 두 개의 문장으로 나누는 것이 좋다. 또한 '오똑'은 '오뚝'의 잘못이다.

■ **수정** 기존처럼 단지 보형물이나 기타 재료를 사용하여 콧대와 코끝의 모양을 만들어 주게 되면 수술 직후에는 코끝이 제법 날씬하고 오뚝하게 보인다. 그렇지만 몇 개월만 지나면 다시 코끝이 통통해져 버리거나 코끝이 주저앉은 모양으로 변하게 된다.

원문 앞으로도 정부가 일자리를 만든다는 명목으로 공무원 또는 준공무원을 계속 늘리고 최근 국민의 심판으로 쓰러진 스웨덴의 복지 간판을 계속 붙들고 매달려 그걸 위해 예산과 공무원을 늘려갈 생각이다.

〈조선일보〉, 2006. 9. 28, (사설) 「정부·노조·교육시스템이 대한민국 후퇴시켜」

■ **분석** 같은 내용이 자연스럽지 못한 형태로 반복되어 어색한 문장이 되었다. 내용의 중복을 없애고 순서를 조정하여 문장을 간결하게 정리해야 한다. 또한 '앞으로도'는 수식을 받는 형태 가까이 옮겨 주는 것이 좋다.

■ **수정** 정부는 최근 국민의 심판으로 쓰러진 스웨덴의 복지 정책을 교훈 삼아, 일자리를 만든다는 명목으로 앞으로도 예산과 공무원을 계속 늘려갈 생각이다.

원문 경기 과천 의왕 지역 고압선 화재 여파로 인한 피해가 속출하고 있다. 서울 구치소는 전기, 상수도 공급이 이틀째 끊겨 재소자 보호에 비상이 걸렸다. 훼미리마트 데이터 센터에도 장애가 발생, 수도권 일대 점포의 온라인 시스템이 중단되는 사태가 발생했다. 27일 서울 구치소는 과천 화재 여파로 이틀째 전기 공급이 끊긴 상태다. 구치소는 배전반과 전화교환기가 불에 타 버림에 따라 비상 발전기를 가동하고 있다. 자체 보유 600kw 발전기 1대와 한국전력에서 지원 받은 500kw 발전기 1대를 교대로 사용하고 있다. 그러나 이는 평소 사용량의 20%에 불과한 것으로, 재소자를 포함해 대부분이 전력난으로 큰 불편을 겪고 있다.

〈경향신문〉, 2006. 9. 27, (사건/사고) 「과천 고압선 화재 피해 속출」

■ **분석** 앞에서 이미 이틀째 전기, 상수도 공급이 끊겼다고 언급했음에도 아래 문장에서 다시 비슷한 내용을 서술하여 의미가 중복되고 있다. 내용이나 단어의 중복을 피하고 의미 전달이 정확하도록 문장을 다듬어야 한다. 또한 '훼미리마트'는 외래어 표기법에 맞추어 '패밀리마트'로 고쳐야 하고 내용상 뒤로 보내는 것이 적절하다.

■ **수정** 경기 과천 의왕 지역 고압선 화재 여파로 인한 피해가 속출하고 있다. <u>27일 서울 구치소는</u> 전기, 상수도 공급이 이틀째 끊겨 재소자 보호에 비상이 걸렸다. 배전반과 전화교환기가 불에 타 버려 자체 보유 600kw 비상발전기 1대와 한국전력에서 지원 받은 500kw 발전기 1대를 교대로 사용하고 있다. 그러나 이는 평소 사용량의 20%에 불과한 것으로, 재소자를 포함해 대부분이 전력난으로 큰 불편을 겪고 있다. <u>또한</u> 패밀리마트 데이터 센터에도 장애가 발생, 수도권 일대 점포의 온라인 시스템이 중단되는 사태가 <u>일어났다</u>.

원문 국회 교육위원회 소속 민병두 열린우리당 의원과 '건강사회를 위한 보건교육연구회'가 공동으로 기획, 한길리서치 연구소가 전국 초등학교 4, 5, 6학년생과 중학교 1, 2, 3학년생 1020명을 대상으로 9월 15일에서 21일까지 '초중학생 학원수강에 따른 저녁식사 실태'에 대해 설문조사를 실시한 결과에 따르면 학원을 수강하는 초중학생 39.8%가 집에서 저녁밥을 먹지 못하고 학원이나 학원 근처에서 끼니를 해결하고 있다.

〈데일리서프〉, 2006. 9. 28, (사회) 「세상에 이런 일이 한국의 아이들, 학원 때문에 밥을 굶는다」

■ **분석** 너무 많은 내용이 하나의 문장에 연결되어 있다. 의미별로 문장을 끊어 주는 것이 좋다.

■ **수정** 국회 교육위원회 소속 민병두 열린우리당 의원과 '건강사회를 위한 보건교육연구회'가 공동으로 기획, 한길리서치 연구소가 전국 초등학교 4, 5, 6학년생과 중학교 1, 2, 3학년생 1020명을 대상으로 9월 15일에서 21일까지 '초중학생 학원수강에 따른 저녁식사 실태'에 대해 설문조사를 실시했다. 그 결과에 따르면 학원을 수강하는 초중학생 39.8%가 집에서 저녁밥을 먹지 못하고 학원이나 학원 근처에서 끼니를 해결하고 있다고 한다.

원문 신선한 마스크의 부재를 타개하기 위해 제작진들은 모델 출신, 길거리 캐스팅, 오디션 등을 통해 신인배우들을 발굴하려고 안간힘을 쓰지만 연기경험이 전무한 생짜 신인들은 어색한 연기로 극의 흐름을 방해할 수 있고 날카로운 시청자들의 비판의 대상이 될 수 있다는 위험부담이 있을 수 있어 신중을 기해야만 한다.

〈OSEN〉, 2006. 10. 6, (연예) 「TV 드라마 중고신인 전성시대」

■ **분석** 많은 내용이 하나의 문장에 연결되어 있고, 적절하지 못한 조사의 사용으로 의미 전달이 명확하지 못하다. 또한 '신인들은 ~ 신중을 기해야만 한다'는 어색한 호응도 나타나고 있다. 주어인 '제작진들은'을 앞으로 옮기고 두 개의 문장으로 끊어주어야 한다.

■ **수정** 제작진들은 신선한 마스크의 부재를 타개하기 위해 모델 출신, 길거리 캐스팅, 오디션 등으로 신인배우들을 발굴하려고 안간힘을 쓴다. 하지만 연기경험이 전무한 생짜 신인들은 어색한 연기로 극의 흐름을 방해할 수 있고 날카로운 시청자들의 비판의 대상이 될 수 있다는 위험부담이 있을 수 있어 신중을 기해야만 한다.

원문 한편 재판소장 임명에는 재판관이 당연히 포함되므로 헌재소장 임명 절차만 거쳐도 된다는 견해도 많기 때문에 여야가 합의하여 청문의 효율성과 헌정 공백을 막기 위해 헌재소장으로서의 임명 절차만 거치는 것이 낫다고 본다.

〈한겨레〉, 2006. 9. 24, (사회) 「헌재소장, 절차 아닌 자질 검증을」

■ **분석** 원인과 결과로 이루어진 문장이다. 문장의 길이가 길지 않다면, 한 문장에 원인과 결과를 모두 써도 된다. 하지만 문장의 길이가 길어질 경우 내용별로 나누는 것이 좋다. '헌재소장으로서의'에서 보이는 조사의 사용도 문제가 있다.

■ **수정** 한편 재판소장 임명에는 재판관이 당연히 포함되므로 헌재소장 임명 절차만 거쳐도 된다는 견해가 많다. 따라서 여야가 합의하여 청문의 효율성과 헌정 공백을 막기 위해 헌재소장의 임명 절차만 거치는 것이 낫다고 본다.

원문 특히 닭고기는 양질의 단백질을 제공하며, 맛이 담백하고 소화 흡수가 잘 되므로, 임산부나 성장기 아이, 수험생들을 포함해 모든 연령층에 좋은 식품이며 또한 삼계탕에 들어가는 인삼은 피로 회복을 돕고 체력을 증진시키고, 혈액순환을 좋게 하며 빈혈을 예방하고, 위를 튼튼히 하고 소화가 잘 되게 도와준다.

〈국민일보〉, 2006. 8. 6, (생활/문화)「복날 피부 보양, 먹을까? 바를까?」

■ **분석** 한 문장에 지나치게 많은 정보가 들어가 있다. 세 개의 문장으로 끊고 적절한 접속어로 이어 주는 것이 좋다.

■ **수정** 특히 닭고기는 양질의 단백질을 제공하며, 맛이 담백하고 소화 흡수가 잘 되므로, 임산부나 성장기 아이, 수험생들을 포함해 모든 연령층에 좋은 식품이다. 또한 삼계탕에 들어가는 인삼은 피로 회복을 돕고 체력을 증진시킨다. 뿐만 아니라 혈액순환을 좋게 하며 빈혈을 예방하고 위를 튼튼히 하여 소화가 잘 되게 도와준다.

원문 조선일보는 MBC의 매체비평 프로그램 '뉴스플러스 암니옴니'가 지난 해 7월 X파일 내용을 토대로 조선일보와 중앙일보 등이 지난 97년 대선 당시 이회창 후보에 유리하게 보도하고 자사 이익을 위해 X파일 사건의 초점을 불법 도청에 맞췄다고 보도하자 1억 원의 소송을 냈습니다.

〈YTN뉴스〉, 2006. 10. 5, 「'안기부 X파일' 조선일보, MBC에 패소」

■ **분석** 안긴문장이 너무 길고 내용이 복잡하여 의미 전달이 쉽지 않다. 안긴문장과 안은문장을 별도의 문장으로 끊는 것이 좋다. 즉 '뉴스플러스 암니옴니'를 주어로 하는 문장과 '조선일보'를 주어로 하는 문장을 만들어 인과 관계의 접속어로 연결하는 것이 자연스럽다.

■ **수정** MBC의 매체비평 프로그램 '뉴스플러스 암니옴니'가 지난해 7월 X파일 내용을 토대로 조선일보와 중앙일보 등이 지난 97년 대선 당시 이회창 후보에 유리하게 보도하고 자사 이익을 위해 X파일 사건의 초점을 불법 도청에 맞췄다고 보도하였습니다. 그러자 조선일보가 MBC를 상대로 1억 원의 소송을 냈습니다.

원문 이뉴잇(에스키모) 사냥꾼들이 얇은 얼음이 깨지는 바람에 익사하거나 돌고래가 처음으로 출몰하고 있으며 사냥 때 이용할 이글루를 만들 만큼 충분한 눈을 발견할 수 없다.

〈연합뉴스〉, 2007. 4. 14, (환경) 「지구온난화, 에스키모에 직격탄」

■ **분석** 지구 온난화로 벌어지는 여러 가지 현상들을 나열하는 것이므로 선택을 나타내는 '-거나'는 연결어미로 적합하지 않다. '얼음'도 환경적인 이유로 얇아진 것이므로 피동형의 '얇아진'으로 고쳐야 한다. 자연스런 의미 전달을 위해 문장성분들 간의 순서를 바로 잡고 용언들의 활용도 다듬어 주자.

■ **수정** 이뉴잇(에스키모) 사냥꾼들이 얇아진 얼음이 깨지는 바람에 익사하고 있으며 돌고래도 처음으로 출몰하였다. 또한 사냥 때 이용할 이글루를 만들 만큼 눈도 충분하지 못하다.

원문 또한 "현무산령두(玄武山嶺頭)"에서, 현무산을 "백계산 북쪽 산"이라 하고, "령두(嶺頭)"를 "산꼭대기"라 하였는데, 령(嶺)을 "산봉우리"라 하고, 두(頭)도 "산머리" "산꼭대기"라 하여, 이것을 굳이 "백계산 북쪽 산꼭대기"라 한다면, 할 수 없는 일이지만, 일반적인 기록 문화에서처럼, "현무산정(玄武山頂) 현무산 산꼭대기"라고 하면 될 것을, "령두(嶺頭)"라 하여, 같은 의미의 글을 중복으로 써놓은 것은, 령(嶺)은 봉우리가 아닌 "재령" 고개를 넘는 "재"나 잇닿아 있는 산줄기 "산마루"를 표현한 것으로, 글자 그대로 해석하면, 마치 살아있는 용(龍)들이 현무산 분지에 자리한 옥룡사를 휘감아 보호하고 있는 모습을 표현한 것이다.

〈데일리안〉, 2007. 3. 11, (생활/문화) 「옥룡(玉龍)은 살아있다 (9)」

■ **분석** 하나의 문단에 해당되는 분량을 하나의 문장으로 표현하고 있다. 전문적인 내용일수록 문장이 간결해야 이해하기 쉽다. 몇 개의 문장으로 끊어 간략하게 만들고 적합한 접속어로 연결해야 한다. 쉼표와 따옴표의 사용(직접 인용과 간접 인용)에도 문제가 있다.

■ **수정** 또한 '현무산령두(玄武山嶺頭)'에서 현무산을 '백계산 북쪽 산'이라 하고, '령두(嶺頭)'를 '산꼭대기'라 하였다. 령(嶺)을 '산봉우리'라 하고, 두(頭)도 '산머리', '산꼭대기'라 하여 이것을 굳이 '백계산 북쪽 산꼭대기'라 한다면 할 수 없

는 일이다. 그렇지만 일반적인 기록 문화에서처럼 '현무산정(玄武山頂) 현무산 산꼭대기'라고 하면 될 것을 '령두(嶺頭)'라 하여 같은 의미의 글을 중복으로 써놓은 것은 령(嶺)은 봉우리가 아닌 '재령' 고개를 넘는 '재'나 잇닿아 있는 산줄기 '산마루'를 표현한 것이다. 이것을 글자 그대로 해석하면 마치 살아있는 용(龍)들이 현무산 분지에 자리한 옥룡사를 휘감아 보호하고 있는 모습이다.

원문 이날 MT를 온 대학생은 모두 35명이며 이들은 강변 모래사장에서 술을 마시며 게임을 하던 중 6명이 술에 취해 강을 건너다 낮은 수온으로 심장마비를 일으켜 허우적거리던 중 3명은 인근 레프팅 업체 직원에 의해 구조됐으나 문창기, 조성준, 이중엽 군은 미처 구조되지 못하고 익사했다.

〈뉴시스〉, 2007. 3. 30, (사회) 「철원 한탄강서 대학생 3명 익사」

■ **분석** '-며', '-하던 중'이 반복되어 문장이 매끄럽지 못하다. 의미 전달에 무리가 가지 않도록 주의하면서 다른 형태의 조사로 바꿔야 한다. 또한 인과 관계에 얽힌 내용들이 계속 이어짐으로써 의미 해석이 쉽지 않다. 세 개의 문장으로 끊어 내용별로 쓰는 것이 좋다.

■ **수정** 이날 MT를 온 대학생은 모두 35명으로 이들은 강변 모래사장에서 술을 마시며 게임을 하고 있었다. 그 중 6명이 술에 취해 강을 건너다 낮은 수온으로 심장마비를 일으켜 허우적거리자 인근 레프팅 업체 직원이 3명은 구조했다. 그러나 문창기, 조성준, 이중엽 군은 미처 구조되지 못하고 익사했다.

원문 한 총리는 6일 확대간부회의에서 "기초노령연금법에 대해서 거부권을 행사해서 국회에 재의 요구를 할 것을 신중하게 검토해서 대통령에게 건의할 생각"이라고 말했다.

〈한겨레〉, 2007. 4. 7, (정치) 「한 총리 기초노령연금법 대통령 거부권 건의」

■ **분석** '-해서'라는 표현이 빈번하게 사용되어 문장이 매끄럽지 못하다. 의미 전달에 적합하게 다른 단어로 바꾸어야 한다.

■ **수정** 한 총리는 6일 확대간부회의에서 "기초노령연금법에 관한 거부권을 행사함으로써 국회에 재의 요구를 할 것을 신중히 검토하여 대통령에게 건의할 생각"이라고 말했다.

원문 열린우리당은 모처럼 정치권이 개헌안 처리 유보에 합의한 만큼 판이 깨지지 않도록 한나라당과 민주당, 민주노동당 등 여타 정당을 설득하는 데 주력하고 있고, 한나라당은 13일 오후 정책의총을 열어 18대 국회에서 포괄적인 개헌 논의에 착수해 차기 대통령 임기 중 헌법을 개정한다는 당론을 재확인하는 한편 청와대가 6개 정당 및 교섭단체의 합의를 존중해야 한다고 압박할 방침이다.

〈연합뉴스〉, 2007. 4. 13, (정치) 「靑-정치권 '개헌유보' 힘겨루기」

■ **분석** 문장이 너무 길어서 내용 전달이 쉽지 않다. 문장을 끊어 주고 적절한 연결어로 이어 주어야 한다.

■ **수정** 열린우리당은 모처럼 정치권이 개헌안 처리 유보에 합의한 만큼 판이 깨지지 않도록 한나라당과 민주당, 민주노동당

등 여타 정당을 설득하는 데 주력하고 있다. 한편 한나라당은 13일 오후 정책의총을 열어 18대 국회에서 포괄적인 개헌 논의에 착수해 차기 대통령 임기 중 헌법을 개정한다는 당론을 재확인하였다. 또한 6개 정당 및 교섭단체의 합의를 존중해야 한다며 청와대를 압박해 나갈 방침이다.

원문 이 요소들은 설문 조사에서 나타났듯이 어린이나 어른들이 가장 관심과 흥미를 갖는 주제이고 공연장과 미술관을 운영하고 있는 복합 문화 공간인 우리 회관의 성격에 부합될 뿐만 아니라 예술을 감상하고 창의적으로 표현함에 있어 반드시 이해하고 있어야 할 매우 중요한 부분이다.

〈문화공간〉, 2007. 4월호, 세종문화회관, 23쪽, 7–12째 줄

■ **분석** 한 문장에 너무 많은 내용이 들어 있다. 내용별로 문장을 끊고 적절한 연결어를 넣는 것이 좋다. 또한 꼭 필요하지 않은 피동형은 능동형으로 바꿔 주자.

■ **수정** 이 요소들은 설문 조사에서 나타났듯이 어린이나 어른들이 가장 관심과 흥미를 갖는 주제이다. 이것은 공연장과 미술관을 운영하고 있는 복합 문화 공간인 우리 회관의 성격에 부합한다. 뿐만 아니라 예술을 감상하고 창의적으로 표현하는데 반드시 이해해야 할 매우 중요한 부분이기도 하다.

원문 그는 "한미 FTA로 인해 가장 먼저 무너지는 것은 농촌 경제가 될 것"이라며 "이는 농촌 교육의 붕괴로 이어져 농촌 학교의

통·폐합은 더욱 가속화돼 농촌 학교는 사라지고 도시로의 집중을 초래하여 결국 대도시 지역의 과밀·과대 학급 현상을 심화시킬 것"으로 내다봤다.

〈경향신문〉, 2007. 4. 9, (사회) 「교육정책, 교사 목소리 내쳤다」

■ **분석** 하나의 문장에 전하려는 내용들이 너무 많이 들어 있다. 또한 계속 반복되는 '–은/는' 때문에 어색한 문장이 되었다. 문맥에 맞게 조사의 변화를 주고 문장을 적절한 곳에서 끊어 주어야 한다.

■ **수정** 그는 "한미 FTA로 인해 가장 먼저 무너지는 것은 농촌 경제가 될 것."이라고 말했다. 또한 "이는 농촌 교육의 붕괴로 이어져 농촌 학교의 통·폐합이 더욱 가속화돼 농촌 학교는 사라지게 될 것이고 이것은 도시로의 집중을 초래하여 결국 대도시 지역의 과밀·과대 학급 현상을 심화시킬 것."으로 내다봤다.

원문 모든 정파가 한 목소리로 개헌 발의 철회를 요청하고, 요구 조건을 받아들여 개헌을 추진하겠다고 약속했는데도 청와대가 시한을 못 박아 가며 당론을 채택하지 않으면 개헌 발의를 하겠다고 을러대는 것은 있을 수 없는 일이다.

〈세계일보〉, 2007. 4. 13, (사설) 「국회 약속 믿고 개헌 논란 끝내야」

■ **분석** 문장이 길고, 중요한 문장성분이 생략되어 있어 의미 파악이 힘들다. '요구 조건'을 받아들이는 주체가 누구인지 앞 뒤 내용을 추측하여 삽입하고 적절한 곳에서 문장도 끊어 주는 것이 자연스럽다.

■ **수정** 모든 정파가 한 목소리로 개헌 발의 철회를 요청하고, 여

당도 요구 조건을 받아들여 개헌을 추진하겠다고 약속했다. 그런데도 청와대가 시한을 못 박아 가며 당론을 채택하지 않으면 개헌 발의를 하겠다고 을러대는 것은 있을 수 없는 일이다.

원문 그렇기 때문에 사람들은 교육과 훈련에 시간과 돈을 투자해 능력을 키워 좋은 직업을 선택할 수 있는 기회를 만드는 노력을 기울인다.

〈동아일보〉, 2007. 4. 6. (사회) 「한미 FTA 긴급 시론(4)」

■ **분석** 쓰고자 하는 내용을 정리하지 못하여 단어들을 그냥 연결해 놓은 것 같다. 두 개의 문장으로 끊고 용어의 활용을 알맞게 하여 자연스러운 문장으로 만들어야 한다.

■ **수정** 그렇기 때문에 사람들은 교육과 훈련에 시간과 돈을 투자해 능력을 키운다. 그래서 이것이 좋은 직업을 선택할 수 있는 기회가 되도록 노력한다.

원문 나는 당황해서 편지를 주머니에 쑤셔 넣고는 책상 위에 있던 물병을 집었지만 그때 조부는 격하고 고통스런 경련을 일으키며 비단실 같은 핏줄기가 조부의 입술 가장자리에서 흘러나왔다.

〈팔묘촌〉, 2006년, 시공사, 요코미조 세이시 지음, 정명원 옮김, 54쪽, 6–8째 줄

■ **분석** 문장성분들 간의 호응과 연결어미의 사용이 적절하지 못하다. 의미 전달이 분명해지도록 문장성분들의 순서를 바로 잡자. 또한 두 개의

문장으로 끊어 주면서 알맞은 연결어를 사용한다.

■ **수정** 나는 당황해서 편지를 주머니에 쑤셔 넣고는 책상 위에 있던 물병을 집었다. 바로 그때 조부가 격하고 고통스런 경련을 일으키며 입술 가장자리에서 비단실 같은 핏줄기를 흘렸다.

원문 정말로 좋은 것, 예를 들면 정말 좋은 셔츠라거나, 스카프라거나, 구두라거나, 안경 따위는 어느 한순간을, 그것을 몸에 걸치고 있느냐 아니냐에 따라 사람을 극적으로 바꿔준다는 것이다.

〈캐러멜 팝콘〉, 2007. 1. 25, 은행나무, 요시다 슈이치 지음, 이영미 옮김, 94쪽, 5-7째 줄

■ **분석** '한순간을'과 '사람을'은 '바꿔 준다는 것이다'는 서술어와 연결된다. 그러나 두 성분의 위치가 멀리 떨어져 있어 의미 전달이 쉽지 않다. 관련되는 것끼리는 될수록 가까운 위치에 두는 것이 좋다. 쉼표의 사용에 유의한다.

■ **수정** 정말로 좋은 것, 예를 들면 정말 좋은 셔츠라거나 스카프라거나 구두라거나 안경 따위는 그것을 몸에 걸치고 있느냐 아니냐에 따라 어느 한순간, 사람을 극적으로 바꿔 준다는 것이다.

원문 취업박람회를 통해 노인, 장애인 등 취업 취약계층 1365명을 흡수하고, 저소득층 노인, 장애인에 대한 가사, 간병 도우미, 산모, 신생아 도우미, 청소년 방과 후 아카데미 및 지역 아동

센터 운영 지원 등을 통해 6181명, 저소득층 자활 지원 사업으로 7천명 등의 일자리를 창출할 계획이다.

〈한겨레〉, 2007. 4. 14. (사회) 「대전 취약층 3만 명 일자리, 취업교육 제공」

■ **분석** 취업박람회가 1365명을 흡수하게 한다는 표현은 어색하다. 또한 문장의 길이가 길어 의미 전달이 쉽지 않다. '흡수한다'를 다른 단어로 고치고 몇 개의 문장으로 끊어 보자. 더불어 '통해'라는 영어 번역 투도 고치는 것이 좋다.

■ **수정** 취업박람회를 통해 노인, 장애인 등 취업 취약계층 1365명의 일자리를 창출할 계획이다. 또한 저소득층 노인, 장애인에 대한 가사, 간병 도우미, 산모, 신생아 도우미, 청소년 방과 후 아카데미 및 지역 아동센터 운영 지원 등으로 6181명, 저소득층 자활 지원 사업으로 7천명 등의 일자리도 만들어갈 계획이다.

원문 대한민국 보건향상에 기여하기 위해 '선진', '인화', '창조'의 창업이념과 생명존중의 정신을 바탕으로 1983년 창립한 명문제약은 의약품의 경피 흡수 제제를 독자적으로 연구·개발하여 국내에서 유일하게 경피 흡수제인 '키미테 패취'를 국내시장에 소개하는 등 끊임없는 노력으로 우수 의약품을 생산하고 있는 치료제 전문기업입니다.

〈문화일보〉, 2007. 9. 29. 명문제약광고

■ **분석** 주어인 '명문제약'을 수식하는 절이 너무 길어 문장이 늘어진 것 같은 느낌을 준다. 또한 주어와 서술어의 간격이 길기 때문에 읽는 데

어려움이 있다. 주어 앞의 긴 수식어를 뒤로 보내 서술부로 만들어 주는 것이 의미 전달에 좋다.

■ **수정** 명문제약은 대한민국 보건향상에 기여하기 위해 '선진', '인화', '창조'의 창업이념과 생명존중의 정신을 바탕으로 1983년 창립되었습니다. 본사는 국내에서 유일하게 경피흡수제인 '키미테 패취'를 독자적으로 연구·개발하여 소개하는 등 끊임없는 노력으로 우수 의약품을 생산하고 있는 치료제 전문기업입니다.

원문 이런 소문의 주인공이 된 불상은 천개의 불상을 모시고 있어 천불전이라고도 하는 직지사 비로전에 천불상 중 독특하게 벌거벗은 동자의 모습을 한 불상으로 법당에 들어가 첫눈에 이 동자상을 보면 옥동자를 낳는다는 전설이 전해지고 있다.

〈경향신문〉, 2007. 10. 5, (생활/문화) 「김천 직지사 '아들 낳는 동자상' 화제」

■ **분석** '천불상'의 수식어가 너무 길어 의미가 잘 전달되지 않는다. 적절한 길이로 끊으면서 의미 전달에 필요한 연결어와 단어를 보충하는 것이 바람직하다.

■ **수정** 이런 소문의 이 불상은 직지사 비로전에 있는데 직지사는 천 개의 불상을 모시고 있다는 뜻에서 천불전이라고도 한다. 이 불상은 천불상 중 독특하게 벌거벗은 동자의 모습을 하고 있는데, 법당에 들어가 첫눈에 이 동자상을 본 사람은 옥동자를 낳는다는 전설이 전해지고 있다.

원문 이와는 달리 개연성은 적지만 미국 일각에서 북한이 한반도 평화 협상의 틀로 북·미 양자구도를 오랫동안 주장해왔고 중국은 한국전쟁 종전협정 서명국이라는 점에서 중국이 아니라 한국이 적어도 종전선언에서 빠질 수 있다는 해석을 내놓은 점을 감안, 이를 김 상임위원장의 발언 배경과 연계시키는 시각도 완전 배제하기는 어려워 보인다.

〈연합뉴스〉, 2007. 10. 12, (정치) 「김영남 '3-4자' 관련 발언에 관심 증폭」

■ **분석** 문장이 너무 길어 쉽게 이해되지 않는다. 두 개의 문장으로 분리해 보자.

■ **수정** 이와는 달리 개연성은 적지만 미국 일각에서 북한이 한반도 평화 협상의 틀로 북·미 양자구도를 오랫동안 주장해왔고 중국은 한국전쟁 종전협정 서명국이라는 점에서 중국이 아니라 한국이 적어도 종전선언에서 빠질 수 있다는 해석을 내놓았다. 이러한 해석을 김 상임위원장의 발언 배경과 연계시키는 시각도 완전히 배제하기는 어려워 보인다.

원문 내가 유배생활에서 풀려 몇 년간이라도 너희들과 생활할 수만 있다면 너희들의 몸과 행실을 바로잡아 효제를 숭상하고 화목하는 일에 습관들게 하며 경사를 연구하고 시례를 담론하면서 3, 4천 권의 책을 서가에 진열하고 일 년 정도 먹을 양식 걱정 안 해도 되고, 원포 상마 소과 화훼 약초들을 심어 잘 어울리게 하여 그것들이 무성하게 자라는 것을 구경하면 마음이 즐거울 것이다.

〈유배지에서 보낸 편지〉, 2007, 창비, 정약용 지음,
박석무 옮김, 67쪽, 9-14째 줄

■ **분석** 번역 글이더라도 문장이 지나치게 긴 것은 좋지 못하다. 문장을 적절한 곳에서 끊어 글의 산만함을 피해야 한다. 또한 마지막 부분에서 누가 '구경을 하고' 누구의 마음이 '즐겁게'한다는 것인지 주어와의 호응이 적절하지 않아 의미가 모호한 문장이 되었다. '화목하는', '습관들게' 등의 어색한 활용을 바로 잡고 성분들 사이의 호응이 이루어지게 하면서 몇 개의 문장으로 끊어 주는 것이 좋다.

■ **수정** 내가 유배생활에서 풀려 몇 년간이라도 너희들과 생활할 수만 있다면 너희들의 몸과 행실을 바로 잡아 효제를 숭상하며 화목하게 지내는 습관을 갖게 할 것이다. 또한 경사를 연구하고 시례를 담론하면서 3, 4천 권의 책을 서가에 꽂아 두려 한다. 뿐만 아니라 일 년 정도 먹을 양식을 걱정 안 하고, 원포·상마·소과·화훼·약초들을 잘 어울리게 심어 그것들이 무성하게 자라는 것을 즐거운 마음으로 볼 것이다.

참고 문헌

강화진(2000). KFL 학습자의 작문 오류 분석을 통한 효율적인 작문지도. 고려대학교 석사학위논문.

고성중(1992). 한국어 학습에 있어서의 일본어의 간섭에 대하여. 연구논총 8. 서울대 재외국민교육원.

김경훤(2007a). 단어와 문장의 오류 실태 분석(1). 새국어교육 제75호. 한국국어교육학회.

______(2007b). 단어와 문장의 오류 실태 분석(2). 인문과학 제40집. 성균관대 인문과학연구소.

______(2008a). 현대 한국어 문장의 실태 분석. 도서출판 애드뉴스.

______(2008b). 논술 교육을 위한 어법적 글쓰기. 철학과 현실 제78호. 철학문화연구소.

______(2008c). 외국인 학습자의 한국어 오류 양상에 관한 고찰. 새국어교육 제80호. 한국국어교육학회.

______(2009a). 대학 글쓰기 교육의 실제. 철학과 현실 제82호. 철학

문화연구소.
______(2009b). 대학 글쓰기 교육의 첨삭 지도 사례. 새국어교육 83호. 한국국어교육학회.
김광해(1995). 국어에 대한 일본어의 간섭. 새국어생활 제5권 2호. 국립국어연구원.
김상대(1979). 오문장고(1). 국어교육 35. 한국국어교육연구회.
______(1980). 오문장고(2). 국어교육 37. 한국국어교육연구회.
김미옥(1994). 한국어 학습에 나타난 오류 분석. 한국말 교육 5. 국제한국어교육학회.
김영만(1994). 오류 분석을 통한 효율적인 한국어 작문 지도 방안 연구. 한국외국어대학교 석사학위논문.
김유미(2000). 학습자 말뭉치를 이용한 한국어 학습자 오류분석. 연세대학교 석사학위논문.
김정숙(1989). 일본인의 한국어 학습 시 나타난 오류 분석. 어문논집 28. 고려대학교 국어국문학연구회.
노호원(2007). 바람직한 논술 교육을 위한 방향성 탐구. 새국어교육 제76호. 한국국어교육학회.
문 용(1983). 오류와 오류 분석의 의의. 언어와 언어학 9. 한국외국어대학교 언어연구소.
민현식(1990). 국어 정서법 연구. 태학사.
______(2000). 한국어 교육에서의 정서법 교육에 대하여. 한국어교육 11-1.
박갑수(1987). 국어 오용의 실태 조사 연구. 연구보고서 1. 국어연구소.
______(1995). 우리 말 바로 써야 한다(1. 2. 3). 집문당.

박미영(1999). 학습자 오류를 기반으로 한 문법평가 문항개발 연구. 한국어교육 10-1. 국제한국어교육학회.

서 혁(1992). 한국어 학습자의 오류와 교재 구성의 방향. 선청어문 20. 서울대학교 사범대학.

송기중(1985). 현대 국어 문장의 실태 분석. 한국정신문화연구원.

송 민(1979). 언어의 접촉과 간섭 유형에 대하여 -현대 한국어와 일본어의 경우-. 성심여대 논문집 10.

신현숙(1998). 한국어 어휘 교육과 의미사전. 한국어 교육 9-2. 국제한국어교육학회.

서재극(1984). 국어답지 않은 국어(1). 국어생활 창간호. 국어연구소.

서정수·우인혜(1995). 일본을 거쳐서 들어온 외래어휘. 새국어생활 제5권 2호. 국립국어연구원.

왕혜숙(1995). 영어 화자의 한국어 작문에 나타난 어휘상 오류 분석. 이중언어학 12. 이중언어학회.

우인섭(1975). 일상어 오용 표현의 분석적 연구. 논문집 3. 국제대.

______(1978). 현대 한국어의 오용 표현과 유형별 의식 구조에 관한 연구. 논문집 6. 국제대.

원진숙(1999). 대학생들의 글쓰기 실태와 지도 방안. 새국어생활 제9권 4호. 국립국어연구원.

유석훈·이미영(2001). 한국어 학습자 오류 연구를 통해 살펴본 회피책략. AATK-IAKLE 연합학회. Honolulu.

이은경(2000). 한국어 학습자의 조사 사용에 나타난 오류 분석. 연세대학교 석사학위논문.

이은자(2008). 논술 첨삭 피드백의 문제점. 새국어교육 제80호. 한국국어교육학회.

이재승(2005). 작문 교육 연구의 동향과 방향. 청람어문교육 32. 청람어문교육학회.

이익섭(2005). 한국어 문법. 서울대학교출판부.

이정희(2001). 한국어 오류 연구의 현황 및 문제점에 관한 일고찰. 어원연구 4. 한국어원학회.

______(2002). 한국어 오류 판정과 분류 방법에 관한 연구. 한국어 교육 13-1. 국제한국어교육학회.

이현우(1999). 교과서의 문장 실태. 새국어생활 제9권 4호. 국립국어연구원.

이희승·안병희(2003). 한글 맞춤법 강의. 신구문화사.

임칠성(2006). 통합 논술 첨삭 지도 방법 고찰. 새국어교육 제74호. 한국국어교육학회.

정재도(1995). 생활 속에 남은 일본말. 새국어생활 제5권 2호. 국립국어연구원.

정희모(2005). 대학 글쓰기 교육의 현황과 방향. 작문연구 창간호. 한국작문학회.

조현용(1999). 한국어 어휘의 특징과 어휘교육. 한국어 교육 10-1. 국제한국어교육학회.

최규수(2001). 첨삭 지도의 원론적 방식과 효율적인 지도 방법의 제안. 이화어문논집 19집. 이화어문학회.

최용재(1981). 오류 연구 방법의 의미와 역할. 언어와 언어학. 한국외대 어학연구소.

최용재(1987). 외국어로서의 한국어 학습자의 오류에 관한 연구. 이화여자대학교 석사논문.

한금윤(2007). 의사소통 활동으로서의 논술 교육의 방향 연구. 현대문

학의 연구 32. 한국문학연구학회.
허철구(1999). 한국인의 글쓰기에 나타나는 단어와 문장의 오류. 새국어생활 제9권 4호. 국립국어연구원.
황찬호(1998). 외국어식 구문. 국어생활 14. 국어연구소.

국어연구소(1989). 국어 오용 사례집.
국립국어연구원(1997). 서울 토박이말 자료집(1).
_____________ (1999). 표준국어대사전. 두산동아.
_____________ (1999). 국어연구원에 물어보았어요(국어민원사례모음).
_____________ (2001). 국어연구원에 물어보았어요(국어생활 질의응답 자료집).
_____________ (2002). 법령문의 국어학적 검토.
국립국어원(2004). 바른 국어 생활 -찾아가는 국어문화학교-.
_________ (2004). 어휘별 규범 해설.
문화관광부(1998). 우리말 바로 알기.
_________ (2000). 이런 말 실수 저런 글 실수 -각종 공문서에서-.
_________ (2001). 아름답고 정겨운 우리말.
한국교육개발원(2007). 교육개발. Spring vol. 34. No. 1.
한국방송대학교 평생교육원(2008). 논술지도 어떻게 할 것인가?